Gabriel Looser
WOHIN GEHT DIE SEELE?

Gabriel Looser

WOHIN GEHT DIE SEELE?

Ein Reiseführer ins Jenseits

Kösel

Verlagsgruppe Random House FSC-DEU-0100
Das für dieses Buch verwendete FSC®-zertifizierte Papier
Munken Premium Cream liefert Arctic Paper Munkedals AB, Schweden

Copyright © 2012 Kösel-Verlag, München,
in der Verlagsgruppe Random House GmbH
Umschlag: Monika Neuser, München
Umschlagmotiv: Chris Stowers / Visum
Druck und Bindung: GGP Media GmbH, Pößneck
Printed in Germany
ISBN 978-3-466-37030-6

Weitere Informationen zu diesem Buch und unserem
gesamten lieferbaren Programm finden Sie unter
www.koesel.de

Inhalt

Vorwort
Wie ist es, wenn wir sterben? 9

»Wohin geht die Seele?« – Eine sperrige Frage 13
   Sinnkrise als Teil einer tiefen Kulturkrise 13
   Sinnfragen ohne verbindliche Antworten 15
   »Wahrheit« ist subjektiv 17
   Sinnwahrheiten und die Grenzen der Sprache 19
   Wahrheit: Spekulation und Intuition 21
   *Kulturelle Eingebundenheit * Chancen und Grenzen der Erkenntnis von Wahrheit * Was heißt »Ökumene«? * Die Sonderstellung des Jesus von Nazaret * Zeitgenössische Spekulationen*
   Wahrheit: Der Weg der Erfahrung 34
   *Die Nahtod-Erfahrungen (NTE) * Naturwissenschaftliche und dogmatische Widerstände * Mystiker unserer Zeit * Die Nahtod-Erfahrungen verstehen und ernst nehmen*

1 ERKENNTNISSE AUS RELIGIÖSEN UND GEISTIGEN ÜBERLIEFERUNGEN 45

Das Jenseits: Deutungen heute und früher 46
   »Sie schickt der Himmel!« 46
   Religiöse Traditionen 49
   *Totenbücher verschiedener Kulturen * Probleme bei der Überlieferung alter Texte * Übersetzen heißt deuten*

Unsere Fragen an die alten Texte 64
   Hilfreiche Begleitung für die Verstorbenen 65
   *Tibetische Traditionen * Das alte Ägypten * Die Maya * Die monotheistischen Traditionen: Die Fürbitte*
   Hilfe bei der Erkenntnis: Ich bin tot 75
   Inspirationen für unsere Praxis 78
   Wie ist das Jenseits beschaffen? 80

»Wo« ist das Jenseits? 86
*Die Bibel * Das alte Ägypten * Der tibetische Buddhismus*
Inspirationen für unsere Praxis 90

Ins Licht eingehen 92

Das Jüngste Gericht 97
Ein archetypisches Symbol 98
*Das alte Ägypten * Bibel und Koran*
Der Ursprung 105
Die monotheistischen Traditionen
Gerichts-Urteile 109
*Die monotheistischen Traditionen * Der tibetische Buddhismus * Die Maya*
Inspirationen für unsere Praxis 115

Die Hölle, ihre Herrscher und Bewohner 126
Ein Kulturvergleich 127
*Das alte Ägypten * Die Bibel * Die nachbiblischen Traditionen * Der Koran * Der tibetische Buddhismus * Die Maya*
Inspirationen für unsere Praxis 142

Der Himmel 151
Jenseitsvorstellungen 151
*Die monotheistischen Traditionen * Der Buddhismus * Das alte Ägypten*
Inspirationen für unsere Praxis 159

Das Fegefeuer 161
Geistiges Wachstum 162
Inspirationen für unsere Praxis 166
Gedenke des Sterbens und lebe dein Leben 167

2 ERKENNTNISSE AUS ERFAHRUNG 173

Die Nahtod-Erfahrungen 174
Visionen von »Orten« 174
Ein anderes Bewusstsein 175
Bewusstseinserweiterungen 176

Allgemeine Verbundenheit 178
Nachwirkungen 180
*Liebe * Verantwortung * Tragfähige Beziehungen*
Lernschritte mit tief greifenden Folgen 184
*Erschreckende Nahtod-Erfahrungen * Entwicklungen im
Glaubensleben * Körperliche und psychische Heilung*
Wie »wahr« sind solche Erfahrungen? 189
*Außersinnliche Wahrnehmungen (ASW) während der
Nahtod-Erfahrung * Die Mystik und der Tod *
Ist das »Realität«?*
Begegnungen während Nahtod-Erfahrungen 198
*Lichterfahrungen * Begegnung mit dem eigenen Leben *
Begegnung mit Wesenheiten * Begegnung mit einem
verurteilenden Gericht * Begegnung mit der Hölle*

Begegnungen: eindrücklich – und des Fragens würdig 211
Die geistigen Wesenheiten in der tibetischen Tradition 212
*Das Totenbuch * Mehrtägige Jenseitsreisen*
Begegnung mit inneren Bildern 220
Kulturelle Prägung aller Jenseits-Erfahrungen 224
Grenzen des interkulturellen Vergleichs 227
Inspirationen für unsere Praxis 229

Ergebnisse 233
Auf dem Weg zu sich selbst 233
Die überragende Bedeutung des Lichts 234
Der Transzendenz-Bezug des Menschen 236
Vertrauensvoll den Weg gehen 237

Schluss: Was wir gelernt haben 239
Ich selbst trage die Verantwortung für mein Sterben 240
Inspirationen für unsere Praxis 241
Ehrlichkeit mit sich: Hoffnung und Vertrauen 243

Anhang 246
Anmerkungen 246
Abkürzungen für die verwendeten Bibelzitate 248
*Erstes Testament * Zweites Testament*
Verwendete Literatur 249

Vorwort
Wie ist es, wenn wir sterben?

»Wie ist es denn, wenn wir sterben?« Die knapp 70-jährige Frau hatte allen Grund, diese Frage mit hoher Dringlichkeit zu stellen – sie lag mit einem metastasierenden Lungenkrebs im Sterben. Von wem, wenn nicht von mir, seit Kurzem Seelsorger im Krankenhaus, in dem sie lag, sollte sie sich eine Antwort erhoffen? Allein, die klugen dogmatischen Lehrsätze, die ich vor nicht langer Zeit noch gebüffelt hatte und die mich an der universitären Akademikerschmiede schließlich zum Doktor der Theologie gemacht hatten, diese Lehrsätze halfen nicht weiter. Allzu abstrakt und fern der menschlichen Erfahrungen klingen die Formulierungen. So lenkte ich ihre Aufmerksamkeit in eine ganz andere Richtung, nämlich auf das Vertrauen in Gottes Güte. Auf diesem Pfad folgte sie mir dankbar, und er ermöglichte ihr wenige Tage später ein friedliches und gelassenes Sterben.

Der Schweizer Philosoph und Psychologe Beat Imhof (*1929) weist in seiner ziemlich ernüchternden Analyse aus dem Jahre 2011 nach, wie wenig hilfreich die Lehren und die Lehrer der beiden großen christlichen Kirchen unseres Kulturraumes zu Beginn des 21. Jahrhunderts in dieser Hinsicht sind. Er stellt fest, dass auch namhafte Vertreter der beiden Konfessionen – er nennt große Namen wie Karl Rahner und Hans Küng, Helmut Gollwitzer und Eugen Drewermann, aber auch Kardinal Ratzinger, den späteren Papst Benedikt XVI. – zu diesem Themenkreis teilweise gescheite Fragen stellten, aber kaum je hilfreiche Antworten zu geben vermochten. Imhof zitiert einen Studenten, der ausführlich die katholische ebenso wie die evangelische Theologie studiert hatte, mit den Worten: Nach all diesen Studien »stand ich ohne lebendige Jenseitshoffnung da« (Imhof I, 14 / 1).

Die kirchlichen Repräsentanten beschränkten sich – so der Vorwurf Imhofs – gerne auf die Feststellung, dass wir über das Leben nach dem Tod gar nichts sagen können, und zögen sich zurück ins Schweigen. Damit würden sie aber ihre Pflicht vernachlässigen, in den Menschen im Blick auf ihr Sterben und ihren Tod Hoffnung und Zuversicht zu wecken.

Mit dem Hinweis, dass es schwierig ist, über das Leben nach dem Tod klare Erkenntnisse zu gewinnen, werden auch wir uns in dieser Studie konfrontiert sehen. Wir werden aber erkennen, dass es konstruktivere Möglichkeiten gibt, mit dieser Herausforderung umzugehen. Der bloße Rückzug ins Schweigen ist tatsächlich nicht hilfreich und auch nicht nötig. Genauso wenig ergiebig ist das erneute Zitieren alter dogmatischer Formeln. Wir werden kreativere Wege beschreiten.

Es scheint in der Tat, dass die Kirchen bei diesen Themen in den letzten Jahrzehnten das Feld weitgehend Gruppierungen aus dem Bereich von Esoterik und Parapsychologie überlassen haben. Von dort gibt es hilfreiche Hinweise und Einsichten, wenngleich auch diese Thesen und Lehrmeinungen keinesfalls umfassend *die* Wahrheit darstellen. Auch hier bleibt vieles offen und Zweifel bestehen weiter.

Die uns stets aufs Neue wieder bedrängende Frage der sterbenden Frau ist so alt wie die Menschheit, und die religiösen und geistigen Traditionen haben sich seit jeher mit ihr beschäftigt. Aber ihre – jahrhunderte- und jahrtausendealten – Antworten sind für uns Menschen des 21. Jahrhunderts nicht mehr immer hilfreich. Zu sehr haben sich Menschen- und Weltbild, aber auch die Art zu denken und die Welt zu verstehen, verändert. So hat Winfried Nonhoff, der damalige Leiter des Kösel-Verlages, wohl ins Schwarze getroffen, als er, mitten in einem unserer intensiven Gespräche, unvermittelt zu mir sagte: »So schreib doch ein Buch zum Thema: ›Wohin geht die

Seele?'« Damit hatte er mir wieder einmal einen Floh ins Ohr gesetzt. Dass dies zugleich sein Abschiedsgeschenk an mich war, wusste ich damals noch nicht – seither hat er die Leitung des Verlages abgegeben. Der Floh jedoch saß, und ich bin sehr dankbar dafür. Aber auch diesmal hat der Begleiter meines werdenden Textes im Verlag, Michael Kötzel als neuer Leiter des Lektorates, meine Schritte mit viel aufmerksamem Wohlwollen begleitet, hat mir zahlreiche hilfreiche und konstruktive Fragen gestellt und Anregungen gegeben und damit zu wertvollen Inspirationen verholfen. An beide geht an dieser Stelle mein herzliches Dankeschön. Ein weiterer Dank ins Lektorat geht an Silke Foos für die aufmerksame letzte Durchsicht des Manuskripts vor dem Druck.

Viele Jahre sind ins Land gegangen, seit mir die sterbende Frau ihre so wichtige Frage gestellt hat. Ich habe mich auf verschiedenen Ebenen mit ihr auseinandergesetzt, alte Zeugnisse studiert und dabei immer auch die Frage erwogen, wie solche denn heute noch zu inspirieren vermögen. Dabei bin ich auf spannende Einsichten gestoßen. Etwa diese: Überall wiederkehrende Bilder in den alten Jenseitslehren wie etwa Gericht und Hölle handeln – wenn es uns gelingt, das Ängstigende und Schauerliche, aber auch das Abwertende und Verurteilende, das ihnen seit je anhaftet, zu durchdringen und bis zum archetypischen Gehalt vorzustoßen – tatsächlich in ihrem Kern von Aspekten unserer menschlichen Seele, die bis heute zentral und absolut wesentlich sind.

Im Weiteren habe ich die Zeugnisse aus den Nahtod-Erfahrungen unserer Zeit ganz ernst genommen und mich nicht von all den Zweifeln, die ihnen von verschiedener Seite entgegengebracht werden, verunsichern lassen. Auf diesen Wegen erhalten wir tiefe Einsichten in die menschlichen Erfahrungen in Sterben und Tod.

So wollen wir uns denn, liebe Leserin, lieber Leser, von der erwähnten von Fachleuten heute oft fast resignierend vorgebrachten Feststellung, dass wir ja letztlich gar nichts sagen können über diesen Bereich unseres Menschseins, nicht lähmen lassen. Machen wir uns vielmehr auf den Weg; stellen wir uns in die lange Reihe derer, die sich dieser Frage schon zugewandt haben; finden wir unsere für heute gültigen Antworten ebenso, wie unsere Ahnen die ihren gefunden haben – und wir werden staunen, wie viel wir trotz aller Einschränkungen und Vorbehalte erkennen können: tiefe Einsichten über das Sterben. Es ist denn auch ein wesentliches Anliegen dieses Buches, die verbreiteten, wenig hilfreichen Haltungen – einerseits Gleichgültigkeit dem Sterben gegenüber und andererseits die Angst davor – zu überwinden. All dies dient der Vorbereitung auf unser Sterben, nicht weniger aber schöpfen wir daraus anregende Impulse für unser Leben.

»Wohin geht die Seele?« – Eine sperrige Frage

»Wohin geht die Seele?« – die Frage stellt uns vor ein letztlich unlösbares Dilemma. Einerseits ist es eine Frage, die in dieser oder ähnlicher Formulierung heute eine wachsende Zahl von Menschen tief bewegt – andere Formeln der Frage können sein: Gibt es ein Leben nach dem Tod? Gibt es ein Jenseits? Bis hin zur Frage: Gibt es einen Gott oder allenfalls Götter? Weiter: Gibt es Engel, geistige Führer und Führerinnen? Leben wir ein oder mehrere Male in der materiellen Welt? Am Ende stehen die Fragen: Was bedeutet das alles im Hinblick auf die menschlichen Erfahrungen nach dem Tod? Aber genauso: Was bedeutet das alles für unser Leben *vor* dem Tod? Um die Transzendenz (von lateinisch transcendere: hinübergehen), das Jenseits also geht es, und letztlich stehen immer auch die Fragen im Hintergrund: Hat unser Leben überhaupt einen Sinn jenseits der materiellen Dimension und falls ja, welchen? Und schließlich: Welche ethischen Werte sind hilfreich, um diesen Sinn zu verwirklichen? Fragen über Fragen ...

Sinnkrise als Teil einer tiefen Kulturkrise

Viele Menschen lassen sich heute von diesen letzten Sinnfragen bewegen; die einen, weil sie schon immer ahnten oder für sich subjektiv auch wussten, dass es »etwas« geben muss, das über unsere sinnlichen Erfahrungsmöglichkeiten, das über unser tägliches Mühen mit den Höhen und Tiefen unseres Alltags hinausgeht; andere, weil sie die Sinnangebote unserer heutigen westlichen Welt zunehmend als unzureichend, als nicht beständig empfinden: Sinnangebote, die sich weitgehend auf Lust, Vergnügen, (Über-)Reizung der Sinne oder möglichst großen materiellen Fortschritt und Wohlstand beschränken.

In der Tat, wir werden Zeugen von gewaltigen Einbrüchen, die solche materiellen Sinnziele in ihren Grundfesten erschüttern. In den letzten Jahrzehnten wurde unsere Welt von Energiekrisen, Wirtschafts- und Finanzkrisen, von geplatzten Immobilienblasen, schweren Havarien in Atomanlagen und vielem mehr heimgesucht. Doch hinterher, wenn jeweils »das Gröbste« überstanden scheint, wird so getan, als seien das nur Betriebsunfälle gewesen, die mit noch präziseren Methoden oder, seit einiger Zeit besonders verführerisch, mit noch mehr Größe und Gigantomanie bestimmt vermieden werden könnten – bis zum nächsten Zusammenbruch in einem anderen Bereich, in dem man sich bisher sicher wähnte.

Angesichts solcher Erschütterungen stellt sich in manchem Kopf (mehr noch: in manchem Herzen) mit zunehmender Dringlichkeit die Frage, ob denn in der geistigen Entwicklung der westlichen Welt im Nachgang zur Epoche der Aufklärung in der zweiten Hälfte des 18. Jahrhunderts nicht ganz grundsätzlich etwas in die Irre gegangen sei. Ob nicht mehr und mehr auf falsche Werte gesetzt worden sei, ob nicht mit zunehmender Ausschließlichkeit solche falschen Werte, Grundhaltungen und Sinnangebote sich durchgesetzt haben, falsch – da offensichtlich allzu krisenanfällig und auf lange Sicht nicht tragfähig. Erschwerend kommt hinzu, dass dieses Wertesystem sich offensichtlich als unfähig erweist, grundsätzlich seine Fundamente infrage zu stellen und zu überdenken. Vielmehr wird bloß immer wieder aufs Neue versucht, sei es durch noch mehr Regulierungen, sei es gerade im Abbau sämtlicher Regulierungen, die störenden Symptome zu beheben.

Einerseits also lässt sich eine zunehmende Zahl von Menschen von solchen Krisenerscheinungen aufrütteln, verunsichern, vielleicht darf man auch sagen, sie lässt sich aufwecken aus ihrem dumpfen, kritiklosen, dösenden, zum Teil auch resignierenden Mitgehen. Bei immer mehr Mitmenschen setzt sich die Einsicht durch, dass dringend die grundsätzlichen Fragen nach dem Sinn und Unsinn einer solchen kulturellen Entwicklung gestellt werden müssen. Neue – vielleicht auch neu zu entdeckende ganz alte – Antworten zu suchen und zu finden, ist ein dringendes Gebot der Stunde.

Sinnfragen ohne verbindliche Antworten

Zahlreiche Menschen also haben sich auf den Weg der geistigen Suche gemacht. Sie nehmen damit ein uraltes Anliegen erneut auf: die Suche nach dem Sinn des Lebens, oder in anderer Perspektive: die Suche nach der »Seele«, nach dem »göttlichen Kern« im Menschen, wie ich anderenorts formuliert habe (vgl. Looser 2008). Eine Frage, auf die jede Generation ihre eigene Antwort finden muss, bei der aber Antworten früherer Generationen, früherer Kulturen durchaus inspirierend sein können.

Beim Ringen um Antworten auf diese uralten Fragen machen wir jedoch die Erfahrung – und dies ist das »Andererseits« in unserem Dilemma –, dass keine je gedachte Antwort, keine je entwickelte Perspektive oder Theorie, kein Glaube unwidersprochen bleibt. Ganz im Gegenteil entbrennen heftigste Auseinandersetzungen: Sie reichen von Streitgesprächen, bei welchen die »gegnerische« Meinung wohl wahrgenommen, aber argumentativ zu widerlegen versucht wird, bis hin zu kämpferischen Auseinandersetzungen, bei denen Waffen und Bomben den Platz von Argumenten einnehmen – auch hier also tiefe Verunsicherung.

Die Hauptschwierigkeit liegt darin, dass diese Sinnfragen, die durchaus verschiedene Antworten zulassen, nicht den heute vertrauten Wegen des Erkennens von Wirklichkeit folgen können. Denn das, was der Mensch von heute bei uns im Westen als »Wirklichkeit« versteht, ist zunehmend nur noch die materielle Welt, die uns umgibt und deren Teil wir (auch) sind und die nach festen Gesetzen funktioniert, welche wir mehr und mehr zu erkennen und zu verstehen imstande sind. Hier hat sich den modernen Naturwissenschaften ebenso wie der Technik und Elektronik ein scheinbar unbegrenztes Wirkungsfeld eröffnet; man denke an die neuen Möglichkeiten der weltweiten Kommunikation in Sekundenschnelle oder an die Hightech-Medizin.

Dabei hat die strukturierten und klaren Vorgaben folgende Vorgehensweise des aktuellen naturwissenschaftlichen Forschens in unserem alltäglichen Denken und Wahrnehmen in einem Maße überhandgenommen, dass andere Denk- und Argumentationsmuster rasch in den Verdacht kommen, willkürlich, zu wenig präzise und damit unverbindlich zu sein. Und genau darin liegt das Dilemma der neu aufgebrochenen Sinnfrage. Denn hier versagt das naturwissenschaftliche Denkmodell, das nur Erkenntnisse gelten lässt, die unabhängig vom forschenden Individuum gewonnen werden und die damit auch allgemein reproduzierbar sind wie etwa Vorgänge in der Chemie oder der Mechanik.

Erlauben Sie mir eine Zwischenbemerkung: Natürlich hat auch diese Entwicklung ein historisches Umfeld. Die Definition solch rigider Kriterien für die »Erkenntnis von Wahrheit« war nicht zuletzt ein Befreiungsschlag der Naturforschung aus kirchlicher Bevormundung. Der »Fall Galilei« wirkte auf Jahrhunderte hinaus traumatisierend. Galileo Galilei (1564–1642) hatte mithilfe neuer Beobachtungsinstrumente entdeckt, dass das damalige Weltbild falsch war, dass nicht die Erde, sondern die Sonne den Mittelpunkt unseres Sonnensystems (damals: der Welt) darstellt. Das waren revolutionäre Gedanken und die Kirche, die zusammen mit ihrem dogmatisch formulierten Weltbild auch ihren dominierenden Einfluss bedroht sah, zwang mittels ihres Instrumentes zur Überwachung des Glaubens, der Inquisition, Galilei 1633 unter Androhung von Folter zum Widerruf. Die aufblühende Naturforschung musste also Wege finden, sich aus der Gängelung durch das kirchliche Dogma zu befreien.

Inzwischen hat aber die Naturforschung ihrerseits auch dogmatische Tendenzen entwickelt in ihrer strengen Regulierung der Kriterien zur Erkenntnis von »Wahrheit«. Und aus diesen neuen Zwängen müssen wir nun heute unsere Sinnfrage wieder befreien. Denn hier spielt das fragende Individuum eine zentrale Rolle, entsprechend sind dessen Erkenntnisse nicht in einer Weise zwingend und verallgemeinerbar wie eine mathematische Formel. Das heißt, wir müssen erneut auf alte Wege der Wahrheitsfindung zurückgreifen: Spekulation und Intuition. Dies ungeachtet der Tatsache, dass solche Erkenntniswege dem heutigen rigiden, naturwissenschaftlichen Forschen und Fragen als subjektiv und damit als unzuverlässig, unseriös und vernachlässigbar gelten.

»Wahrheit« ist subjektiv

So ist es an dieser Stelle wohl angebracht, dass ich noch einmal kurz auf das von mir an anderer Stelle schon eingebrachte Bild des bunten Blumenstraußes als Symbol dieser auf intuitivem Weg gefundenen Wahrheiten verweise (vgl. Looser 2008, 28 f.). Das Bild besagt: Eine Gruppe Menschen sitzt im Kreis, in dessen Mitte ein bunter Blumenstrauß steht. Dieser ist als ganzer das Symbol der Wahrheit, nicht einzelne Blumen. Von den Menschen im Kreis erblickt jeder als erste eine bestimmte Blume in ihrer Farbe und erkennt in dieser seinen Aspekt der Wahrheit. Das Bild will nahelegen, dass wir Andersdenkende und Andersgläubige nicht einfach als irrend oder dumm abqualifizieren, sondern sie vielmehr mit empathischem Interesse nach der Farbe ihrer Blume befragen sollen. Denn die Sicht auf ihre Blume kann mein Erkennen des ganzen Straußes vertiefen. Wir sollen also im Gespräch mit »Andersgläubigen« diese nicht in erster Linie zu unserer Sichtweise »bekehren« wollen, sondern bestrebt sein, im Austausch mit ihnen zu lernen, ein größeres Verständnis der Wahrheit zu gewinnen.

Es geht somit für mich in keiner Weise darum, mit meiner Wahrheit zu missionieren – das Anliegen des Missionierens ist in meinen

Augen keineswegs ein Zeichen besonders großer Überzeugung, sondern vielmehr von Schwäche, denn die auf solchem Wege allenfalls »Bekehrten« sind letztlich für mich eine Bestätigung dafür, dass ich »recht habe«. Je gefestigter dagegen meine Glaubenshaltung ist, desto weniger ist sie auf äußere Bestätigung angewiesen und desto mehr ist sie in der Lage und bereit, andere Haltungen (Blumen im Strauß) anzuerkennen und zu respektieren. Eine derart gefestigte Haltung weiß um und akzeptiert die Subjektivität aller Glaubenshaltungen, was auch für die eigenen gilt. Für sie sind sie alle im besten Sinne des Wortes gleich-gültig. So will ich denn mit diesem Buch einfach meine Blume zeigen, und es wird sich weisen, ob sie der einen oder dem anderen zu einer Inspiration werden – oder durch Hervorrufen von Widerspruch mithelfen kann, die eigene Blume klarer zu erkennen.

Die Wahrheiten, nach denen wir in unserem Streben nach dem Lebenssinn ebenso wie im Fragen nach den Erfahrungen im Tod suchen, sind also erstens nicht mit dem Anspruch objektiver Stringenz durchsetzbar, weil sie wesentlich immer von einem entscheidenden subjektiven Element mitgeprägt sind. Zweitens sind solche Wahrheiten nie statisch und unverrückbar für alle Zeiten festgeschrieben, sondern entwickeln sich für Individuen ebenso wie für Kulturen ständig dynamisch weiter. Als 20-Jährige formulieren wir unsere Sinnwahrheiten anders denn als 60-Jährige – wenigstens bei den geistig lebendig Gebliebenen ist das so! Und die Werte des 21. Jahrhunderts sind nicht jene des 15.

Sinnwahrheiten und die Grenzen der Sprache

Nun kommt aber für unser Dilemma noch ein wesentliches Element dazu: Die ganze Wahrheit über die letzten Sinn-Dimensionen unseres Lebens – Leben und Tod, Fortleben nach dem Tod, unsterbliche Seele, Transzendenz und Gott – ist letztlich *unsagbar*. Dies aus dem einfachen Grund, dass unsere Sprache nicht ausreicht, sie angemessen in Worte zu kleiden. Unsere Sprache ist Ausdrucksmittel unseres Verstandes und damit ebenso beschränkt wie dieser. Unsere letzten Sinnwahrheiten jedoch übersteigen bei Weitem unseren Verstand und seine Ausdruckskapazitäten. Alles, was wir an Erkenntnissen in Worte fassen, ist daher im Ansatz unzureichend und umfasst niemals die ganze Wahrheit. Denn diese Wahrheit ist in jedem Fall größer als die Möglichkeit unserer Sprache. Daher ist es so absurd, sich über solche Wahrheiten zu streiten. Sicher ist nur eines: *Alle am Streit Beteiligten haben unrecht* insofern, als keine Formulierung der Wahrheit als ganzer jemals gerecht werden kann.

Diese Einsicht ist keineswegs neu. Die kirchlichen Traditionen haben daraus die sogenannte »Theologia negativa« entwickelt, eine Art Lehre des Unsagbaren. Leider haben sie den logischen Schluss, dass daher jeder Streit unfruchtbar ist, nicht gezogen, ganz im Gegenteil …

In dieser Perspektive ist es auch unmöglich, dass jemand, der in einem Glaubenssystem eine übergeordnete Stellung innehat, einem anderen Lehr- und Redeverbot auferlegt mit der Begründung, er lehre nicht die Wahrheit – Päpste, Ayatollahs, aber auch der Dalai Lama greifen zu diesem Mittel. Im hier entworfenen Denk- und Verstehensrahmen ist nur eines sicher: Der dieses Verbot ausspricht, hat nicht verstanden, was »Wahrheit« ist – eine Blume im Strauß, die aufblüht, sich zu strahlender Blüte entfaltet, welkt und einer neuen Knospe Platz machen muss.

Gleichwohl aber – und damit wird unsere Herausforderung tatsächlich gigantisch – *müssen wir darüber sprechen*. Die Sinnfrage gehört sozusagen zum Grundbestand dessen, »was die Welt im Innersten zusammenhält«. Jede Generation, ja jedes Individuum steht in der Pflicht, sich Gedanken zu machen, Antworten zu finden, jedoch nicht im Sinne einer »Ein-für-alle-Mal«-Lösung. Vielmehr muss diese Frage eine Begleiterin durch unser ganzes Leben sein, sich mit uns entwickeln, sich fortschreitend entfalten und zu stets kreativen, stets vorläufigen Antworten finden.

Diese Einsicht in die letzte Unsagbarkeit des uns zu sagen Aufgegebenen soll uns also nicht in die Resignation führen: »Es hat doch keinen Sinn, wenn von Anfang an die Unzulänglichkeit allen Bemühens feststeht.« Ganz im Gegenteil: Erstens ist jede durch ehrliches Streben gewonnene subjektive Wahrheit immerhin eine Blume im Strauß, das heißt, sie ist tatsächlich ein Aspekt der »großen« Wahrheit. Zweitens entlastet uns diese Einsicht vom Zwang zu Irrtumslosigkeit und Unfehlbarkeit. Sie eröffnet uns einen Raum der freien Kreativität. Die *Fragen* sind mit unerbittlicher Dringlichkeit gestellt. Vor ihnen können und dürfen wir uns nicht drücken. Die *Antworten* aber sind in jedem Fall individuell und vorläufig, jederzeit überholbar.

Der erste Kanzler der deutschen Bundesrepublik, Konrad Adenauer (1876–1967), vertrat als 85-Jähriger in einer Debatte im Bundestag seinen Standpunkt mit der ihm eigenen Hartnäckigkeit. Als die Auseinandersetzungen am folgenden Tag fortgesetzt wurden, nahm er mit derselben Verve die genau gegenteilige Position ein. Wegen dieser Wankelmütigkeit heftig attackiert, meinte er lakonisch: »Meine Damen und Herren, ich kann doch nichts dafür, dass ich heute gescheiter bin als gestern.« Darum geht es: Diese letzte Unsagbarkeit des zu Sagenden eröffnet uns die Möglichkeit, gescheiter zu werden. Wir stoßen überall auf Glaubenssysteme – religiöse ebenso wie politisch-ideologische oder wirtschaftliche – in welchen Exponenten und Vordenker für sich implizit oder explizit Unfehlbarkeit in Anspruch nehmen. Und wir stellen fest, wie schwer es für solche Denksysteme oft ist, neue Entwicklungen und Entdeckungen und Perspektiven zu integrieren. Wenn einmal Gesagtes unter der Last der Unfehlbarkeit steht, führt dies unvermeidlich zu Erstarrung und Leblosigkeit, in den geistigen Tod. Dogmen, die den Anspruch der Endgültigkeit erheben, haben in unserem Ringen um Sinn von vorneherein keinen Platz. Dafür eröffnet sich ein Raum für permanentes und kreatives Weiterdenken, die Wahrheit wird dynamisch. Allerdings gilt ein gewichtiger Vorbehalt: Alles, was als »wahr« akzeptiert werden will, muss *die Liebe fördern*, das heißt, Entwicklung, Entfaltung und somit auch Reifen des Menschen zum Ziele haben.

Wahrheit: Spekulation und Intuition

Damit ist das Feld für weitere Überlegungen zu unserer Frage »Wohin geht die Seele?« abgesteckt, Grenzen sind gezogen: kein Zwang zur Unfehlbarkeit und keine Gewalt in der Durchsetzung der eigenen Wahrheit. Dafür sind Räume der Kreativität eröffnet: Alles Gesagte gilt für ein bestimmtes Individuum, vielleicht auch für eine Gruppe und für diesen Moment und bleibt offen, in Zukunft überholt zu werden; wir dürfen gescheiter werden.

Als Erstes müssen wir uns darüber Rechenschaft ablegen, dass wir mit der so gestellten Frage nicht ganz am Anfang beginnen. Eine wichtige Vorentscheidung ist bereits getroffen: *Es gibt eine Seele und sie wird den Tod des Körpers überleben*. Dabei geht es um den uralten Streit, ob der Mensch »eine unsterbliche Seele hat«, oder etwas differenzierter: ob der Mensch ein sowohl physisches wie auch geistiges Wesen ist; und ob dieser Geist in der Materie sehr wohl lebt und wirkt, letztlich aber von dieser unabhängig ist und somit auch ohne diese materielle Basis existiert. Konkret geht es um die Frage, ob es diesen Geist nach dem Tode des Körpers weiterhin gibt.

Wir befinden uns damit im Spannungsfeld zweier gegensätzlicher Grundhaltungen, die kaum zueinander vermittelbar sind. Für die einen gilt: Der Körper des Menschen ist durchdrungen von einer belebenden (für viele: göttlichen) Kraft, welche niemals sterben kann. Für die anderen gilt: Der Mensch ist ein Materiewesen, auch seine Denk- und Liebesfähigkeit ist aus den materiell-biologischen Vorgaben erklärbar. Logischerweise bedeutet hier der Tod des Körpers auch den endgültigen Tod des Menschen.

Auf der Ebene von Schlagworten geht es in letzter Konsequenz um den Gegensatz der Extreme: Einerseits: »Mit dem Tod ist alles aus«, eine Haltung, die heute bei uns viel Zustimmung findet, und andererseits: »Es gibt keinen Tod«, wie wir es von vielen esoterischen Lehrern hören; unter anderen hat auch Elisabeth Kübler-Ross in ihren späten Jahren diese Ansicht vertreten. Aus der Perspektive meiner Blume gilt: Die erste Position verabsolutiert den Tod, die zweite verdrängt ihn; die erste vernachlässigt die geistige Dimension des Menschen, die zweite die körperliche – beide greifen zu kurz.

Mit unserer Fragestellung »Wohin geht die Seele?« haben wir in diesem kontroversen Feld eine Entscheidung vorweg gefällt: Es gibt einen Körper, der stirbt, und es gibt eine unsterbliche Seele. Und Sie, liebe Leserin, lieber Leser, fühlen sich von dieser so formulierten Fragestellung offensichtlich angesprochen, schließen sich dieser Vorentscheidung an, sonst würden Sie jetzt wohl nicht in diesem Buch lesen – herzlich willkommen also!

Kulturelle Eingebundenheit

Die Frage nach dem »Wohin« der Seele weckt bei vielen von uns die Assoziation von Glaube und Religion und damit auch von Lehre und Dogma. Die einen befürchten vielleicht ein Wiederkäuen von alten, sogar altmodischen Formeln, die sie längst hinter sich gelassen haben – die sie teilweise vielleicht auch vorschnell »endgültig überwunden« glauben. Andere mögen den Einsturz von ihnen Halt gebenden, seit Generationen bewährten »Säulen der Wahrheit« befürchten. Die Dritten schließlich respektieren diese aus der Tradition stammenden Wurzeln unseres Strebens nach Wahrheit durchaus, sind aber bereit, darauf aufbauend kreativ weiterzudenken.

Wir alle stehen in Denktraditionen, das brauchen und können wir nicht wegdiskutieren. Zu glauben, wir könnten am Nullpunkt anfangen, ist eine Illusion. Für unsere Kultur heißt diese Denktradition vor allem Christentum, hier gründen unsere Wurzeln. Von hier kommt aber auch der Aufruf, geistig weiterzuschreiten und uns weiter zu entfalten. Wenn Jesus in der Bergpredigt wiederholt sagt: »Ihr habt gehört, dass zu den Alten gesagt worden ist ..., ich aber sage euch ...« (Mt 5,21 ff.), meint er wohl nicht, dass nun seine Aussage eine für alle Ewigkeit unverrückbar gültige Formel sein soll – dieses Verständnis passt schlecht zu seiner gesamten Persönlichkeit, die sich von jeder Situation, der sie begegnete, aufs Neue betreffen ließ. Vielmehr bietet er sich uns als Modell dafür an, wie wir diese ewigen Menschheitsfragen angehen sollen: die Tradition beachten und respektieren, aber auf dieser Basis weiterschreiten, die alten Fragen in unsere Zeit hinein weiterdenken.

»Wohin geht die Seele?« – diese Frage ist eines der Grundthemen sämtlicher großen Religionen, die die Menschheit im Laufe ihrer Geschichte hervorgebracht hat. Was geschieht mit uns nach dem Tod? Es gibt eine kulturhistorische Theorie, welche besagt, dass Religion an sich überhaupt entstanden sei aus der Herausforderung, vor die die Menschen sich durch den Tod gestellt sahen; Religion sei die menschliche Antwort auf die Erfahrung von Sterben und Tod.

Chancen und Grenzen der Erkenntnis von Wahrheit

Ein weiteres Grundproblem stellt sich uns (schon wieder!): Wir erfahren in der Regel den Tod nur von außen, das heißt, wir werden Zeugen davon, dass Menschen sterben und dann offensichtlich tot sind. Was diese Vorgänge aber für die Betroffenen selbst konkret als

Erfahrung bedeuten, entzieht sich unserer Erkenntnis wesentlich, da unsere vertrauten Wege der Kommunikation nicht mehr möglich sind.

Das bedeutet faktisch, dass sich hier ein unendlich weites Feld von Mutmaßungen und Vermutungen, von Spekulationen also und damit eben auch von Differenzen und Gegensätzen eröffnet – letztlich sind wir hier in unserem Glauben gefordert (Blumenstrauß). Ein Blick auf die verschiedenen Glaubenslehren, die in Bezug auf Sterben und Tod im Laufe der Menschheitsgeschichte entwickelt wurden, zeigt zunächst eine einzige große Übereinstimmung in all der Vielfalt: Überall wird gelehrt und geglaubt, dass »es« nach dem Tod des Körpers »irgendwie« weitergeht, dass es ein Leben nach dem Tod gibt. Das lehren alle Religionen.

Aber damit ist es auch schon zu Ende mit der Gemeinsamkeit. Im Übrigen herrschen tiefe Unterschiede. Die drei monotheistischen Religionen (Glaube an einen einzigen Gott), Judentum, Christentum und Islam, gehen zusammen mit verschiedenen hinduistischen Strömungen davon aus, dass es das »Ich« von uns Menschen ist, das weiterlebt. Dieses Ich, diese Person in Gestalt der unsterblichen Seele, löst sich, nachdem sie eine Zeit lang im Körper gelebt hat, nach dessen Tod aus dieser Hülle und lebt in einer rein geistigen Dimension weiter, beziehungsweise – so im Hinduismus, aber auch in zeitgenössischen westlichen Lehren – reinkarniert sich nach einer Zwischenzeit in einer geistigen Dimension in einem neuen Körper.

Der Buddhismus dagegen versteht gerade dieses Ich als Illusion, welche es zu durchschauen gilt (diese wesentliche Erkenntnis wird als »Erleuchtung« bezeichnet), worauf das Ich sich auflöst in die große Leere hinein, in das Nirvana.

Die monotheistischen Religionen verstehen sich im Weiteren als Offenbarungsreligionen, das heißt, der eine Gott hat sich im Laufe der Geschichte immer wieder auserwählten Menschen offenbart und ihnen seinen Willen mit der Schöpfung im Allgemeinen und mit dem Menschen als seinem Ebenbild im Besonderen kundgetan. In den heiligen Schriften (daher werden sie auch »Buch-Religionen« genannt), zunächst im Ersten Testament der Bibel, fand das seinen Niederschlag: Abraham, Moses, David, später die Propheten waren Empfänger solcher Offenbarungen. Im Zweiten Testament vollendet sich für Christ-Gläubige in Jesus diese göttliche Offenbarung.

Auch im Islam ist dieses Element zentral: Der Erzengel Gabriel, der »Vorgesetzte über die Offenbarung und Gottesgesandtschaft« (»Das islamische Totenbuch«, 51), offenbarte dem Propheten Mohammed (ca. 570–632) die göttliche Botschaft, welcher sie für die neue Glaubensgemeinschaft im Koran im Laufe von 20 Jahren niederschrieb – so weit die fromme Legende. Die moderne Koranforschung setzt da viele Fragezeichen.

So gibt es in der muslimischen Überlieferung eine Tradition, die besagt, Mohammed sei Analphabet gewesen und habe seine Offenbarungen gar nicht selbst niedergeschrieben, sondern in der Form von Rezitationen weitergegeben. Dies stützt sich auf den Koran, Sure 7, 157–158, deren exakte Übersetzung und Deutung aber umstritten ist. Muslimische Mystiker (Sufis) verstehen die Aussage so, dass nicht eine allfällige Unfähigkeit von Mohammed, zu lesen und zu schreiben, im Zentrum stehe. Vielmehr sei damit das innere Leersein des Propheten gemeint, welches ihn erst bereit machte, Gottes Worte zu empfangen und unverfälscht (durch eigene Worte) weiterzugeben (vgl. Schimmel, 54–57). Das Verständnis von Mohammed als »Analphabet« ist also in dieser Perspektive kein Makel, sondern vielmehr eine Auszeichnung.

Historisch gesichert ist, dass die Niederschrift des Korans nicht durch Mohammed selbst erfolgte, sondern dass das heilige Buch seine heutige Gestalt erst durch den dritten Kalifen, Othman (644–656), und damit mehr als 20 Jahre nach dem Tod des Propheten erhielt (vgl. Leimgruber, 197 f.). Bemerkenswert ist übrigens, dass es auch von Jesus keine direkten schriftlichen Zeugnisse gibt, sondern seine Worte (Evangelien) erst später niedergeschrieben wurden.

Der Buddhismus dagegen ist in diesem Sinne kein Gottesglaube, daher gibt es auch keine göttliche Offenbarung. Hier überstrahlt die Figur des großen Meisters Siddharta Gautama (ca. 560 bis ca. 480 v. Chr.) die Lehre, welchem nach seinem Tod der Titel »Buddha« zuerkannt wurde: der Erwachte.

Der Hinduismus nimmt eine Sonderstellung ein. Seine Anfänge liegen etwa 3000 Jahre zurück. Da es hier keine herausragende Gründergestalt gibt, ist auch kein eindeutiger Beginn zu erkennen. Aus verschiedenen Traditionen, in erster Linie Opferriten, entstand um das Jahr 1000 v. Chr. allmählich das, was wir heute als »Hinduismus« verstehen. Es gab aber zu keiner Zeit eine einheitliche Strömung, schon gar nicht eine einheitliche Lehre. Dogmatische Festlegungen von Glaubensinhalten und die Definition von abweichenden Haltungen als Häresie sind diesem Denken völlig fremd.

Im 19. Jahrhundert n. Chr. entstand durch Kontakte mit der europäischen Kultur, in erster Linie mit der Theosophie, in der geistigen Elite in Indien – wichtige Namen sind etwa Sri Ramakrishna (1836–1886), sein Schüler Swami Vivekananda (1863–1902) und Jiddu Krishnamurti (1895–1986) – eine Art Neo-Hinduismus, in den auch monotheistische Elemente sowie eine Wertschätzung des Individuums integriert wurden. Diese Entwicklung hat jedoch in den breiten Massen bis heute kaum Nachhall gefunden. Dagegen hat sie dem gewaltlosen Unabhängigkeitskampf Indiens gegen die britische Kolonialmacht und dessen prominentestem Vertreter, Mahatma Gandhi (1869–1948), nachhaltige Impulse verliehen (vgl. Leimgruber, 266–280).

Somit ist es im Grunde genommen eher problematisch, »den Hinduismus« als eine in sich (mehr oder weniger) geschlossene Glaubensgemeinschaft zu verstehen und als solche den übrigen Weltreligionen einfach parallel zu setzen. Die Rezeption »des Hinduismus« bedarf eines differenzierten und von Respekt für die Vielfalt geprägten Vorgehens.

Was heißt »Ökumene«?

In diesem Zusammenhang liegt mir ein anderer Hinweis sehr am Herzen: Überaus häufig höre ich von Menschen, die sich um religiös-spirituelle Offenheit ehrlich bemühen, den Ausspruch, dass wir »letztlich doch alle an denselben Gott glauben«. Damit wollen sie ihre Wertschätzung auch für jene Religionen, denen sie selbst nicht angehören, zum Ausdruck bringen. Wenn diese Absicht auch lobenswert ist – in ihrem Inhalt halte ich die Aussage für äußerst problematisch. Geltung kann sie allenfalls für die drei monotheistischen Religionen haben. Die meisten Hindus aber glauben mit Überzeugung an eine unübersehbare Vielfalt von Göttern und Göttinnen, und ihnen kurzerhand »letztlich« den Glauben an denselben Gott, wie wir ihn glauben, wohlwollend zuzubilligen, ist doch eigentlich eine Unterstellung, der gegenüber ich größte Zweifel hege. Vollends ein unzulässiger Übergriff stellt diese Aussage gegenüber dem Buddhismus dar, denn hier geht es ausdrücklich nicht um einen Gottesglauben.

Also, ihr lieben »toleranten« Mitmenschen, bewahrt euch eure wertvolle Offenheit, denn sie ist schlichtweg unverzichtbar, aber bringt sie bitte in einer Weise zum Ausdruck, die keine unbewusste und so natürlich nicht gewollte, aber eben gleichwohl vorhandene Vereinnahmung von Andersgläubigen darstellt. Eine zutreffende Formulierung könnte lauten: »Alle Religionen suchen je auf ihre Weise einen letzten spirituellen Sinn, eine göttliche Dimension des Lebens.«

So billig ist Ökumene nicht zu haben, indem tiefste Verschiedenheiten einfach eingeebnet werden. Eine solche »Einheit« kann auch gar nicht das angestrebte Ziel sein. Denn das hieße faktisch, dass jede Religion ihr Eigenstes aufgeben müsste zugunsten eines kleinsten gemeinsamen Nenners. Im Bild des Blumenstraußes: Jede Blume verlöre ihr eigenes Strahlen und ihre leuchtende Farbe, und es bliebe ein einheitliches, langweiliges Braun im ganzen Strauß. Nein, echte Ökumene kann nur heißen, auf alle Vormachtstellung – konkret hier:

Rechthaberei, aber auch Missionierung – zu verzichten und die anderen gerade in ihrem Anderssein und ihren Besonderheiten wertzuschätzen und als gleichwertig anzuerkennen.

Die Sonderstellung des Jesus von Nazaret

Eine einzigartige Stellung im Chor der Religionen und ihrer Propheten und Lehrer nimmt der Mann Jesus von Nazaret ein, dem nach seinem Tod der Titel »Christus«, der Gesalbte, zuerkannt wurde. Auch er ist zunächst Lehrer und Prophet. Darüber hinaus aber kommt ihm für gläubige Christen, gerade im Blick auf die Fragen von Leben und Tod und Weiterleben, eine herausragende Bedeutung zu: Er ist der Erlöser, ist der Heiland. Denn von ihm berichten die Evangelien, dass Gott ihn aus dem Tode wieder ins Leben auferweckt hat, allerdings nicht zurück ins irdisch-materielle Leben, sondern in ein transformiertes, geistiges, in ein ewiges Leben bei Gott, zu dessen Rechten, wie das Bild im Apostolischen Glaubensbekenntnis es umschreibt, er seither »… sitzet zur Rechten des Vaters …«.

Von ihm wird weiter gesagt, dass er der Erstgeborene der neuen Schöpfung Gottes sei, was impliziert, dass alle, die ihm im Glauben folgen, dasselbe erfahren werden, dass Gott auch an ihnen allen sein Werk der Neuschöpfung vollziehen, auch sie aus dem Tod zum neuen, zum geistigen, zum ewigen Leben erwecken wird. In der katholischen Liturgie zum Fest »Christi Himmelfahrt« lautet ein Gebet: »Gott, schenke uns das feste Vertrauen, dass auch wir zu der Herrlichkeit berufen sind, in die Christus uns vorausgegangen ist« – eine klare Antwort auf unsere Frage »Wohin geht die Seele?«.

Diese Mittlerfunktion eines Menschen und Lehrers ist einmalig in der Religionsgeschichte – wohl gibt es andere Erlösergestalten, aber keine hat eine so herausragende Stellung wie Jesus, der Christus. Diese Stellung präzise zu verstehen und auszuformulieren, war denn auch die große Herausforderung für die frühen Christen. Die ersten

Jahrhunderte der Geschichte des Christentums sind geprägt von Auseinandersetzungen bis hin zu heftigsten Streitereien um diesen Christus. Zahlreiche Konzilien (Versammlungen der entscheidungsbefugten Amts- und Würdenträger) wurden einberufen und rangen um zutreffende Formulierungen, wobei unterlegene Meinungen jeweils mit dem Kirchenbann (Exkommunikation) belegt wurden. Geistige Feindseligkeiten vermischten sich dabei immer wieder mit sehr realer Machtpolitik, bis sich schließlich mehrheitlich die Formel durchsetzte, Jesus sei »wahrer Gott und wahrer Mensch«, und sein Titel »Sohn Gottes« Anerkennung fand. Zeitweise nahmen die Querelen so sehr überhand, dass kaum noch ersichtlich war, dass derjenige, um den so leidenschaftlich gestritten wurde, der Menschheit wohl größter Lehrer der bedingungslosen Liebe war, der große Botschafter und Überbringer von Gottes uneingeschränkter Liebe zu uns Menschen ...

Beispiellos ist die Stellung von Jesus. Der Islam kennt in der Person des Propheten Mohammed auch eine zentrale Gestalt, aber diese ist nicht der Erlöser, sondern eben der Prophet, der Bote Gottes. Heilbringer im Islam ist der Koran, das heilige Buch der Offenbarungen an den Propheten. Und auch die Geschichte des Islams ist seit Beginn durchzogen von ebenso unschönen Streitereien um die richtige Auslegung dieser Offenbarungen.

Diese kurzen und notwendigerweise verkürzenden Hinweise auf religionsgeschichtliche Entwicklungen sind auch Hinweise auf die Geschichte religiöser und theologischer Spekulationen. Denn es geht um Versuche, die göttlichen Offenbarungen im Nachhinein zu verstehen, zu deuten, zu denken und zu sagen. Und die Erkenntnis legt sich nahe, dass dieser Weg der Spekulation und der durch sie eröffneten Vielfalt offenbar bedroht ist, bedroht von Machtkämpfen, von Verunglimpfung der unterlegenen Andersdenkenden, alles Erscheinungen, die viel von ihrer verletzenden Wucht verlieren würden, wenn wir Menschen uns der Einsicht öffneten, dass alles in Worte Gefasste innerhalb der engen Grenzen unseres Verstandes liegt, dass also die Wirklichkeit, um die so erbittert gestritten wird, in jedem Fall größer ist als alles, was Menschen je in Worten sagen können.

Zeitgenössische Spekulationen

Auch heute treten Lehrer und Lehrerinnen auf und vertreten ihre Lehren mit hoher subjektiver Überzeugung und mit der Absicht, andere für ihre Sicht der Dinge zu gewinnen. Auch hier entstehen nicht selten Spannungen durch Rechthabereien und Ausschließlichkeitsansprüche. Dabei berufen sich nur noch wenige auf göttliche Offenbarungen, etwa streng katholische, selbsternannte Seher und Seherinnen (zum Beispiel seit 1981 in Medjugorje in Bosnien), die aber nur selten kirchenamtliche Anerkennung finden.

Im Bereich der Esoterik unserer Tage heißt eine der prominentesten Quellen solcher Offenbarungen »Channeling« von englisch *channel* = Kanal. Bezeichnet ist damit der Vorgang, dass Menschen, die über eine besondere Gabe verfügen, sich für die geistige Welt zu öffnen, von dort Botschaften und Lehren empfangen und an die Menschheit weitergeben – also zum Kanal werden. Es sind Botschaften von Geistwesen, deren Aufgabe und Absicht es sei, uns Menschen in unserem Streben nach Wahrheit zu inspirieren und zu unterstützen, nicht selten auch klare Anweisungen für unsere Lebensführung zu geben. So wird in Anspruch genommen, dass solche Botschaften etwa von der Jungfrau Maria zu uns kommen oder vom Erzengel Michael, teilweise sogar von Jesus selbst. Und je höherrangig die jenseitige Offenbarungsquelle, desto weniger werden Zweifel an der Botschaft oder Widerspruch geduldet. Autoritäre Denkmuster finden sich oft auch in diesem Zusammenhang. Weiter geht es bei diesen Quellen um geistige Wesenheiten, die nicht in der Tradition der Ein-Gott-Religionen stehen und die sich unter Namen offenbaren wie Kryon, Seth oder die mythische und historisch nicht fassbare Gestalt eines altägyptischen Lehrers mit Namen und Titel

Hermes Trismegistos (griechisch: der dreifach Größte) und unzählige andere.

Ich will nicht in Abrede stellen, dass auf solchen Wegen weise und durchaus hilfreiche Impulse zu uns gelangen – allerdings auch zweifelhafte! Was mich irritiert, ist auch hier der meist damit einhergehende Anspruch, dass das Verkündete *die* Wahrheit sei, absolut gültig – wobei unklar ist, ob dieses Element aus der geistigen Quelle selbst oder eher aus der menschlichen Vermittlung stammt. Viele dieser Channel-Medien beteuern jedoch, dass sie beim Empfang der Botschaften selbst als Person völlig ausgeschaltet seien und sie nur das wiedergäben, was sie und wie sie es erhalten hätten.

Inhaltlich geht es unter anderem einerseits um Hinweise auf eine hilfreiche Lebensführung. Dabei handelt es sich in der Regel um eigentlich längst Bekanntes, aber im Gerangel unseres irdischen Alltages allzu schnell wieder Vergessenes, sodass es durchaus von Nutzen ist, immer wieder darauf verwiesen zu werden. Zum anderen werden sehr detailreiche Aussagen über die geistige Welt gemacht, ihren Aufbau und ihre Struktur, über geistige Hierarchien, die da herrschen, über Lernwege und -schritte zunehmenden geistigen Erkennens in der jenseitigen Dimension, Stufen wachsender Erkenntnis, Wege, die auch wir Menschen nach dem Übertritt in diese Welt zu gehen haben werden.

Beispielhaft für eine Haltung, die einerseits auf klaren Vorstellungen über die geistige Welt beruht und andererseits alles zu vereinnahmen bestrebt ist, soll eine Bewegung stehen, die unter dem Namen »Share-International« auftritt. Die jenseitige Quelle ihrer Botschaft wird Maitreya genannt. Den Buddhismus-Kundigen ist dieser Name vertraut: Auch im Buddhismus gibt es eine Art Dreiheit (erneut sind wir zu Kürze und Vereinfachung angehalten), welche die drei Zeitalter darstellt: Der Buddha Dipamkara, der »Anzünder der Leuchte«, steht für den Anbeginn. Buddha Shakyamuni ist der historische Buddha, der aus der Familie der Shakya stammte, er ist der »Buddha unseres Zeitalters«. Buddha Maitreya schließlich steht für die Endzeit, »der Kommende«. Der westliche Tibetologe der ersten Stunde, W.Y. Evans-Wentz, von dem wir noch hören werden, erklärt Maitreya mit folgenden Worten: »›der Liebende‹, der kommende Buddha, der die Menschheit durch die Macht der göttlichen Liebe reformieren will« (Evans-Wentz, 184, Anm. 29).

Die genannte Bewegung macht diesen zum Zentrum ihrer Lehre. Über ihn lesen wir: »Maitreya ist der persönliche Name des Weltlehrers, des Hauptes der geistigen Hierarchie unseres Planeten. Er wird von allen großen Weltreligionen als der Messias, Krishna, der Imam Mahdi, Maitreya Buddha und der Christus erwartet« (Zeitschrift »Wendezeit«, Nr. 3/2010, 62). Genau so darf es aus der Sicht meiner Blume *nicht sein!*

In solchen Zusammenhängen fällt einerseits auf, wie vielfältig diese Schilderungen der jenseitigen Welten sind, sodass bei Weitem keine Einheitlichkeit oder Übereinstimmung festzustellen ist, sondern durchaus auch Widersprüchlichkeiten zutage treten. Andererseits sind diese Botschaften, wie schon erwähnt, oft geprägt von Absolutheitsansprüchen ohne irgendeinen Anflug von Relativierung.

Mich beschleichen bei alledem ähnliche Zweifel, wie ich sie gegen andere, zum Beispiel kirchliche »einzig wahre und unfehlbare« Lehren hege. Dies alles sind für mich wohl notwendige, letztlich aber unzureichende Versuche, Unsagbares in Worte zu fassen. Dabei unterstelle ich durchaus, dass einige dieser Channel-Medien mir in diesen Vorbehalten durchaus zustimmen würden. Aber wieso sagt das denn niemand ausdrücklich? Wieso kommen diese Botschaften in so absoluter Weise daher, dass sie keinen Raum für Relativierung offen lassen?

Für mich gilt auch hier: Soweit es der Liebe unter den Menschen dient, solange es Angebote sind, wie suchende Menschen auf ihrem Erkenntnisweg frei und ohne irgendwelchen Druck hilfreiche Schritte gehen können, will ich es gerne als Weisheit und »Wahrheit« akzeptieren und wertschätzen, lasse ich mich teilweise auch selbst davon inspirieren, anerkenne ich es als Blume. Aber ich bleibe zutiefst misstrauisch gegen alle – auch unausgesprochenen! – Ansprüche auf Absolutheit und damit Unfehlbarkeit. Alle diese Botschaften, was immer ihre Quelle sein mag, sind menschliche Worte in menschlicher Sprache. Sie sind damit an den kleinen Verstand gebunden und bleiben so in jedem Fall und notwendigerweise weit hinter der großen Wahrheit zurück. So wünschte ich mir denn in deren Darstellung und Präsentation etwas mehr menschliche Bescheidenheit.

Nicht einbezogen werden in diese Studie kann das weite Feld der Parapsychologie. Erstens ist es so umfangreich, dass es unseren Rahmen sprengen würde; zweitens gibt es dazu schon ein immenses Ausmaß an Literatur und drittens bin ich zu wenig kompetent, um etwas Wesentliches zur Diskussion beitragen zu können. Auch hier fand ich noch nie einen Hinweis, dass unsere menschliche Sprache letztlich nicht in der Lage ist, das Große, um das es geht, adäquat darzustellen. (Interessierte seien auf den Artikel »Zum anderen Ufer« von Beat Imhof, vgl. Imhof II, verwiesen. Er gibt einen guten Überblick und zahlreiche Hinweise auf weiterführende Literatur.)

Wichtig ist mir jedoch, abschließend zu betonen, dass (fast) alle dieser Aussagen, Lehren und Offenbarungen sehr wohl »ein wenig recht haben« – keinen solchen Anspruch gibt es für jene, es wurde schon angedeutet, die aus ihrem Selbstverständnis die Legitimation ableiten, ihre Überzeugung mit Gewalt zu verbreiten, sei es geistige (Lehrverbote) oder materielle (heiliger Krieg gegen »die Ungläubigen«). Viele aber haben »ein wenig recht«, das heißt, sie bringen einen sagbaren Teilaspekt des als Ganzes Unsagbaren zum Ausdruck, sind also Blumen im Strauß.

Wahrheit: Der Weg der Erfahrung

Von den Möglichkeiten und Grenzen, Wahrheit auf dem Weg der Spekulation zu erkennen, war bisher die Rede – Wahrheit in Bezug auf ein Weiterleben nach dem Tod des Körpers. Es wurde erkannt, dass viele Spekulationen auf Offenbarungen beruhen – direkt, wenn die Lehrpersonen selbst solche Erfahrungen empfangen und weitergeben; indirekt, wenn die Spekulationen sich auf Offenbarungen berufen, die früher an andere Menschen ergangen sind. Insofern ist alles, was Theologen heute (und schon immer) spekulativ denken und lehren, indirekt auf Offenbarungen bezogen, auf die heiligen Schriften der Bibel und des Korans einerseits, auf die Veden und die in den »108 Bänden« gesammelten Worte Buddhas andererseits.

Dabei gilt es zu bedenken, dass für die Empfänger dieser Offenbarungen ein solches Ereignis eine tief berührende, letztlich mystische Erfahrung von Bewusstseinserweiterung darstellt. Was sie uns in ihren Schriften überliefern, ist bereits nichts anderes als ein erster Versuch, dieses für sie großartige Erleben in menschliche Worte zu kleiden. Auf solches bereits einmal in menschliche Sprache Herabgebrochenes stützen sich alle späteren Spekulationen als Grundlage. Letztlich stehen wir vor der schon bekannten Schwierigkeit, dass es sich hier um Dimensionen handelt, die sich gar nicht authentisch vermitteln lassen. Trotzdem, es wurde bereits gesagt, kommen wir in unserem Bemühen, Wahrheit zu erkennen, um dieses Geschäft der Spekulation nicht herum.

Aber es legt sich die Frage nahe, ob es nicht auch in unserer Zeit Menschen gibt, denen Erfahrungen zuteilwerden, die die Möglichkeiten unseres Verstandes übersteigen, Erfahrungen, die ihnen Einblicke in tiefe Wahrheiten über unser Leben und seinen Sinn sowie ein Leben nach dem Tod gewähren. Solche Erfahrungen gibt es tatsächlich, die sogenannten Nahtod-Erfahrungen (NTE).

Die Nahtod-Erfahrungen (NTE)

Damit nähern wir uns einem Themenbereich an, der für unsere Frage von zentraler Bedeutung, gleichwohl (besser: gerade deswegen) aber heftig umstritten ist. Dabei ist das Phänomen der Nahtod-Erfahrung so alt wie die Menschheit. Schon im Gilgamesch-Epos, das Ende des zweiten vorchristlichen Jahrtausends in Mesopotamien verfasst wurde, ebenso wie in den Schriften des griechischen Philosophen Platon (427–347 v.Chr.) finden sich entsprechende Erzählungen.

Auch das Mittelalter ist durchzogen von derartigen Hinweisen: Von Papst Gregor dem Großen (540–604) liegt eine Sammlung solcher Schilderungen vor; aus dem 8. Jahrhundert entsprechende Berichte von den »Reichenauer Mönchen«, die in ihren Blicken ins Jenseits verstorbenen Mitbrüdern begegneten; aus dem 13. Jahrhundert stammt die Erzählung von einem »Bauern Gottschalk« aus Schleswig-Holstein, der in der geistigen Welt sogar Kaiser Karl dem Großen begegnet sei (vgl. Knoblauch 2011).

Die zeitgenössische, systematische Nahtod-Forschung hat ihren Ursprung an einem Ort, wo man ihn kaum vermuten würde: im Jahrbuch des Schweizer Alpen-Clubs des Jahres 1892. Hier veröffentlichte der Zürcher Geologe Albert Heim (1849–1937) Erzählungen abgestürzter Bergsteiger, die den Unfall überlebt hatten, über ihre Erfahrungen während des Falls. Damit wurden solche Berichte erstmals systematisch erarbeitet und einer breiteren Öffentlichkeit zugänglich gemacht und so der Grundstein gelegt für ein Forschungsgebiet, das vor allem seit der zweiten Hälfte des 20. Jahrhunderts unter der Bezeichnung »Nahtod-Erfahrung« eine enorme Verbreitung fand.

Das zentrale Element dieses Erlebens ist, dass das Bewusstsein sich außerhalb des Körpers erfährt, die sogenannte Außerkörper-Erfahrung, für welche sich auch im deutschen Sprachgebrauch das englische Kürzel OBE (out of body experience) durchgesetzt hat.

Streng genommen muss zwischen Nahtod-Erfahrung und Außerkörper-Erfahrung unterschieden werden, wenn sie sich auch häufig gleichzeitig ereignen. In der Regel machen Menschen eine Außerkörper-Erfahrung, während ihr Körper im klinischen Tod liegt. In diesem Falle sprechen wir von einer Nahtod-Erfahrung. Klinischer Tod besagt, dass grundlegende Körperfunktionen wie Atmung (immer) und Herzschlag und Zirkulation (manchmal) spontan nicht mehr funktionieren, durch Maschinen aber künstlich aufrechterhalten, heute in vielen Fällen auch definitiv wieder in Gang gesetzt werden können, sofern das Ereignis rechtzeitig, das heißt innerhalb weniger Minuten, entdeckt wird. Von besonderer Bedeutung ist, dass bei einer klassischen Nahtod-Erfahrung oft auch die messbaren Gehirnaktivitäten ausgefallen sind.

In selteneren Fällen gibt es eine Außerkörper-Erfahrung auch ohne klinischen Tod; dann sollte man korrekterweise nicht von Nahtod-Erfahrung sprechen. Ich selbst hatte zweimal das große Geschenk einer Außerkörper-Erfahrung ohne klinischen Tod, beide Male nicht beabsichtigt und gesucht, das eine Mal in einer tiefen Meditation, das andere Mal beim Derwisch-Tanz, wie ihn die Sufis, die Mystiker im Islam, praktizieren.

Ein auffälliges gemeinsames Merkmal in den Schilderungen der so Erfahrenen ist ihr Ringen um passende Worte, um das Erlebte auszudrücken, ein Problem, das uns inzwischen hinreichend vertraut ist. Unsicher und zögernd bemühen sie sich, uns am Großen ihrer Erlebnisse teilhaben zu lassen.

Naturwissenschaftliche und dogmatische Widerstände

Die Rezeption und Integration solcher Nahtod- und Außerkörper-Erfahrung in unser Menschenbild stößt in der heutigen Welt auf vielfältigen Widerstand – in einer Welt, die sich, wir sahen es, meist, ohne sich dessen wirklich bewusst zu sein, ganz den Regeln des naturwissenschaftlichen Wahrnehmens und Denkens verschrieben hat. Oder etwas polemischer gesagt, in einer Welt, die sich in ihrer Wahrnehmung der Wirklichkeit auf die Erkenntnismöglichkeiten der modernen Naturforschung reduziert und eingeschränkt hat.

Wohl nähern sich zurzeit die modernen Naturwissenschaften dem Thema an, aber streng nach den Vorgaben ihres Wahrheitsverständnisses. Dabei wird von fundamentalistischen Wissenschaftlern (tatsächlich mutet ihr Eifer gelegentlich beinahe »religiös« an) etwa argumentiert, dass trotz des gemessenen (!) Ausfalles der gesamten Hirntätigkeit während einer Nahtod-Erfahrung (zum Beispiel während einer großen Operation, bei der permanent durch das Elektro-Enzephalogramm – EEG – die Aktivitäten des Gehirns gemessen und grafisch dargestellt wurden), dass auch da noch »residuale Hirnfunktionen« vorhanden sein müssten. Das heißt, es wird schlichtweg angezweifelt, dass wirklich alle Wahrnehmungen über die klassischen fünf Sinne ausgeschaltet seien. Wie diese Argumentationsformen im Einzelnen aussehen, werden wir im zweiten Teil unserer Studie, der den Nahtod-Erfahrungen gewidmet ist, näher erörtern – von wohltuenden Ausnahmen werden wir gleich hören.

Letztlich zielt dieses Bestreben darauf ab, die Nahtod-Erfahrungen auf Erklärbares zu reduzieren, auf Phänomene, die bekannt und verstanden sind. Dies soll dem Nachweis dienen, dass diese Erfahrungen durchaus objektivierbar, also vom erlebenden Individuum abstrahierbar seien und allgemein bekannten Gesetzmäßigkeiten folgen. Ich erkenne in solchen Bestrebungen eine Arroganz dieser Wissenschaften, alles so kleinzureden, bis sie es erklären können. Dies geschieht letztlich wohl zur Abwehr der Infragestellung ihres Weltbildes, die zweifellos mit der Anerkennung dieser Erfahrungen einherginge – eines Weltbildes, das sich noch immer auf die materielle Dimension der Wirklichkeit einschränkt und alles darüber Hinausgehende als irreale Fantasien, als subjektive Willkür ablehnt und verdrängt. Oder etwas wohlwollender formuliert: Die Naturwissenschaften nähern sich dem Thema wohl an, sie vermögen aber in der Regel nicht, über ihren Schatten zu springen.

Dagegen stellt eine Betrachtung der Nahtod-Erfahrungen, die nicht bloß Bekanntes und Erforschtes (wie Hirnfunktionen und klassische Sinneswahrnehmungen) ins Zentrum rückt, sondern die schlicht und einfach fragt und zuhört, was die Erfahrenen zu berichten haben, fest, dass diese Erfahrungen weder vom erlebenden Subjekt abstrahierbar noch beliebig reproduzierbar sind. Das heißt, sie erfüllen die beiden Grundbedingungen, um als »objektive« und »bewiesene« Realität und mithin als »Wahrheit« anerkannt zu werden, gerade nicht. *Gleichwohl sind sie »wahr«!* Das Jenseits lässt sich ganz einfach nicht »beweisen«!

Ich habe als Student ein einziges Mal mit Freunden an einem LSD-Trip teilgenommen. Ich habe also eine chemisch induzierte Bewusstseinserweiterung erlebt – ein klassisch-wissenschaftlicher Versuch, die Nahtod-Erfahrung zu erklären, geht dahin, sie bloß als Ergebnis besonderer chemischer Vorgänge im Gehirn in Stresssituationen zu verstehen. Diese Erfahrung war für mich damals tief und eindrücklich. Ich hatte außersinnliche Wahrnehmungen, wunderbare Visionen von Licht und Farben und war erfüllt von höchst euphorischen Gefühlen. Und wenn ich meine Erfahrung in solchen Worten schildere, habe ich das Gefühl, sie adäquat dargestellt zu haben.

25 Jahre später wurde mir das Geschenk einer zweimaligen Außerkörper-Erfahrung zuteil. Nun bin ich in der günstigen Lage, die beiden Formen erhöhten Bewusstseins vergleichen zu können. Schmerzlich stelle ich fest, dass mir nichts anderes übrigbleibt, als zur Schilderung der Außerkörper-Erfahrung auch wieder dieselben Worte zu verwenden wie beim LSD-Trip, weil unsere Sprache keine anderen kennt. Aber in diesem Zusammenhang bleibt das bedrängende Gefühl, dass diese Worte niemals ausreichen, um auszudrücken, was ich tatsächlich erlebt habe, sie bleiben weit dahinter zurück. Nach der LSD-Erfahrung ging das Leben weiter wie bisher. Ich war

froh, jetzt über solche Erlebnisse mitreden zu können, und dachte gerne daran zurück. Aber damit hatte es sich.

Aus den Außerkörper-Erfahrungen dagegen kam ich irgendwie als anderer Mensch zurück. Tief in meiner Person, tief in meinem Wesen hatte sich etwas verändert, das bis heute nachwirkt: ein viel tieferes Vertrauen ins Leben, sodass ich mich von Existenzängsten nicht mehr lähmen lasse; ich habe viel von meiner früheren Todesangst verloren – es war eine tief in meine Person eingreifende Erfahrung von Transzendenz. Bis dahin *glaubte* ich, dass es »mich« noch gibt, auch wenn ich keinen Körper mehr habe; seither *weiß* ich es. Und wenn die Gehirnforschung mir weismachen will, dass chemische Veränderungen im Gehirn eine hinreichende und abschließende Erklärung für dieses großartige und nachhaltige Erleben darstellen, ist das für mich definitiv viel zu banal. Da hat Größeres stattgefunden, unendlich viel Größeres.

Auch für ein anderes, auf autoritären Regeln fußendes Denksystem erweist sich die Integration der Nahtod-Erfahrungen in sein Menschenbild als überaus schwierig: die theologische Dogmatik. Wie für die Naturwissenschaften Experimente und Beobachtungen die einzig akzeptierten Wege zu Erkenntnis sind, ist es hier das letztlich auf Aristoteles (384–322 v. Chr.) gegründete Denksystem. Dieses wirkt in nicht unmaßgeblichen Kreisen der katholischen Kirche und Hierarchie weiter bis heute – wobei es jedoch keineswegs nur die katholische Theologie ist, die in ihren Lehren auf unverrückbaren Grundsätzen beharrt und sich daher mit der Anerkennung der Nahtod-Erfahrungen schwertut.

Denn die Nahtod- und Außerkörper-Erfahrungen verweigern sich jedem objektiven Verstehenszugriff, also auch dem dogmatischen, was zur Folge hat, dass bei vielen Repräsentanten der vielgestaltigen Kirchen und Theologien bis heute tiefe Zweifel dominieren. Auch ein aufgeschlossener Theologe wie Hans Küng, dem ich gewiss nicht unterstellen will, er sei im aristotelischen Denken stecken geblieben, und der sich mehrfach zur Frage hat vernehmen lassen, äußert bei aller rhetorischen, eloquent vorgetragenen Wertschätzung für die Nahtod-Erfahrungen letztlich doch fundamentale Zweifel und großes Misstrauen. Jedes fest gefügte, klaren Regeln folgende Denksystem wird sich schwertun, die Nahtod-Erfahrungen zu integrieren, da diese sich jeder Systematik entziehen, ja, sie grundsätzlich überschreiten.

Mystiker unserer Zeit

Im Bereich von Kirche und Glauben ist es also nicht die Dogmatik, der die Nahtod- und Außerkörper-Erfahrungen zuzuordnen sind, sondern vielmehr die Mystik – von ihr wird zu sprechen sein. Ich zögere nicht, die Nahtod-Erfahrenen zu den Mystikern unserer Zeit zu zählen. Und es ist für mich befremdend, wie Theologen verschiedenster Glaubensrichtungen wohl die Mystiker des Mittelalters und der frühen Neuzeit heute, in der sicheren Distanz von vielen Jahrhunderten, als Lehrer akzeptieren, oft sogar verehren, sich mit den Out-of-Body-Erfahrenen als zeitgenössischen Mystikern aber so schwertun. Das mag unter anderem daher rühren, dass diese Menschen in der Regel keine theologische und kirchliche Sprache sprechen, sich vielmehr oft von den institutionellen Kirchen distanzieren, weil sie sich in ihren Erfahrungen hier nicht verstanden fühlen.

Dieses Unverständnis von offizieller kirchlicher Seite scheint allerdings das Schicksal vieler Mystiker schon immer gewesen zu sein. Zu seiner Zeit ereilte auch den großen Meister Eckhart (1260–1328) ein Lehrverfahren durch den Vatikan: 1329, kurz nach seinem Tod, wurde gegen ihn unter Papst Johannes XXII., einem sehr machtbewussten Kirchenfürsten, der Bann verfügt – nicht gegen ihn als Person, aber gegen Teile seines Werkes. Und noch vor wenigen Jahren erhielt der damals 80-jährige deutsche Benediktiner-Mönch und Zen-Lehrer Willigis Jäger unter dem nicht weniger machtbewussten Papst Johannes Paul II. ein kirchliches Redeverbot …

Die Nahtod-Erfahrungen verstehen und ernst nehmen

Für meine Blume im Strauß steht außerfrage, dass die Berichte aus dem Bereich der Nahtod-Erfahrung und Außerkörper-Erfahrung überaus wichtig sind, wenn wir verstehen wollen, was wir nach dem körperlichen Tod erfahren. Ich möchte dazu eine alte Formel aufgreifen aus der Zeit der klassischen Wissenschaften, als oft noch lateinische Ausdrücke verwendet wurden, und sagen, die Nahtod-Erfahrungen sind die *via regia* in die nachtodliche Erfahrungswelt, der *Königsweg* also, eine überaus aufschlussreiche Spur. Dies steht für mich fest, obwohl die Einschränkung natürlich gilt, dass die Erfahrenen nicht wirklich tot waren. Aber bedeutsame Einblicke in die Phase des Überganges haben sie getan, »ein Blick hinter den Vorhang«, wie ich gerne sage, war ihnen vergönnt.

Als Erstes ist dabei noch einmal auf die Erfahrung zu verweisen, die mir selbst auch zuteilwurde: *Es gibt mich noch*, auch wenn ich keinen Körper mehr habe – auch kein Gehirn mehr! Die oft gehörte naturwissenschaftliche These, dass es unser Gehirn sei, welches unsere Gedanken produziere, gehört ins Kapitel der bereits angesprochenen Überheblichkeit. Es ist unser Bewusstsein, unser Geist, unser Ich, das denkt. Doch solange ich im Körper bin, brauche ich das Gehirn, um meine Gedanken in eine versteh- und kommunizierbare Gestalt zu bringen. Aber sie entstehen auf einer viel tieferen Ebene meines Wesens. Zu behaupten, das Gehirn produziere die Gedanken, ist genauso, als ob wir sagen würden, der Metzger produziere das Fleisch.

Einen besonderen Akzent in einer ernsthaften Rezeption setzen die erschreckenden Nahtod-Erfahrungen. Auch von der klassischen Nahtod-Erfahrung-Forschung wurden sie lange Zeit ignoriert, weil man glaubte, dass nur euphorische Glücksgefühle Anzeichen einer echten Nahtod-Erfahrung seien. Erst in den 1990er-Jahren erschienen erstmals zwei Bücher zu diesem schwierigen Thema, allerdings unter einem sehr speziellen Blickwinkel: Der Autor beider Publikationen, der amerikanische Arzt Maurice S. Rawlings, ein Christ stark fundamentalistischer Prägung, wollte mit ihrer Hilfe den Nachweis erbringen, dass die Hölle tatsächlich existiert (vgl. Looser 2001, 69 ff.). Seither ist, ebenfalls in den USA, eine neue Studie erschienen von Barbara R. Rommer: »Der verkleidete Segen« (deutsch 2004). Die Autorin, auch sie Ärztin, geht von einem völlig anderen Ansatz aus. Für sie steht fest, dass jede Nahtod-Erfahrung ein Segen ist, eine erschreckende eben ein »verkleideter« Segen. In diesen Fällen sei die Aufarbeitung herausfordernder, letztlich aber seien auch sie Hilfe und Bereicherung für die Erfahrenen. Um dem Phänomen Nahtod-Erfahrung umfassend gerecht zu werden, nimmt Rommer auch zahlreiche Berichte aus lichtvollen Erfahrungen auf, wie sie seit Langem geschildert werden.

Dankbar nahm ich von dieser Studie Kenntnis. Sie stellt für mich einen Meilenstein in der seriösen Nahtod-Erfahrung-Forschung dar. Dies auch deshalb, weil sie die Erfahrungen nicht nur schildert und materialistisch *erklärt*, sondern versucht, diese in ihrer Bedeutung für die Erlebenden zu *verstehen*. Das ist ein wesentlicher Unterschied. Eine Erklärung sucht die *Ursache*, das Verstehen fragt nach dem *Sinn*. Rommer hört den Erfahrenen wirklich zu, ohne stets schon eine Erklärung bereitzuhalten. Sie bemüht sich, die Nahtod-Erfahrung als subjektive, geistig-spirituelle Erfahrung zu verstehen. In ihren Ausführungen steht der spirituelle Aspekt konsequent im Zentrum – welch wohltuende Entwicklung! So werde ich mich in der Folge mehrfach auf dieses Werk berufen.

Eine weitere Untersuchung aus medizinischer Feder verdient besondere Erwähnung, jene des niederländischen Kardiologen Pim van Lommel, eine Studie, die mehr als 450 Seiten umfasst und 2009 erstmals in deutscher Sprache herausgegeben wurde. Der Autor entlarvt darin die gängigen medizinischen Erklärungsversuche der Nahtod-Erfahrungen durchwegs als unhaltbar – selbst aus naturwissenschaftlicher Perspektive! – und führt die Gegenbeweise an. Er selbst versucht sich dem Phänomen auf dem Wege der Quantenphysik anzunähern. Damit bringt er allerdings eine Dimension in die Diskussion ein, die für Laien (wie mich) kaum noch zu verstehen ist, weshalb ich nicht auf Einzelheiten eingehen kann. Immerhin bewegt er sich, wenn ich ihn wenigstens annähernd richtig verstanden habe, auf Bereiche zu, die die Esoterik die »feinstoffliche Ebene« nennt.

Zum besseren Verständnis beitragen kann in diesem Zusammenhang die 2010 erschienene Studie der österreichischen Psychologin Sabine Standenat. Sie versucht, Wunderheilungen mithilfe der Quantenphysik zu erklären. Dabei fasst sie die Grundlagen dieser anspruchsvollen Theorien in den folgenden drei knappen Aussagen zusammen – Aussagen, die im Übrigen der Mystik seit je bekannt sind: »Alles besteht aus Energie. Alles ist mit allem verbunden. Wir sind Schöpfer unserer Realität« (Standenat, 104).

Unter diesen Voraussetzungen kommt van Lommel einem tieferen Verstehen der Nahtod-Erfahrungen wohl ein gutes Stück näher. Auch betont er immer wieder, dass er bloß Hypothesen aufstellt, die weiterer Bestätigung bedürfen – eine überaus sympathische und unter den naturwissenschaftlichen Autoren zum Thema eher seltene Bescheidenheit. Dennoch bleiben auch hier Zweifel, die für mich an folgendem Satz festgemacht werden können: »In diesem Buch geht es um Bewusstsein« (van Lommel, 321), näherhin um das Verhältnis des Bewusstseins zum Gehirn. Der Titel des Buches heißt denn auch »Endloses Bewusstsein«. Die Nahtod-Erfahrungen dienen als prominentes Argument für seine These, dass das Bewusstsein nicht nur als Produkt des Gehirns verstanden werden kann: »Bewusstsein ist subjektiv und lässt sich nicht wissenschaftlich nachweisen« (ebd.). Mit anderen Worten, die Nahtod-Erfahrungen stehen gar nicht wirklich im Zentrum des Interesses. Wenn er ihnen auch viel Raum gibt und große Wertschätzung entgegenbringt, werden sie doch letztlich instrumentalisiert im Dienste eines anderen Anliegens. Auch van Lommel bleibt im Rahmen der Versuche, die Nahtod-Erfahrungen wissenschaftlich verstehen zu können. Ich bin dankbar, in der Endphase der Arbeit an meinem Manuskript auf diese Studie gestoßen zu sein, wenn sie für mich auch in ihrer Relevanz hinter jener von Rommer zurückbleibt.

Nicht anzweifeln und kleinreden also wollen wir die Nahtod-Erfahrungen. Vielmehr rufe ich Sie, lieber Leser, liebe Leserin, rufe ich uns alle auf: Die Integration der Nahtod-Erfahrungen kann nicht über den Weg des Verstehens, des vernunftmäßigen Erfassens erfolgen, sondern dadurch, dass wir uns *auf sie einlassen*. Warten wir nicht, bis die Naturwissenschaften doch noch die klärende Erkenntnis gewonnen, bis die kirchliche Dogmatik doch noch eine Formel für sie gefunden haben, denn das wird nie geschehen. Warten wir auch nicht, bis uns allenfalls selbst eine solche Erfahrung zuteilwird, denn sie lässt sich nicht herbeizwingen; sondern lassen wir uns ein, seien wir dankbar für die vielen Zeugnisse, über die wir heute verfügen, und lassen wir uns von ihr inspirieren!

Damit sind wir nunmehr gerüstet, uns der Frage zuzuwenden: »Wohin geht die Seele?« Zwei Wege, uns ihr anzunähern, bieten sich an: die Zeugnisse früherer Epochen, alter Religionen und spiritueller Lehren. Diese hatten ihren Ursprung oft in Offenbarungserfahrungen und erhielten sich in ihren je eigenen Traditionen über Hunderte oder Tausende von Jahren, viele bis heute. Andere, zum Beispiel die Kultur des alten Ägypten, hatten irgendwann einmal ihre Zeit erfüllt und sind als lebendiger Glaube untergegangen. In ihren Inhalten aber wirken sie oft bis in die Gegenwart weiter, wie wir etwa in den ägyptischen Vorstellungen eines jenseitigen Gerichtes erkennen werden.

Der andere Weg sind die mystischen Erlebnisse unserer Tage, die uns Menschen aus ihren Nahtod- und Außerkörper-Erfahrungen bezeugen – auch dies ein gültiger Weg, das letztlich Unsagbare wenigstens ansatzweise in Worte zu fassen und zu verstehen.

1

ERKENNTNISSE AUS RELIGIÖSEN UND GEISTIGEN ÜBERLIEFERUNGEN

Das Jenseits:
Deutungen heute und früher

Die Formulierung unserer Frage »Wohin geht die Seele?« lehnt sich an unseren Sprachgebrauch an und ebenso an die Vorstellung, dass diese Seele, dass der unsterbliche Anteil von uns Menschen, nachdem er den toten Körper verlassen hat, eben »irgendwohin« entschwindet.

Die Herausforderung für uns ist, dass dieses »irgendwohin« sich dem Zugriff unserer sinnlichen Wahrnehmung ebenso wie der wissenschaftlichen Verifizierung entzieht. So wurden denn zur Umschreibung verschiedene Begriffe geprägt: das Jenseits, spezifiziert in Himmel und Hölle, die geistige Welt, die Transzendenz, also das, was auf der anderen Seite dieses rätselhaften Übertrittes, den wir Tod nennen, unser wartet. Für viele Menschen, die an einen Gott glauben, meint Transzendenz letztlich diesen Gott oder die göttliche Welt, die göttliche Dimension – schon die Vielfalt der Begriffe offenbart auch hier die Hilflosigkeit unserer Sprache! Heute nun beobachten wir, dass nach Jahrzehnten großer spiritueller Abstinenz diese letzte Dimension, die unser irdisch-materielles Dasein umgreift, für das Bewusstsein vieler Menschen mehr und mehr wieder relevant wird; es spielt bis hinein in den Alltag wieder eine Rolle.

»Sie schickt der Himmel!«

»Da haben die Schutzengel Überstunden geleistet«, das war die spontane Reaktion einer lieben Freundin, als ich ihr erzählte, dass wir nur durch einen sogenannten »Zufall« haarscharf an einem verheerenden Großbrand vorbeigeschrammt sind, der beinahe wegen der Unachtsamkeit eines Handwerkers während Arbeiten in unserem Haus entstanden wäre.

Ein andermal rief ich eine Frau an, die ich nur oberflächlich kannte, nachdem wir uns bei einer Veranstaltung begegnet waren und ein paar Freundlichkeiten ausgetauscht hatten. Jetzt sollte noch eine nicht sehr wichtige Frage geklärt werden. Nachdem ich mich gemeldet hatte, antwortete sie erfreut: »Sie schickt der Himmel!« – es hatte sich in ihrem Leben unerwartet eine schwierige Situation ergeben und sie war froh, sich mit mir austauschen zu können.

Zwei Menschen, die sich bisher nicht kannten, begegnen sich – zum Beispiel in einem Seminar – und spüren sehr schnell eine spontane gegenseitige Sympathie, auch Vertrautheit, und stimmen darin überein, dass sich da wohl »zwei alte Seelen wiedergetroffen« hätten oder, anders gesagt, dass sie sich schon einmal »in einem früheren Leben« begegnet seien.

Ebenso werden irgendwelche unerwartete Wendungen und Geschicke im Leben – erfreuliche, vor allem aber schwierige und schmerzliche – gerne mit dem Hinweis auf das »Karma, das man sich in früheren Leben aufgebaut habe«, erklärt und zu verstehen und damit auch zu akzeptieren gesucht. Und schließlich hört man – heute vorwiegend ältere – Menschen gelegentlich erleichtert ausrufen: »Gott sei Dank!«

Immer häufiger also begegnen uns heute Menschen, die spontan bei Vorkommnissen in ihrem Leben, die sich nicht so ohne Weiteres logisch einordnen lassen, zur Erklärung auf Deutungen zurückgreifen, die jenseits unserer materiellen, sinnlich wahrnehmbaren Welt wurzeln, auf Deutungen übersinnlicher oder eben geistiger, transzendenter Art.

Hier findet eine Entwicklung, von der ganz zu Beginn unserer Studie kurz die Rede war, konkreten Ausdruck, dass nämlich immer mehr Menschen sich immer weniger mit oberflächlichen oder banalen Deutungen für Geschehnisse in unserem Leben zufriedengeben. Dringlich stellen sie die Frage nach dem Grund und damit auch nach dem Sinn, aber billige Antworten wie etwa der Hinweis auf irgendeinen unfassbaren und unpersönlichen »Zufall« oder auf einen vagen

»göttlichen Willen« akzeptieren sie nicht mehr. Der französische Schriftsteller François Thibault drückte es vor 100 Jahren so aus: »Zufall ist vielleicht das Pseudonym Gottes, wenn er nicht selbst unterschreiben will« (Zeitschrift »Wendezeit« 1995, Nr. 4, 10). Viele Menschen also suchen tiefere und sinnstiftendere Ebenen zur Deutung von Erfahrungen in ihrem täglichen Leben.

Mit solchen Rückgriffen auf eine geistige und göttliche Dimension nehmen wir heute Traditionen aus alten Vorzeiten wieder auf, beleben uraltes Wissen wieder neu, ein Wissen, das für unsere Ahnen seit Generationen und bis zum Anbruch von Neuzeit und Aufklärung selbstverständlich und vertraut war.

In diesem tiefen Wissen, das sich aus jahrtausendealten spirituellen, geistigen und religiösen Traditionen herleitet, fand auch die uns bewegende Frage »Wohin geht die Seele?« tiefe und sinngebende Antworten, sinngebend nicht nur im Blick auf die Erfahrungen in Sterben und Tod, sondern ebenso intensiv prägend im Blick auf das menschliche Leben.

In solchen großen Verstehenshorizonten wurde dieses menschliche Leben als eingebettet verstanden in geistige und geistliche Dimensionen, in welchen alle erfahrene Hinfälligkeit und Unzulänglichkeit, aber auch alle erfahrene Gebrochenheit und Schuld des Menschen aufgehoben war. Ein solches sinnstiftendes Element ist allen großen religiösen und spirituellen Traditionen gemeinsam. Die dem Menschen archetypisch innewohnende Erfahrung von Verfehlung – humane Werte verfehlen, die Moral hat daraus die »Sünde« gemacht – wird überall *aufgehoben,* dies durchaus in des Wortes doppelter Bedeutung: gesühnt und verziehen, aber auch auf eine höhere Ebene des Erkennens und Verstehens gehoben. Die Art und Weise jedoch, wie solche Erfahrungen verstanden und gedeutet und damit integriert werden, ist sehr vielfältig, teilweise auch widersprüchlich. Ein Versuch, einzelne dieser Traditionen etwas näher anzuschauen, ist ebenso faszinierend, wie er uns auch vor große Herausforderungen stellt.

Religiöse Traditionen

Spontan sticht ins Auge, dass die Vielfalt und Fülle der Traditionen schlichtweg erdrückend sind. Um Unübersichtlichkeit und ermüdende Langatmigkeit zu vermeiden, ist für uns eine strikte Auswahl unumgänglich. Dabei sollen einerseits die praktische Relevanz alter Zeugnisse für unseren Kulturraum leitend sein – konkret die biblisch-jüdisch-christliche und, eng damit verbunden, die koranisch-muslimische Tradition – und andererseits die Qualität und Prominenz der Überlieferung. Es kann also nicht darum gehen, jedem Hinweis auf den Tod und das Leben danach, der irgendwo anzutreffen ist, nachzugehen.

Unsere Aufmerksamkeit gilt zum einen, neben den biblischen und koranischen Schriften auch jüdischen, christlichen und muslimischen Traditionen, wie sie sich im Laufe der Jahrhunderte aus diesen entwickelt haben. Zum Zweiten ist bei prominenten Überlieferungen in erster Linie an die großen Totenbücher aus Ägypten und Tibet gedacht, aber auch an das, was als »Totenbuch der Maya« Einblicke in eine bedeutende mittelamerikanische Hochkultur eröffnet.

Es muss jedoch betont werden, dass nicht alles, was sich heute unter dem Titel »Totenbuch« anbietet, hilfreich und authentisch ist. Der Begriff »Totenbuch« scheint zurzeit eine inflationäre Anwendung zu erfahren und ziert auch Bücher, die sich als wenig hilfreich entpuppen, etwa jene aus der Feder von Holger Kalweit.[1]

Diese unvermeidliche Konzentration auf einzelne Traditionen mag es mit sich bringen, dass Sie, liebe Leserin, lieber Leser, vielleicht für Sie persönlich wichtige Hinweise auf alte Quellen vermissen werden. Gleichwohl hoffe ich, dass es uns gelingen wird, wertvolle und hilfreiche Erkenntnisse und Impulse zu gewinnen.

Totenbücher verschiedener Kulturen

Der Begriff »Totenbuch« lässt den Eindruck entstehen, dass da ein eindeutig definierter Text als Einheit seit alter Zeit tradiert wird. Tatsächlich trifft dies bei den zitierten Schriften einzig auf das »Tibetische Totenbuch« zu. Dieses wurde im späten 8. Jahrhundert n. Chr. von dem als großer buddhistischer Lehrer und Heiliger verehrten Padmasambhava niedergeschrieben, welcher im Auftrag des damaligen tibetischen Königs Trisong Detsen (755–797) dem Buddhismus in Tibet zum Durchbruch verhelfen sollte. Dieser legendäre Lehrer, aus dessen Leben fast nichts Authentisches bekannt ist, soll den heutigen Text verfasst haben. Allerdings bietet diese Schrift keineswegs die Darstellung der reinen buddhistischen Lehre. Vielmehr nahm der Verfasser auch Elemente aus der sogenannten Bön-Tradition auf, der Naturreligion, die vor dem Buddhismus in Tibet vorherrschte und von animistischen und schamanischen Elementen (Ahnenverehrung sowie kraftvollen mythologischen Bildern) stark geprägt war und bis heute geprägt ist – dieser Glaube erlebt zurzeit eine erstaunliche Renaissance.

Das Reich Tibet war damals – wie fast dauernd während seiner über tausendjährigen Geschichte (vgl. Looser 2001, 124 ff.) – von inneren und äußeren Konflikten und Machtkämpfen erschüttert, welche zeitweise durchaus Formen von blutigen Bürgerkriegen annahmen. So war das Bestreben des Königs bei der Durchsetzung der buddhistischen Lehren keineswegs nur religiöser Natur. Vielmehr verfolgte er durchaus auch machtpolitische Ziele, indem dadurch die mächtigen Regionalfürsten, die dem Bön-Glauben anhingen, zugunsten der königlichen Zentralmacht geschwächt werden sollten.

Daher wundert es nicht, dass die Durchsetzung des Buddhismus in Tibet in keiner Weise kampf- und bruchlos erfolgte. Vielmehr wurde auch der Glaube immer wieder für die Machtpolitik instrumentalisiert. Mal standen die Bön-Kräfte, mal die buddhistischen im Vordergrund – während Jahrhunderten. So geriet der Buddhismus bereits im 9. Jahrhundert nach der Ermordung des zweiten buddhistischen Königs Ralpachen (836) unter starken Druck. Aus Angst um den Erhalt ihrer heiligen Schriften versteckten – so erzählen die Legenden – buddhistische Mönche neben anderen Texten auch das Totenbuch in Höhlen des Himalaja. Dort wurde es im 14. Jahrhundert wiederentdeckt und stellt seither ein prominentes Element der buddhistischen Praxis in Tibet dar.

Der Text als solcher aber wurde trotz seiner wechselvollen Geschichte einigermaßen unversehrt über die Jahrhunderte tradiert und nur in Einzelheiten verändert, wenn er den jeweiligen Eigenheiten der sogenannten »Vier Schulen«, in welche der tibetische Buddhismus später zerfiel, angepasst wurde.

1927 wurde das Totenbuch erstmals in Europa vorgestellt. Der britische Forscher Walter Yeeling Evans-Wentz (1878–1965) stieß auf einem Bazar in Darjeeling auf das Buch und übersetzte es mithilfe des englisch sprechenden tibetischen Lama Kazi Dawa Sandup (1868–1922) und gab es unter dem Titel »The Tibetan Book of the Death« heraus. Dabei nahm er für diesen Titel den aus der Ägyptologie bereits bekannten Begriff »Totenbuch« auf. 1971 erschien das Buch erstmals in deutscher Sprache.

Ein Wort zu den Quellen, die ich benutzen werde: Es gibt mittlerweile verschiedene deutsche Übersetzungen des Totenbuches von sehr unterschiedlicher Qualität. Für mich sind es nach wie vor zwei, die mir wirklich hilfreich und brauchbar erscheinen: Die allererste von Evans-Wentz ist in meinen Augen noch immer zu empfehlen. Ihr Bemühen, die für unser Empfinden sehr blumige Sprache des tibetischen Textes wiederzugeben, macht die Lektüre nicht auf Anhieb einfach, dafür vermittelt sie einen authentischen Eindruck.

Die erste Übersetzung aus dem Tibetischen direkt ins Deutsche ist jene des Ehepaares Geshe Lobsang und Eva Dargyay – er Tibeter, sie Österreicherin. Hier wurde auf einen guten Fluss der deutschen Sprache geachtet, was die Lektüre erleichtert. Aber Achtung: Es ist eine für uns sehr fremde Welt, die uns da nahegebracht wird, und es erfordert auf alle Fälle ein konzentriertes Bemühen. In meinen Zitaten werde ich wahlweise beide Übertragungen beiziehen, immer jene Quelle benutzen, die mir für den entsprechenden Abschnitt klarer in der Aussage und einfacher für das Verständnis erscheint.

Völlig anders präsentiert sich die Situation beim »Ägyptischen Totenbuch«: Dieses ist in seiner heutigen Form eine Sammlung von einer Vielzahl verschiedenster Texte, die während mehrerer Tausend Jahre entstanden sind und »Sprüche, Anrufungen, Gebete, Hymnen, Litaneien und magische Formeln« enthalten (Grof 1994, 7).

Die ältesten schriftlich erhaltenen Textteile sind die sogenannten Pyramiden-Texte. In den großen Pyramiden, den Königsgräbern des Alten Reiches, stehen sie im Inneren auf den Wänden der Grabkammern. Diese Zeugnisse stammen aus der Zeit um 2300 v. Chr. und gehören damit zu den ältesten erhaltenen Schriften der Menschheit überhaupt. Schon diese Texte aber beruhen auf mündlichen Überlieferungen rund um die Fragen betreffend das Leben nach dem Tod, welche zum Ritus der Mumifizierung geführt hatten, und die bis circa ins Jahr 3100 v. Chr. zurückreichen. Unter anderen beziehen sie sich auf Texte aus dem Kult von Osiris, dem Gott der Unterwelt – wer sich mit dem alten Ägypten beschäftigt, muss sich mit immensen Zeitdimensionen vertraut machen!

Diese frühen Texte waren den toten Königen und ihrer Reise im Jenseits vorbehalten. Ab etwa 1700 v. Chr. wurden solche Schriften auch Adligen und anderen Würdenträgern in ihre Gräber mitgegeben, entweder auf Papyrusrollen geschrieben oder auf die Innenseite der Särge – die sogenannten Sargtexte. Diese »Demokratisierung« setzte sich fort, bis zu Beginn des Neuen Reiches (ab circa 1550 v. Chr.) solche Totenbücher im Prinzip jedem zugänglich waren. Der hohe Preis – ein halbes Jahresgehalt eines Arbeiters, gleich viel war zu bezahlen etwa für einen Sklaven oder zwei Kühe! – brachte es allerdings mit sich, dass faktisch nur sozial Höhergestellten solche Schriften mit ins Grab gegeben werden konnten.

Jetzt entstanden auch neue Texte, die nun wieder den Königen vorbehalten waren, die sogenannten »Unterweltsbücher«, neue Schilderungen der gefahrvollen Fahrt des Sonnengottes Re durch die nächtliche Unterwelt, mit teilweise langen und ermüdenden Litaneien von Göttern und Anrufungen an diese und weiteren kultischen Elementen. Die Schreiber waren um Vollständigkeit bemüht, sodass keine Gottheit, die Re begleitete, kein Unterweltswesen, das ihn auf seiner Fahrt entweder unterstützte oder bedrohte, vergessen werden durfte.

Die Texte wurden nunmehr auf aufwendig hergestellte Papyrus-Schriftrollen geschrieben und den Toten in ihre Gräber mitgegeben, teilweise reich und prächtig illustriert, oder auf die Wände der Grabkammern gemalt. Vieles davon ist heute noch erhalten und etwa in den Gräbern im Tal der Könige bei Luxor zu besichtigen.

Die Menge der Texte war bis in die Zeit des Neuen Reiches zu einer so großen und unübersichtlichen Fülle angewachsen, dass jedes Mal, wenn ein Beamter oder Notabler ein »Totenbuch« für sich herstellen ließ, der beauftragte Schreiber zunächst einmal eine Textauswahl treffen musste, die für seinen Auftraggeber passend erschien, und die je nach finanziellen Möglichkeiten auch unterschiedlich lang geriet. So liegt uns denn heute eine Vielzahl sehr unterschiedlicher Textkompositionen vor, die alle unter dem Titel »Ägyptisches Totenbuch« überliefert sind. Daher sollte ein heutiger Übersetzer darüber Rechenschaft ablegen, auf welche Textvorlagen und Auswahl er sich stützt (vgl. vorbildlich Hornung 2002, 52 ff.).

Unnötig zu sagen, dass die einzelnen Texte im Laufe der Jahrtausende vielfältige Entwicklungen und Veränderungen erfuhren. Gelegentlich haben auch Schreiber späterer Jahrhunderte die alten Texte offensichtlich selbst nicht mehr richtig verstanden und entsprechend ungenau und fehlerhaft kopiert (vgl. ders. 2004, 11).

Bemerkenswert ist ferner, dass die Bezeichnung »Totenbuch« für diese vielfältigen Textsammlungen erst Mitte des 19. Jahrhunderts n. Chr. geprägt wurde, ein halbes Jahrhundert also, nachdem die moderne Ägyptologie als Wissenschaft ihren Anfang genommen hatte.

Auf seinem Kriegszug ins Land am Nil im Jahre 1798 wurde Napoleon neben Soldaten auch von Wissenschaftlern begleitet. Bis dahin war »Ägypten« mehr ein Mythos denn wirkliches Wissen, aber auch Faszination und Spekulation, wie die wunderbare Oper von Wolfgang Amadeus Mozart »Die Zauberflöte«, die nur wenige Jahre zuvor entstanden war (1791), deutlich zeigt.

Noch viel schwieriger, um nicht zu sagen schier hoffnungslos ist die Quellenlage beim sogenannten »Totenbuch der Maya« (vgl. Arnold, 11 ff., und Grof 1994, 17 ff.). Über die Hochkultur der Maya, deren Anfänge bis 1000 v. Chr. (andere Autoren verlegen sie in die Zeit um 3000 v. Chr.) zurückreichen, ist wegen der spärlich erhaltenen schriftlichen Zeugnisse nur wenig bekannt – umso üppiger schießen die teilweise sehr fantasievollen Spekulationen ins Kraut!

Ihre Blütezeit, die sich im Raume des heutigen Yucatán und nördlichen Guatemala entfaltete, wird zwischen dem 2. und 9. Jahrhundert n. Chr. angesetzt. Sie zeichnet sich durch überragende Kenntnisse in der Astronomie ebenso wie in der Mathematik aus – als Erste führten die Maya die Zahl Null ein. Ab circa 900 folgte die sogenannte Spätzeit, während der zunächst die Tolteken, später die Azteken ins Land einfielen und der Kultur fremde Elemente aufzwangen (vgl. Arnold, 65), was schließlich auf weitgehend ungeklärte Weise zu deren Untergang führte. Wie beim Anfang tappt die Wissenschaft auch beim Ende noch weitgehend im Dunkeln. Fakt ist erstens, dass, als der spanische Eroberer Cortéz 1524 in das Gebiet eindrang, er wohl noch viele Zeugnisse dieser Hochkultur vorfand (Bauten, Gräber, Texte u. a.), aber keine Menschen mehr, die sie zu verstehen vermochten und ihr Leben nach deren Weisheit ausrichteten. Es wird geschätzt, dass das Maya-Volk zur Zeit seiner Blüte zehn Millionen Menschen umfasste, beim Eintreffen der Spanier waren es noch knappe 30.000, die sich aber die kulturelle Größe ihrer Ahnen in keiner Weise bewahrt hatten. Fakt ist zweitens, dass die spanischen Eroberer, allen voran der erste Bischof von Yucatán, Diego de Landa, mit viel Eifer die aufgefundenen Zeugnisse der untergegangenen

Hochkultur als »heidnisches Teufelswerk« zerstörten, nicht ohne sie zuvor ausführlich studiert und – teilweise tendenziös und verunglimpfend – dokumentiert zu haben. Dabei sind Unmengen kostbarster Schätze unwiederbringlich verloren gegangen. So gehört denn die Maya-Kultur trotz des großen Interesses, das ihr derzeit entgegengebracht wird, »zu den am wenigsten erforschten Kulturen« (ebd., 11). Nur drei bedeutendere Textsammlungen, sogenannte Codices, haben diese fanatische Zerstörungswut überdauert und befinden sich heute in Dresden, Madrid und Paris.

Erst das im 19. Jahrhundert neu erwachte archäologische Interesse an der Maya-Kultur führte dazu, dass in Gräbern Keramikgefäße mit Zeichnungen und Schriftzeichen entdeckt wurden. Mit der langsam zunehmenden Fähigkeit, sie zu entziffern, wurden diese mit Mythen und Riten, die die Unterwelt betrafen, in Verbindung gebracht. So basiert das, was heute als »Totenbuch der Maya« bekannt ist, auf den drei erhaltenen Codices einerseits und den in mühsamer Kleinarbeit in eine logische Ordnung gebrachten Keramiktexten andererseits – alles andere also als ein ursprünglicher, einheitlicher Text! Eine zusätzliche Schwierigkeit stellt hier die äußerst schwer zu entziffernde Schrift dar. Sie umfasst über 700 Zeichen und die Archäologen und »Schriftgelehrten« rätselten und stritten sich heftig während Jahrzehnten. So sind diese wenigen erhaltenen Schrift-Dokumente »bis zum heutigen Tag ein fast ungelöstes Rätsel geblieben« (ebd., 11). Erst der französische Forscher Paul Arnold, dessen Studie erstmals in französischer Sprache 1978 publiziert wurde und der sowohl im Inhalt wie auch in den Schriftzeichen erstaunliche Parallelen zu ostasiatischen Kulturen (China und Tibet) nachwies, vermochte etwas Licht in diese rätselhafte Sprache und Kultur zu bringen, doch ist nach seinem eigenen Bekunden noch vieles unklar und harrt weiterer Erforschung und tieferen Verstehens.

Einzig die Quellen neueren Datums, die wir befragen werden, sind problemlos zugänglich. Das betrifft zum einen die sogenannte »*Ars-moriendi-Literatur*« (Kunst des Sterbens), die im christlichen

Europa seit dem hohen Mittelalter und bis in die frühe Neuzeit große Verbreitung fand. Diese Texte sind zuverlässig überliefert. Ein solches Buch aus dem Jahre 1666 befindet sich seit Kurzem in meinem Besitz und ist, abgesehen von wenigen Seiten, die im Laufe der Jahrhunderte durch Schäden an Papier und Druckerschwärze unlesbar geworden sind, im Original zugänglich.

Weniger bekannt ist, dass es auch in der muslimischen Tradition ein Totenbuch gibt, das »Islamische Totenbuch«. Es ist – neben Koran-Zitaten und deren Kommentierung – eine Sammlung von außerkoranisch überlieferten Worten und Taten des Propheten und seiner ersten Nachfolger – sogenannte Hadithe (Überlieferungen) –, die sich mit dem Tod und dem Leben danach ausführlicher beschäftigen. Die Eschatologie (sprich: Es-chatologie = Lehre von den Letzten Dingen) nahm in der Lehre Mohammeds von Anfang an eine zentrale Stellung ein; fast ein Drittel des Korans beschäftigt sich ausschließlich oder beiläufig mit dem Jüngsten Gericht.

Die Ursprünge dieses »Totenbuches« liegen völlig im Dunkeln. Es ist weder ein arabischer Urtext erhalten noch der Name eines Autors bekannt. Als ältestes Zeugnis gibt es eine deutsche Übersetzung, die der damalige Rabbiner von Göteborg in Schweden, Maurice Wolff, im Jahre 1872 angefertigt hatte. Diese wurde 2002 neu überarbeitet und wieder herausgegeben. Aber zweifelsfrei handelt es sich »um Aussprüche und Taten von Mohammed und seinen Gefährten, die nach dem Tod des Propheten 632 gesammelt wurden« (»Das islamische Totenbuch«, 11).

Probleme bei der Überlieferung alter Texte

Eine weitere grundsätzliche Hürde bei der Erschließung solch alter Texte stellt der Umstand dar, dass viele von ihnen ursprünglich in Sprachen geschrieben sind, die seit vielen Hundert, teilweise seit mehreren Tausend Jahren nicht mehr gesprochen werden – sogenannte tote Sprachen. Sie spiegeln daher ein Welt- und Menschenverständnis wider, das längst nicht mehr das unsere ist.

Besonders augenfällig ist das bei der *Hieroglyphen-Schrift der alten Ägypter*. Der Ägyptologe Erik Hornung weist auf diese Probleme hin, auch auf den Umstand, dass einzelne Texte in mehreren, voneinander abweichenden Fassungen überliefert sind. So meint er treuherzig: »Wenn der Leser an vielen Stellen das Gefühl haben sollte, nichts zu verstehen, so teilt er dieses Gefühl sehr oft mit dem Übersetzer« (Hornung 2004, 17). Im Weiteren galt natürlich die Schwierigkeit, die wir ganz zu Beginn festgestellt haben, auch für die alten Völker: Letztlich ist das, worum es geht, in menschlichen Worten gar nicht adäquat auszudrücken. So entstehen im Bemühen um eine umfassende Darstellung der vielfältigen Überlieferungen leicht Widersprüche, die gar nicht aufzulösen sind (vgl. ders. 2002, 30). Hinzu kommt, dass einige Textabschnitte nur beschädigt überliefert sind und daher schon der ägyptische Urtext unklar ist (vgl. ebd., 335 ff., 483).

Aber auch die *biblischen Sprachen* des alten Hebräisch und Griechisch werden heute nicht mehr gesprochen und sind nur noch Fachleuten zugänglich. Gleichwohl ist hier, vor allem im Blick auf das alte Griechisch, die Technik des Übersetzens sehr viel klarer und damit einfacher, da die Grammatik im Wesentlichen dieselbe ist, die auch für unsere modernen westlichen Sprachen gilt.

Zwei Texte, beide in der zweiten Hälfte des ersten Jahrtausends n. Chr. entstanden, stellen diesbezüglich Ausnahmen dar. Da ist zum einen das »Tibetische Totenbuch«. Es ist im Prinzip in der Sprache geschrieben, die noch heute in Tibet gesprochen und geschrieben wird, und ein Tibeter mit Grundschulbildung kann es lesen. Allerdings ist es eine Fachsprache, eine Art »Hochtibetisch«, sodass zu seinem tieferen Verständnis eine besondere Schulung erforderlich ist.

Zum anderen ist auch der *Koran* in einer Sprache verfasst, die noch heute verstanden wird. Von den Unsicherheiten im Zusammenhang mit der Entstehung dieses heiligen Buches war schon die Rede. Fest steht, dass Mohammed den Dialekt der Quraischiten sprach, aus dem sich später das Hocharabisch entwickelte, sodass Menschen dieses Kulturkreises, die eine Schule besucht haben, die koranischen Schriften im Original zu lesen vermögen. Doch gilt die Einschränkung, dass in frühen Zeiten keine Vokale geschrieben wurden, sodass die Texte sehr schwer lesbar waren. Erst spätere Überarbeitungen setzten Vokalzeichen ein, so ist es heute also schwierig, auf einen authentischen Originaltext zu schließen.

Übersetzen heißt deuten

Des Weiteren müssen wir bedenken, dass Sprache immer ein Spiegel der Kultur ist, in der sie gesprochen und geschrieben wird. So stellt jede Übersetzung in eine andere Sprache und damit in eine andere Kultur und andere Art des Denkens und Empfindens notwendigerweise immer auch Deutung und Interpretation dar.

Konkrete Beispiele sollen das veranschaulichen: Die Zehn Gebote der Bibel (Ex 20 und Dtn 5) als Teil des Sinaibundes Gottes mit dem Volk Israel etwa werden in der deutschen Übersetzung jeweils eingeleitet mit: »Du sollst (nicht) ...« Nun kennt aber das alte Hebräisch eine solche Befehlsform, Imperativ, gar nicht und verwendet stattdessen einfach die Zukunft, das Futurum. Wörtlich und genau übersetzt müsste es also heißen: »Du wirst nicht töten.« Die Nuance dabei ist, dass es für einen Menschen jüdischen Glaubens, der sich selbst in die Tradition des Bundes Gottes mit Moses und dem Volk Israel stellt, gar keines Befehles bedarf. Vielmehr ist es für einen solchen Menschen natürlicherweise klar, dass er nicht töten, nicht stehlen oder nicht ehebrechen wird. Bemerkenswert ist übrigens, dass die klassische französische Übersetzung in diesem Punkt präziser ist. Dort heißt es: »Tu ne tueras pas!«

Als besonders folgenreich erweist sich dieses Übersetzungsproblem zum Beispiel bei der Frage, ob das Weiterleben der Seele nach dem Tod mit »Auferstehung« oder mit »Wiederauferstehung« wiedergegeben werden soll. Bei der letzten Variante schließen heute (über-)eifrige Missionare der Reinkarnationslehre oft vorschnell darauf, dass die Wiedergeburt somit klarerweise in der Bibel gelehrt werde – doch berufen sie sich dabei bloß auf Übersetzungen! Das lateinische Wort heißt »resurrectio« und die Vorsilbe re- kann tatsächlich eine Wiederholung anzeigen, sodass »Wiederauferstehung« auf den ersten Blick durchaus logisch erscheint – allerdings bleibt dabei immer noch offen, ob eine Wiederholung in der materiellen Welt oder eine Fortsetzung in der geistigen Welt gemeint ist. Das im griechischen Urtext verwendete Wort jedoch heißt »anástasis«, was keinerlei Hinweis auf eine Wiederholung enthält. In der zeitgenössischen Exegese (Bibelwissenschaft) jedoch wird der Begriff »resurrectio« auch viel lebensnaher verstanden, nämlich als das allmorgendliche Aufstehen. Dieser Hinweis würde die Deutung als Wiederholung des Gleichen zulassen – so kompliziert ist das … und man wird mit vorschnellen Schlussfolgerungen, die bloß auf Übersetzungen basieren, sehr zurückhaltend sein müssen.

Ein letztes Beispiel soll aufzeigen, wie verschiedene – allesamt korrekte! – Wiedergaben desselben Urtextes sehr unterschiedliche Emotionen und Assoziationen auslösen. Wir bleiben bei der Bibel. Der Tod Jesu am Kreuz im Johannes-Evangelium (19,30) wird in der für ihr ernsthaftes Bemühen um sachgerechte Übertragungen anerkannten Jerusalemer Bibel mit den Worten wiedergegeben: »Und er neigte das Haupt und gab den Geist auf« (für Fachleute: Lateinisch heißt es: »et inclinato capite tradidit spiritum«). Die Lutherbibel übersetzt in der Fassung von 1962: »Und er neigte das Haupt und verschied.« Etwas weniger feierlich könnte man übersetzen: »Und er senkte den Kopf und starb« oder eher flapsig: »Da ließ er den Kopf hängen und das war's dann gewesen.« Liebe Leserin, lieber Leser, spüren Sie bitte einen Moment, wie unterschiedlich die Formulierungen auf Sie wirken – und doch sind sie alle zulässige »Übersetzungen« des gleichen Originals. Solche Schwierigkeiten und Herausforderungen werden in der Folge stets den Hintergrund unserer Überlegungen bilden.

Erik Hornung ist einer der bekanntesten und anerkanntesten zeitgenössischen Ägyptologen. Er hatte bis zu seiner Emeritierung Ende des letzten Jahrhunderts in Basel gelehrt. Sein großes Verdienst ist es, die beiden bedeutendsten Textsammlungen der alten Ägypter, das »Totenbuch« und die »Unterweltsbücher« in eine (möglichst) einfache und klare deutsche Sprache übersetzt und kommentiert zu haben – ein zweibändiges Werk mit insgesamt über tausend Seiten.

Ich begegnete ihm kurz zu Beginn des Jahres 2010 auf dem Flughafen von Luxor, wo er auf dasselbe Flugzeug in die Schweiz wartete wie ich, nachdem ich mich just im Jahr zuvor durch seine beiden Wälzer gearbeitet hatte (»Zufall« oder »Karma« …?). Ich bedankte mich spontan bei ihm für die immense Arbeit, die er geleistet hatte. Er seinerseits kam sofort auf eines seiner Hauptanliegen in diesem Zusammenhang zu sprechen, dass wir nämlich einen nüchternen Umgang mit diesen alten Texten pflegen müssen.

Mit dem Stichwort »nüchtern« setzt er sich ab von den Versuchen »esoterischer« Übersetzungen aus der zweiten Hälfte des 20. Jahrhunderts, welche zum einen das »Ägyptische Totenbuch« als seit alters gefügte textliche Einheit (miss-)verstehen und zum anderen darin hauptsächlich den Prozess der Belehrungen und Einweihungen in den alten Mysterien-Schulen erkennen wollen.

Der Begriff »esoterisch« ist heute leider beinahe zu einem Schimpfwort verkommen. Er leitet sich her vom griechischen »eso« (= drin, innerlich) und meint eigentlich das Bestreben, das menschliche Leben nicht nur äußerlich-materialistisch wahrzunehmen und zu verstehen, sondern vielmehr das innere Wachsen und Reifen durch Erkenntnis zu betonen. In diesem Sinne hat die moderne Esoterik ihre Wurzeln letztlich in hellenistischen Mysterien-Schulen (Hellenismus = Spätzeit der griechischen Antike, circa ab dem 4. Jahrhundert v.Chr.) mit ihren strengen und absolut geheimen Belehrungen und Einweihungsritualen. Hier sollten die Adepten (Zöglinge, die eingeweiht zu werden wünschten) oft symbolisch Tod und Wiederauferstehung (schon damals ging es also nicht in jedem Fall um Reinkarnation im heutigen Sinne!) erfahren – Wiederauferstehung in ein neues Bewusstsein, geläutert durch die Erfahrung des geistigen »Todes«. Die Renaissance dieses esoterischen Denkens in unserer Zeit hat ihre Vorläufer im 19. Jahrhundert in den Bewegungen der Theosophie und Anthroposophie – Helena Blavatsky (1831–1891) und Rudolf Steiner (1861–1925) –, bis sie in den 60er-Jahren des letzten Jahrhunderts eine bisher unbekannte, breite Öffnung fand. Jedoch erst seit den 1990er-Jahren wurde allerhand Dubioses aus den Welten der Scharlatanerie und Effekthascherei (Tischerücken und vieles mehr) dieser »Esoterik« zugeordnet, was den Begriff zunehmend in Misskredit brachte.

Im Zuge des Wiederaufblühens solch esoterischen Gedankengutes – zunächst durchaus im ernsthaften Sinne – wurde es zu fast so etwas wie einer Mode, alte Texte ganz neu zu lesen, konkret, sie mit dem Vorverständnis der alten Mysterienlehren neu zu deuten. Dies gilt insbesondere für das »Ägyptische Totenbuch«[2].

Hornung verweist dagegen auf den Umstand, dass diese Texte von Beamten und Notablen erworben wurden, und folgert daraus, dass sie mit mystischen Einweihungen wohl wenig zu tun haben. »Alle modernen Versuche, die Sprüche des Totenbuches als Mysterienweisheit zu deuten, übertragen zu schematisch moderne oder hellenistische Formen auf das pharaonische Ägypten« (Hornung 2004, 25).

Statt von »Einweihung« spricht Hornung von »Einführung«. Denn das Ziel der Texte war es, die Ägypter in das Totenreich einzuführen: »Wenn der Körper des Menschen nach der ... Einbalsamierung in die Erde gelegt wird, ist das ganz real eine Einführung in die Unterwelt, die von unterstützenden Sprüchen begleitet wird« und sowohl all die Rituale des Einbalsamierungsprozesses wie auch der Bestattung kennen durchaus Geheimnisse. Daher ist es wichtig, »jene Tiefenwelt richtig legitimiert und vorbereitet zu betreten« (ebd., 25). Einführung in Geheimnisse also sehr wohl, aber nicht als Adept in eine Mysterienschule, sondern als sterblicher Mensch beim Übertritt in die Unterwelt.

Eine weitere Verstehensebene der alten Texte, die für uns heutige Menschen von großer Bedeutung ist, spricht Erik Hornung an – die Tiefenpsychologie: »Was die Unterweltsbücher ... beschreiben, sind Fahrten durch die tiefsten Räume der Seele, und auch das Totenbuch versucht in vielen seiner Sprüche, mit dem Licht der Sonne, des Tagesbewusstseins, in tiefste Schichten menschlicher Existenz hinabzuleuchten, elementare Wünsche, Ängste, Gefahren und Möglichkeiten aufzudecken ... Hier wird Tiefenpsychologie in nahezu modernem Sinne betrieben, aber es werden gleichzeitig Informationen über das Jenseits gesammelt.« In der engen Verknüpfung dieser beiden Ebenen, also den Tiefen der menschlichen Seele und der Beschaffenheit des Jenseits, »wird das Bestreben des Ägypters deutlich, Weltbereiche nicht isoliert zu betrachten, sondern den Kosmos als eine Ganzheit im Blick zu behalten« (ebd., 26). So will Hornung das Totenbuch weder nur als psychologischen Traktat verstanden wissen noch nur als Einführungstext. Die Erzählform des Mythos umfasst beide Ebenen, und so stellen die vielen mythologischen Erzählungen und Schilderungen der Texte eine Einheit zwischen den beiden her.

Mit Blick auf das »Tibetische Totenbuch« hat C.G. Jung (1875–1961) auch dessen Inhalt direkt mit den antiken Einweihungsritualen in Beziehung gebracht. Er, der als so etwas wie der Mystiker unter den großen Pionieren der modernen Psychologie gilt, war tief beeindruckt, als er dem Text erstmals begegnete. Er schrieb einen bedeutenden psychologischen Kommentar dazu, der seither in allen weiteren Auflagen und Übersetzungen des Evans-Wentz-Buches als fester Bestandteil zum Inhalt gehört. Er äußert darin eine große Dankbarkeit, dem Buch begegnet zu sein. »Seit dem Jahre seines Erscheinens ist mir der Bardo Thödol (tibetische Bezeichnung für das Totenbuch, Anm. d. Verf.) sozusagen ein steter Begleiter gewesen, dem ich nicht nur viele Anregungen und Kenntnisse, sondern auch sehr wesentliche Einsichten verdanke« (Jung, 42). Weiter verweist er auf die mystische Tradition der Initiationsriten, »denn die Belehrung ist im Grunde nichts anderes als eine Initiation des Toten ins Bardo-Leben« (ebd.,

45). Der tibetische Fachausdruck »*Bardo*« wird mit »*Zwischenzustand*« übersetzt und bezeichnet die Phase zwischen dem Tod im vorherigen und der Geburt im nächsten Leben.

Kehren wir zum Abschluss dieser hinführenden Überlegungen noch einmal zu Erik Hornung zurück. Er spricht auch von der Versuchung, die alten Texte, die heute als Totenbücher bezeichnet werden, direkt miteinander zu vergleichen und allzu schnell Parallelen zwischen ihnen erkennen zu wollen. »Die Zusammenstellung (des ägyptischen, Anm. d. Verf.) mit dem tibetischen Totenbuch und mit fernöstlicher Yoga-Weisheit geht an den großen und prinzipiellen Unterschieden zwischen ägyptischer und fernöstlicher Denkweise vorbei« (Hornung 2004, 12). Mit diesen Erörterungen und Hinweisen ist nunmehr der Rahmen abgesteckt für unsere nächsten Schritte.

Unsere Fragen an die alten Texte

Ich lade meine verehrten Leserinnen und Leser nun ein, mit mir diese Texte alter Weisheit auf ihre Inhalte hin zu befragen. Leitend sollen Fragen sein, die uns heute bewegen im Zusammenhang unserer Studie »Wohin geht die Seele?« – Fragen also, die sich uns im 21. Jahrhundert stellen, die aber allesamt die Menschheit seit Jahrtausenden beschäftigen. Wir wollen erkennen, welche Antworten die Menschen früherer Zeitalter für sich gefunden haben und inwieweit diese Antworten uns heute noch zu inspirieren vermögen. Inspiration bedeutet vielleicht auch einmal die Einsicht: So wie das damals verstanden wurde, möchten wir es heute nicht mehr sehen – und genau daraus entsteht der Impuls, nach Antworten zu suchen, die wir für uns als gültig empfinden.

Bei diesem Vorgehen vergessen wir nicht die Warnungen von Erik Hornung, keine vorschnellen Parallelen zwischen den sehr verschiedenen Quellen feststellen und noch viel weniger Antworten, die wir gerne hätten (zum Beispiel bezüglich der Reinkarnation), in sie hineininterpretieren zu wollen. Vielmehr werden wir jede Tradition in ihrer Eigenständigkeit respektieren. Respekt also leitet uns, aber ebenso geistige Freiheit. Auch diese altehrwürdigen Texte sind letztlich Blumen im Strauß, sagen Wahrheiten, aber keiner die ganze Wahrheit. Unsere Aufgabe ist es, unsere eigenen Blumen immer klarer zu erkennen.

Natürlich ist auch unsere Auswahl der Fragestellungen, die wir an die alten Texte herantragen, in gewisser Weise willkürlich und von unserem aktuellen Interesse geleitet. Wir werden unsere Quellen also selektiv aufnehmen und uns an der Frage orientieren »Wohin geht die Seele?«. Das bedeutet, dass wir vieles, was durchaus interessant und spannend ist, weglassen, dass wir uns auch mit Verkürzungen und Vereinfachungen abfinden müssen – bei mehr als tausend Seiten Quellenschriften allein für das alte Ägypten bleibt uns gar nichts anderes übrig! Eine erste Frage an die alten Zeugnisse betrifft die Qualität der Beziehung der Weiterlebenden zu ihren Verstorbenen.

Hilfreiche Begleitung für die Verstorbenen

Es ist offensichtlich ein Bedürfnis von uns Menschen, für unsere Verstorbenen noch »etwas zu tun«. Einerseits geht es dabei um mehr Vordergründiges wie würdige Abschiedszeremonien und stilvolle Grabstätten, was beides, dem Zeitgeist und der Mode folgend, starken Veränderungen unterworfen ist. C.G. Jung verweist in diesem Zusammenhang auf die »grauenhaft schönen Grabdenkmäler« in Italien und ordnet diese einem »naiven Gefühl« und der »Befriedigung wehleidiger Sentimente« zu (Jung, 54).

Ich möchte auch hier gerne einen tieferen Sinn erkennen. Wenn Menschen sich zu Abschiedsfeier und Beisetzung versammeln, drücken sie den Verstorbenen ihre Wertschätzung aus – »erweisen ihnen die letzte Ehre« –, was zudem hilft, sich selbst des Verlustes bewusst zu werden; es geht hier also auch um ein Stück Trauerarbeit. Daher plädiere ich sehr dafür, dass solche Abschiedsfeiern auch tatsächlich stattfinden, dass Abschied und Trauer eine Gestalt bekommen (Anregungen, wie solche Abschiedsfeiern konkret gestaltet werden können, vgl. Looser 2001, 210 ff.) und zwar möglichst – entgegen dem heutigen Trend der immensen Verdrängung – nicht bloß »im engsten Familienkreis«, sondern in einer größeren Öffentlichkeit. Mehrmals schon fühlte ich mich um den Abschied von einem mir wertvollen, aber nicht verwandten Menschen geprellt, wenn ich erst hinterher von einem solchen »stillen Abschied« Kenntnis nehmen musste – wenngleich ich natürlich zugestehe, dass es in Einzelfällen auch dafür gute Gründe geben mag. Aber gegen den zunehmenden sozialen Druck, aus dem Tod eines wichtigen Mitmenschen »doch kein solches Aufheben zu machen«, protestiere ich heftig. Psychologisch gesehen ist Trauer ein Gefühl, das Zeugen braucht, daher sind diese zunehmende Privatisierung und oft eben damit einhergehende Verdrängung bestimmt nicht hilfreich.

Das Anliegen, für Verstorbene noch etwas zu tun, hat aber noch eine tiefere, eine spirituelle Dimension. Auch darauf verweist C.G. Jung: »Auf bedeutend höherer Stufe (als die Grabdenkmäler, Anm. d. Verf.) steht die (katholische) Seelenmesse«, die sich als einziger derartiger Ritus in unserer westlichen Welt erhalten hat und die »ausgesprochen für die seelische Wohlfahrt der Toten bestimmt ist« (ebd., 54). Wir haben bereits gesehen, dass alle großen Religionen und geistigen Schulen eine wesentliche Gemeinsamkeit kennen, dass nämlich als grundlegende Tatsache anerkannt ist, dass eine Dimension von uns Menschen, der Geist, die Seele, den Tod des Körpers überlebt – ja, dass das Sterben des Körpers für diesen unsterblichen Teil ein überaus wichtiges Ereignis ist. In der tibetischen Lehre ist dieses Sterben und was unmittelbar darauf folgt fraglos die wichtigste Erfahrung des menschlichen Lebens überhaupt.

»Ereignis, Erfahrung« – schon die Begriffe weisen darauf hin, dass Sterben und Tod als Prozess verstanden werden, als Entwicklung. Und es ist die tiefe Überzeugung in vielen spirituellen Traditionen, dass wir Zurückbleibende unseren Verstorbenen auf diesem Weg ihrer Entwicklung hilfreiche Unterstützung geben können.

Tibetische Traditionen

In diesem Kontext müssen zweifellos als Erste die tibetischen Buddhisten und ihre Lehren Erwähnung finden. Ihr Totenbuch wird den Verstorbenen vorgelesen und zwar 49 Tage lang, bis nach ihrem Glauben die Seele wieder in unserer materiellen Welt in einen neuen Körper (nicht unbedingt in einen menschlichen, davon später mehr) inkarniert. Die Texte des Buches sind eine Wegweisung, was die Seele während des Bardo erfährt, was die verschiedenen Erscheinungen bedeuten und wie man darauf am hilfreichsten reagiert (zu Einzelheiten vgl. Looser 2001, 121 ff.). Was immer an mystischen Weisheiten und Belehrungen oder Einweihungen für Adepten eingeflossen ist oder nicht, letztlich geht es darum, der Seele der Verstorbenen auf ihrem Weg durch den Bardo Unterstützung und Orientierung zu geben. So sollen sie – im besten Fall – Erleuchtung erlangen und damit gar nicht mehr reinkarnieren müssen oder – im zweitbesten Fall – doch wenigstens als Mensch wiedergeboren werden, da der Schritt zur Erleuchtung nur als Mensch getan werden kann.

Diese hilfreiche Unterstützung auf dem Weg durch den Bardo ist nur möglich, weil nach tibetischer Vorstellung das Bewusstsein, der Geist des Verstorbenen, am Ort bleibt, wo er gestorben ist. So kommt der Lama täglich zurück in den Raum, in dem die Toten liegen, setzt dies aber auch fort, nachdem der Leichnam der Natur zurückgegeben worden ist. Dies geschieht einerseits durch Verbrennung, was sich angesichts des Holzmangels in dieser Höhe – das tibetische Hochland liegt auf 4.500 Metern – nur wenige reiche Familien leisten können. Weit verbreitet ist die sogenannte »Luftbestattung«: Der Leichnam wird zerhackt und an eine bestimmte, dafür vorgesehene Stelle gebracht, wo die Überreste von Tieren gefressen werden. In unserer Kultur, deren christliche Wurzel die Lehre der »Auferstehung des Fleisches« am Ende der Zeiten kennt und daher der Totenruhe und Grabpflege große Bedeutung beimisst, mag das brutal erscheinen. Die Tibeter dagegen glauben an die Reinkarnation der Seele nach 49 Tagen und haben keinerlei emotionalen Bezug zum Leichnam. An diesem Ort des Sterbens erreichen die Belehrungen den Geist weiterhin und können also die beabsichtigte Hilfe gewähren.

Das zweite Ziel bei der Lesung des Totenbuches ist die Unterweisung der Lebenden. Auch sie werden einst diesen Übergang in den Bardo tun (= sterben), und je mehr sie darüber schon wissen, desto besser und leichter wird er ihnen gelingen.

Auf ein weiteres Element hilfreichen Beistandes für die Verstorbenen verweist der zeitgenössische Lehrer Chökyi Nyima Rinpoche in seinem Werk »Das Bardo-Buch«. Nyima Rinpoche gehört der sogenannten »Alten Schule« oder den »Rotmützen« an und vertritt eine strenge und konservative Form des tibetischen Buddhismus. »Es ist eine große Hilfe für den Verstorbenen, wenn andere ihm ihre spirituelle Praxis widmen« (Nyima, 150). Dahinter steht die Überzeugung, dass jede spirituelle Praxis »Verdienste« schafft, und die Praktizierenden können bestimmen, wem sie zugute kommen sollen – ein Brauch, den auch ich als katholischer Junge mit auf den Weg bekam. Man nannte das damals »die gute Meinung machen« und meinte genau dasselbe: Wenn ich heute ein gutes Werk tue, soll es diesem oder jenem Anliegen zugute kommen. Im Blick auf die Totenbegleitung führt Nyjma Rinpoche weiter aus: »Es ist sehr hilfreich, wenn andere während der 49 Tage des Bardo ... für den Toten praktizieren« (ebd., 151). Der Rinpoche erwähnt auch zahlreiche hilfreiche Rituale, die teilweise nicht der Magie entbehren, worin sich alte Bön-Traditionen spiegeln (vgl. ebd., 156 ff; vgl. dazu auch die vielen praktischen Anweisungen bei Thondup).

Hier wird unsere Schwierigkeit, in diese uns völlig fremde Welt einzudringen, offensichtlich. Der Rinpoche erwähnt ein Ritual, das »Namensverbrennung« genannt wird. Dazu muss, so heißt es kurz und knapp, ein »verwirklichter (erleuchteter, Anm. d. Verf.) Meister« das Bewusstsein des Verstorbenen herbeirufen und »in einem Bild auflösen« (Nyima, 156).

Das alte Ägypten

Das Anliegen der Hilfe für die Verstorbenen auf ihrem Weg durch die Unterwelt ist auch für die alten Ägypter zentral, jedoch in einem völlig anderen Sinne. Hier sind das Totenbuch und die Unterweltsbücher an sich, ihre in Worte gefassten und in Bildern ausgedrückten Inhalte, die Hilfe für die Toten, weshalb ihnen diese Texte ins Grab mitgegeben werden. Hornung (vgl. 2004, 7) bringt zum besseren Verständnis das Bild eines Reisepasses, der den Toten mitgegeben wird. Anders gesagt, in diesen Schriften ist das Wissen zusammengefasst, »das der Mensch beim Schritt über die Todesschwelle mit sich führen muss«, es ist eine Art »Wissenschaft vom Jenseits«. Dieses »Wissen soll den Menschen in den Stand versetzen, postmortalen (nachtodlichen) Gefahren wirksam zu begegnen, seine elementaren Bedürfnisse zu befriedigen und sich in den Tiefen, die der Tod öffnet, zu regenerieren« (ebd., 26 f.).

Mit dem Hinweis auf die Regeneration kommt eine Eigenheit der ägyptischen Jenseitsvorstellungen in den Blick, die zentral, aber auch schwierig nachzuvollziehen ist. Während für die Tibeter das Ziel der Hilfe für die Verstorbenen das Erlangen einer möglichst guten Wiedergeburt in dieser Welt ist (dass die Erleuchtung tatsächlich erlangt wird, ist nur in ganz wenigen Ausnahmefällen eine realistische Alternative), geht es für die Ägypter, für die es eine Reinkarnation in der materiellen Welt (entgegen aller gegenteiliger Behauptungen eifriger Missionare) nicht gibt, um ein »Wiederaufleben im Jenseits«. Der Tote soll im Totenreich, im Reiche des Osiris, wieder ganz werden. Dazu bedarf er zum Ersten seines Körpers, also der Mumie, die starr in der Erde liegt. Um diesen dauerhaft zu erhalten, entwickelten die Ägypter »die zur höchsten Meisterschaft gesteigerte Einbalsamierung des Körpers, die Mumifizierung« (ders. 2002, 10). Selbst die Eingeweide wurden den Leichen entnommen, präpariert und in den sogenannten Kanopen-Schreinen der Mumie mit ins Grab gegeben – auch dies eine Hilfeleistung der Überlebenden an ihre Toten.

Ferner braucht es zu diesem Wieder-ganz-Werden in der Unterwelt den »Ba«. Das ist sozusagen die Beweglichkeit, wie sie alles Lebendige auszeichnet und die meist als Vogel dargestellt wird – man könnte vielleicht vom »feinstofflichen Körper« sprechen. Weitere Elemente kommen dazu, bewusste und unbewusste Aspekte der Seele. Doch will ich hier auf Einzelheiten verzichten, weil es sehr kompliziert wird, und Interessierte auf die Fachliteratur verweisen (vgl. unter vielen Hornung 2002, 37 ff.). Erst wenn er mit allem ausgestattet ist, ist der Tote ein »Verklärter im Reich des Osiris«, ein »seliger Toter«. Die Sprüche des Totenbuches sind es, die zu dieser Ganzheit verhelfen (ebd., 34 f.), eine Ganzheit, die jedoch nicht einfach eine bloße Fortsetzung des irdischen Lebens mit seinem (in der Regel beim Tod alten) Leib darstellt, sondern auch Verjüngung bedeutet. Der Tote wird wieder jung und kräftig und frisch. So erhält er »seine irdische Gestalt im Jenseits zurück« (ebd., 35).

Ein weiterer Aspekt des hilfreichen Begleitens ergibt sich aus dem Umstand, dass der Tote auf seinem Weg durch die Unterwelt auch Bedrohung erfährt, etwa durch »grimmigste Torhüter und Fährleute« oder durch ihm feindlich gesinnte Wesen der Unterwelt, die ihm nach dem Leben trachten. Diese Gefahren vermag er jedoch zu bannen, wenn er deren Namen kennt und ausspricht – auch dies dank der Informationen des Totenbuches.

Mit dem Hinweis auf den Umstand, dass Kenntnis und Nennung der Namen drohende Gefahren zu bannen vermögen, kommen wir auf ein weiteres und für uns an dieser Stelle vorläufig letztes Element in den ägyptischen Jenseitsvorstellungen, die Wirkung der Magie. Viele der Sprüche, die den Verstorbenen mit den Toten- und Unterweltsbüchern ins Grab gegeben werden, sind tatsächlich magische Sprüche, ohne deren Hilfe er in der Unterwelt nicht bestehen kann; in den Worten von Erik Hornung: Er braucht einen »Vorrat an Sprüchen, der es ihm erlaubt, jeglicher Krisensituation zu begegnen, Sprüche, die ihm Belehrung geben über Wesen und Orte, die er antrifft, und andere, die durch die Zauberkraft des Wortes Gefahren bannen. Dahinter steht mehr als bloße Magie. Um wirksame Sprüche für das Jenseits zu formulieren, bedarf es begründeter Kenntnis über die Phänomene des Totenreiches«. So war es denn eine Hauptaufgabe der Priesterschaft, vor allem im Neuen Reich, diese Kenntnisse zusammenzutragen, sowohl was die Topografie »der wichtigeren Jenseitsregionen« betrifft wie auch »eine möglichst vollständige Bestandsaufnahme der göttlichen und nicht göttlichen Wesen, die das Jenseits bevölkern« (ebd., 11 f.). Auch die Amulette, die den Toten nach der

Einbalsamierung umgelegt wurden, dienten dem magischen Schutz (vgl. ders. 2004, 371).

Die Kenntnis der Namen ist neben der Bannung von Gefahren auch wichtig für die richtige Verehrung der Götter. So heißt es etwa im Spruch 125 (V 1, 4–6) des Totenbuches: »Gruß dir, du größter Gott, Herr der vollständigen Wahrheit; ich bin zu dir gekommen, mein Herr ... Ich kenne dich und kenne deinen Namen, ich kenne die Namen dieser 42 Götter, die mit dir sind in dieser Halle« (ebd., 233, vgl. ders. 2002, 18). Die Unterstützung für die Verstorbenen durch die heiligen Texte ist also sehr umfassend zu verstehen.

Die Maya

Nach den Erkenntnissen von Paul Arnold war das Anliegen der hilfreichen Begleitung Verstorbener auch in der Maya-Kultur ein zentrales Element. Hier klingt aus Tibet Vertrautes an, denn auch in diesem Glaubenssystem spielte die Reinkarnation eine Schlüsselrolle. Die wichtigsten Hilfsmittel der Begleitung waren hier Rituale, die dazu dienten, »den Verstorbenen von der Zeit des Sterbens an durch die Verwandlungen der Seele bis zur Reinkarnation im Leib der schwangeren Frau zu begleiten und ihr (der Seele, Anm. d. Verf.) beizustehen«. Arnold erkennt den Gedanken der Reinkarnation als »Angelpunkt des Denkens der Maya ... ohne Reinkarnation ist der Kosmos dem Untergang geweiht«. Dabei wurde die Wiedergeburt des Menschen in engem Zusammenhang mit der zyklischen Wiederbelebung der Natur verstanden, vor allem mit der für ihr Leben zentralen Maispflanze (Arnold, 17 f.). Einem alten Maya-Mythos zufolge ist selbst der Mensch aus Mais geschaffen worden – in der mexikanischen Nationalspeise, der Tortilla, wirkt diese Wertschätzung des Mais bis heute nach.

Im Rahmen dieser engen Verbindung zwischen dem Geschick des Menschen und der Natur ordnet Arnold auch den Ritus der

Menschenopfer (als Teil des für unser Empfinden sehr brutalen Umganges der Maya mit ihren Kriegsgefangenen) ein, den sie praktizierten und durch den das immer wieder neue Wachsen der Natur garantiert werden sollte (vgl. ebd., 18 f.).

Besonders eindrücklich ist der Umstand, dass für die Maya das menschliche Tun im Ritual nicht bloß hilfreiche Unterstützung im Reinkarnationsvorgang bedeutete. Vielmehr war das Ritual hier schlichtweg konstitutiv. Offenbar gab es hier nichts Analoges zum Karmagesetz, das das Reinkarnationsgeschehen sozusagen von selbst in Gang setzte: »Der Verstorbene kann selbst seine Wiedergeburt nicht bewirken, ohne die irdische Hilfe bleibt er desinkarniert« (ebd., 51 f.). Erst das Ritual also sichert die notwendige Wiederkehr zur Erde.

Arnold erläutert, dass die Rituale in ihrem Ablauf im Einzelnen nicht beschrieben werden – vielleicht sind solche Beschreibungen auch der Zerstörung anheimgefallen. Aus den oft sehr bildhaften Schriftzeichen schließt er, dass Weihrauch eine wichtige Rolle gespielt haben muss. Arnold mutmaßt, dass der aufsteigende Rauch den zur Reinkarnation bereiten Seelen den Weg zurück zur Erde aufgezeigt hatte (vgl. ebd., 127 f.).

Zum Stichwort »begleiten« ergänzt der tschechische Psychiater Stanislav Grof, der sich aus seiner Perspektive intensiv mit den Jenseitsvorstellungen der alten Völker beschäftigt hat (1994, 17), dass die Maya den Tod verstanden »als eine Reise mit bekannten Gefahren, die auf Särgen, Mauern, Keramiken, Jade und anderen Gegenständen abgebildet wurden und den Verstorbenen auf seinem Übergang begleiteten«. Auch die Maya kannten also offenbar mehrere Ebenen hilfreicher Unterstützung der Verstorbenen auf ihrem Weg in der jenseitigen Welt.

Die monotheistischen Traditionen: Die Fürbitte

Wenden wir uns zum Abschluss dieses Abschnittes noch den Traditionen zu, die den meisten von uns vertrauter sind, den christlichen oder, etwas weiter gefasst, den monotheistischen Bräuchen.
Wir hörten schon von Jungs Wertschätzung für die *katholische Totenmesse*. Hier lautet bei den Begräbnis- und Gedenkriten die zentrale, oft wiederholte Bitte: »Herr, gib ihnen die ewige Ruhe und das ewige Licht leuchte ihnen; Herr, lass sie ruhen in Frieden.« Damit ist der zentrale Inhalt christlich-katholischen Bemühens um das Heil der Verstorbenen benannt: die Fürbitte. Gott selbst als Herr über Leben und Tod wird angerufen oder auch sein Sohn, Christus: Er möge kraft seines Erlösungswerkes die Verstorbenen in sein Reich aufnehmen. Auch Engel und Heilige werden angefleht, für die Toten Fürbitte einzulegen bei Gott. So wurde etwa in der Allerseelenmesse am 2. November, dem Tag, an dem die katholische Kirche ihrer toten Mitglieder gedenkt, traditionellerweise gebetet: »Herr, wir bitten, unser demütiges Flehen möge den Seelen deiner Diener und Dienerinnen von Nutzen sein. Befreie sie von allen Sünden und mache sie deiner Erlösung teilhaftig.« Oder an anderer Stelle: »Gott, du Herr der Erbarmungen, gib den Seelen deiner Diener und Dienerinnen den Wohnsitz der Erquickung, die Seligkeit der Ruhe und die Klarheit des ewigen Lichtes« (»Sonntagsmessbuch«, 1004 f.).

Der Hintergrund, sozusagen die negative Folie solcher Gebete, ist die Angst vor dem göttlichen Gericht und der hier drohenden ewigen Verdammnis (davon werden wir noch mehr hören). Daraus erwächst das Anliegen, dass die Seelen der Toten in diesem Gericht bestehen mögen, dass die göttliche Gnade sie von ihren Sünden freispreche und in die ewige Seligkeit aufnehme.

C.G. Jung starb 1961. Ein Jahr später wurde in Rom das II. Vatikanische Konzil (1962–1965) durch Papst Johannes XXIII. eröffnet. Dieses hat sich zu einer Quelle unerwarteter und tief greifender Impulse, einer eigentlichen Zäsur in Glauben und Liturgie für die katholische Kirche entwickelt. Auch die Grundstimmung in den Gebeten für kirchliche Trauerrituale hat sich grundlegend geändert: Die Angst ist dem Vertrauen gewichen, die Drohung mit dem Gericht der Frohen Botschaft der Erlösung durch Christus. In einem neuen »»Werkbuch« Trauerritual« findet sich folgendes Gebet: »... (Name des Verstorbenen), Gott möge dich sanft berühren, er umhülle deine Seele mit seiner Liebe ... Gott möge dich sanft berühren, damit du alle Unruhe ablegst und Ruhe findest bei ihm« (»Werkbuch«, 53). Wir werden also in den kommenden Zitaten zwischen traditionellen, vorkonziliaren Texten und zeitgenössischen zu unterscheiden haben.

Auch der *Islam* kennt das Anliegen, den Verstorbenen durch Gebete hilfreich beizustehen. So beten die Trauernden, während sie die Toten zum Friedhof geleiten, das Glaubensbekenntnis. Dieses, so wird gesagt, »soll den Toten bei seinem Verhör durch die Todesengel helfen« (»Das islamische Totenbuch«, 26) – davon werden wir noch mehr hören.

In den Lehren und Gebeten der *jüdischen Tradition* steht ganz klar das Leben im Zentrum, der jüdische Glaube ist stark dem Leben zugewandt. So konzentrieren sich bei einem Todesfall die Gebete in erster Linie auf den Dank an Gott für dieses wertvolle Leben, das zu Ende gegangen ist. Im Weiteren wird darum gebetet, dass die Hinterbliebenen sich nunmehr auch ohne diesen Menschen im Leben gut zurechtfinden.

In den Riten des jüdischen Begräbnisses findet sich eines der eher seltenen Gebete, in dem für die Toten gebetet wird: »Es sei dir wohlgefällig, Ewiger, Gott aller Seelen, dass du die Seele des ... (Name) mit Liebe aufnehmest. Sende ihm Engel deiner Güte entgegen, seine Seele nach dem Eden zu geleiten, wie du sie einst unserem Urvater Jakob gesendet hast ... Verfahre mit ihm (dem Verstorbenen, Anm. d. Verf.) nach deiner unendlichen Barmherzigkeit, erfreue seine Seele mit dem unendlichen Gute, das den Frommen aufbewahrt ist; seine Seele sei im Bund des Lebens mit den Seelen aller vereint, die hier im Staube schlafen, mit den Seelen aller frommen Männer und Frauen in den Gefilden der Seligkeit« (Sefer, 2*).

Auch die jüdischen Belehrungen über den Tod zielen auf die Lebenden ab, in erster Linie, um ihnen die Todesangst zu nehmen. Sie rufen in Erinnerung, dass die Seele nach dem Tod in »der Gnade und Treue« Gottes verweilen wird, wo sich die Verheißung erfüllt: »Ich vererbe meinen Geliebten hohe Güter und Schätze in überschwänglich reichem Maße«, mithin der Tod eine beglückende Erfahrung ist, dass also gilt: »Der Tag des Todes ist besser als der Tag der Geburt« (ebd., 45/49).

Hilfe bei der Erkenntnis: Ich bin tot

Aus Berichten von Nahtod-Erfahrenen ist bekannt, dass viele von ihnen nach eingetretenem Tod zunächst in einen Zustand der Verwirrung geraten. Einerseits erfahren sie sich selbst als sehr lebendig, andererseits ist ihnen diese Form des Lebendigseins unvertraut, da sie nicht sogleich realisieren, dass sie ohne Körper sind – davon später mehr. Diese Erfahrung der Verunsicherung gleich nach dem Tod ist mehreren spirituellen Traditionen bekannt und in ihre Hilfestellung an die Verstorbenen integriert.

Erneut ist an erster Stelle auf den *tibetischen Buddhismus* zu verweisen. Der Tatsache, dass nach tibetischem Glauben sofort nach dem Eintritt des Todes der Verstorbene schon den Höhepunkt der ganzen Reise durch den Bardo erlebt, muss der Lama (Mönch), der die 49-tägige Lesung vornimmt, insofern Rechnung tragen, als er gleich nach dem letzten Atemzug mit der Lesung zu beginnen hat. Dies geschieht mit dem Ziel, Klarheit für den Toten zu schaffen, denn »wenn der Geist den Körper verlassen hat, fühlt sich der Verstorbene verwirrt«. Er versucht, seine trauernden Angehörigen auf sich aufmerksam zu machen, »doch sie hören nichts. Schließlich wird der Tote von Panik ergriffen und erkennt: ›Oh, ich bin tot!‹« (Nyima, 11).

Um dieser möglichen Panik zuvorzukommen, beginnt die Lesung mit: »… (Name), du bist tot und bist im Bardo.« Diese Klarheit von allem Anfang an ist sehr wichtig wegen der überragenden Bedeutung dieser ersten Phase. Denn jetzt werden die Weichen gestellt sowohl für den weiteren Weg im Bardo wie auch für die nächste Inkarnation: »Heute stehst du am entscheidendsten Punkt deines ganzen Lebens. Deine Zukunft hängt davon ab, wie dein Geist heute reagiert« (Thondup, 283). Darauf wendet sich die Lesung dem jetzt mächtig aufscheinenden Licht zu, davon gleich mehr (vgl. dazu ausführlich Looser 2001, 133 ff.).

Spuren dieses Wissens finden sich auch in den Riten der *Maya*. Hier wird gesagt, dass die Seele erst am dritten Tag nach dem Tod realisiert, dass ihr Körper tot ist. Diese Einsicht wird ihr erleichtert, wenn sie bemerkt, dass ihre Familie bei ihrem Leichnam Totenwache hält und dazu Kerzen anzündet. Auch die Gebete, die von der Familie gesprochen werden, offenbaren der Seele am dritten Tage ihren neuen Zustand (vgl. Arnold, 43/87).

Auf eine eindrückliche Analogie stoßen wir im Rahmen des *orthodoxen Judentums*. Hier gilt, dass Verstorbene sehr rasch bestattet werden sollen, in der Regel vor dem nächsten Sonnenuntergang. Eine Frau aus der orthodoxen Gemeinde in Zürich berichtete, dass ihre Freundin eines Nachmittags um circa drei Uhr verstorben sei und noch selbigen Tages gegen neun Uhr abends bestattet wurde.

Viele Jahre suchte ich nach dem Grund für diese strenge Regelung. Als Antwort auf meine Frage hörte ich von verschiedensten Gewährsleuten immer wieder dasselbe, dass nämlich in Israel ein heißes Klima herrsche und man daher die Toten nicht drei Tage lang aufbahren könne. Selbst ein früherer Berner Rabbiner gab mir diese Auskunft. Doch ich wusste ganz einfach, dass das so nicht stimmen konnte. Denn das ist eine Erklärung, die dem Hygiene-Bewusstsein des 20. Jahrhunderts entsprungen ist, diese Weisung jedoch ist sehr viel älter. Da musste es noch einen tieferen, einen spirituellen Grund geben, so war ich überzeugt. Erneut in der orthodoxen Gemeinde von

Zürich erhielt ich viel später die Antwort: In der jüdischen Orthodoxie bestehen strenge Vorschriften bezüglich der Waschung Verstorbener und deren Einhüllung in nach klaren Weisungen geschnittene Tücher, was in der Regel von gleichgeschlechtlichen Angehörigen zu vollziehen ist. Das bedeutet, dass, wenn ein Mitglied der Gemeinschaft stirbt, es mit hoher Wahrscheinlichkeit schon einmal aktiv an einer solchen Waschungszeremonie beteiligt war. Wenn nun die Seele gewahr wird, dass an ihrem eigenen Körper diese ihr vertrauten Rituale der Waschung, Einhüllung und schließlichen Beisetzung vollzogen werden, ist das die Information an sie, dass dieser Körper tot ist. Je früher sie diese Wahrnehmung macht, desto besser für sie.

Daneben kennt auch die jüdische Tradition die ausdrückliche Belehrung der Verstorbenen. So wird zu ihnen gesagt: »Deine Seele, ein Licht Gottes ... so ruhst du in Frieden, schläfst sanft und ungestört. Fürchte dich nicht, lass dir nicht ob deinem Leichnam bange werden, denn du gelangst nun zu deiner Väter Seligkeit« (Sefer, 53 f.).

Dieselbe Absicht der Information an die Seele verfolgen die *Muslime*, wenn auch hier der Bestattungs-Ritus nicht unmittelbar nach dem Tod zu erfolgen hat (vgl. »Das islamische Totenbuch«, 76 f.). Sogleich nach dem eingetretenen Tod jedoch wird die Sure 36 aus dem Koran rezitiert. Diese erzählt, teilweise in langatmigen Stereotypien, von den Wohltaten Gottes für den Menschen, angefangen bei dessen Erschaffung: »Hat denn nicht der, der Himmel und Erde geschaffen hat, die Macht, ihresgleichen (Menschen) zu schaffen? Aber gewiss!« (V 81); und ebenso vom stets wiederkehrenden Abfall der Menschen von ihrem Gott, wofür Gericht und Verdammnis drohen: »Ihr aber, ihr Sünder, müsst euch heute (am Tag des Gerichtes, Anm. d. Verf.) von den Frommen absondern ... Heute sollt ihr schmoren zur Strafe dafür, dass ihr ungläubig waret« (V 59/64). Doch auch von der Verheißung ist zu lesen. So geht das Wort an den Propheten: »Sag: ›Der wird sie wieder lebendig machen, der sie erstmals hat entstehen lassen‹« (V 79; 441). Das Ziel dieser Unterweisung ist: »Dem Toten, ... der ja alles hört, soll sie (die Sure, Anm. d.

Verf.) bewusst machen, dass er gestorben ist« (»Das islamische Totenbuch«, 20).

In den christlichen Traditionen ist dieses Element der Notwendigkeit, die Seele über ihre aktuelle Situation zu belehren, nicht gebräuchlich.

Inspirationen für unsere Praxis

Ein zentrales Interesse für uns bei diesen Befragungen alter Kulturen und Traditionen ist, inwieweit wir heute aus solch altem Wissen Inspiration schöpfen können – für unser geistiges Leben ganz allgemein und hier speziell für die Situation, wenn sich in unserem Lebensumfeld ein Todesfall ereignet. Wie können wir – über eine sinn- und würdevolle Gestaltung von Abschied und Begräbnis hinaus – unseren Verstorbenen noch hilfreich beistehen? Die wenigsten von uns werden dabei zuerst an magische Sprüche oder Weihrauchzeichen zur Orientierung der Seele in die nächste Inkarnation denken. Vieles, was die Alten pflegten, gehörte in ihr Weltbild und kann von uns heute kaum noch sinnvoll übernommen werden.

Aber es gibt Elemente alter Bräuche und Rituale, die – wenigstens für meine Blume im Strauß der Wahrheit – nach wie vor bedeutsam und inspirierend sind. Ich denke dabei vor allem an die Gewissheit, dass die Seelen der Verstorbenen für uns noch erreichbar sind, oder anders gesagt, dass sie noch wahrnehmen können, was wir Zurückgebliebenen für sie tun. Für mich ist auch klar, dass sie bei den Begräbnisfeiern dabei sind, ich habe sie schon oft wahrgenommen und gespürt – eine andere Blume wird natürlich einwenden, das sei bloß Einbildung, aber was soll's, für mich ist es Erfahrung und damit Wahrheit.

Als Schlussfolgerung ergibt sich daraus als Erstes und sehr dringlich für mich, dass wir unseren Umgang mit Verstorbenen radikal überdenken müssen. Allzu oft werden in unseren »hoch entwickelten« Gesellschaften die Toten möglichst rasch aus dem Blickfeld entfernt, an einen leider noch immer oft sehr unpersönlichen Ort zur Aufbahrung gebracht; manchmal liegen sie tagelang ganz einfach im Kühlraum eines Krematoriums, bis sie an der Reihe sind, in den Ofen geschoben zu werden. Niemand schenkt ihnen Zuwendung und Aufmerksamkeit – und dies in einer Zeitphase, in der sich für sie so eminent Wichtiges vollzieht!

Wenn wir uns bewusst machen, dass sie das alles miterleben, werden wir von allein darauf kommen, neue Formen zu entwickeln oder alte wieder aufleben zu lassen, in denen ihre Würde respektiert und ihnen eine ehrenvolle und aufmerksame Behandlung und Begleitung zuteilwird.

Wenn ich weiter bedenke, wie wichtig und gleichzeitig für die Verstorbenen schwierig die Erkenntnis ist, dass ihr Körper jetzt tot ist, und die von der Schwere des Körpers befreite Seele sich als überaus lebendig erfährt, werde ich alle diese Vorgänge in mein bewusstes Verweilen bei den Verschiedenen aufnehmen. Ich sage ihnen, dass ihr Körper tot ist und dass das der Grund für ihre ihnen oft unvertraute große Lebendigkeit ist. Weiter werde ich in meinem Bewusstsein die Verbindung zur Transzendenz herstellen und sie einladen, mir dahin zu folgen, denn diese Transzendenz ist jetzt das Ziel ihres Weges. Konkret gibt es dazu viele Formen: Gebet, Meditation, Betrachtung, je nachdem, was meine – und je nach Umständen auch der Verstorbenen – Praxis ist (vgl. dazu ausführlich Looser 2001, 171 ff.).

Ein konkretes, allerdings schwieriges Beispiel mag der Erläuterung dienen: Ein etwa 50-jähriges Ehepaar kam eines Nachmittags zu mir – wir kannten uns bisher nicht persönlich, der Mann hatte Bücher von mir gelesen. In der Früh desselben Tages hatten sie das Zimmer ihrer 14-jährigen jüngsten Tochter leer vorgefunden, auf dem Tisch lag ein Abschiedsbrief. Bis sie zu mir kamen, hatte die Polizei die Leiche des Mädchens gefunden mit Spuren, die zweifelsfrei auf Suizid hindeuteten.

In solchen Situationen ist man als Begleiter natürlich absolut hilflos – was soll man da schon sagen? So gab ich ihrem Erschrecken und Entsetzen, ihrem ungläubigen Zögern, diese schreckliche Wahrheit zu akzeptieren, Raum, ließ mich von dieser extremen Not betreffen. Bald kamen auch, wie in solchen Fällen fast immer, Schuldgefühle auf: Was haben wir falsch gemacht? Hätten wir es verhindern können? Da diese Fragen kaum je weiterhelfen und alles nur noch schlimmer machen, stellte sich allmählich die sehr viel konstruktivere Frage, was wir denn jetzt noch Sinnvolles für sie tun könnten. Der Vater schlug, inspiriert durch die Lektüre meines Buches (vgl. Looser 2001, 171 ff.), eine Lichtmeditation vor. Langsam griff das Bewusstsein um sich, dass wir auch jetzt noch etwas Hilfreiches für die Verstorbene tun konnten, was sehr tröstlich war. Sie baten mich, die Meditation zu leiten. So sprach ich zur jungen Frau über ihren Weg, den Tod zu suchen, und dass wir uns bemühen wollen, dies zu akzeptieren; weiter erwähnte ich das Licht und die Liebe, auf die sie jetzt ihre Aufmerksamkeit richten sollte. Ich lud auch die Eltern ein, soweit es ihr Zustand erlaubte, selbst ihrer Tochter noch Worte zum Abschied zu sagen, und mit viel Schluchzen und Zögern formulierten sie ihre Herzenswünsche. Allmählich breitete sich etwas Ruhe aus in den Herzen und der Raum für die Trauer vermochte sich zu öffnen – eine für alle ergreifende Erfahrung.

Wie ist das Jenseits beschaffen?

Damit formulieren wir eine weitere Frage an die alten Überlieferungen. Wir Menschen können als in die Materie Eingebundene unsere Welt, die »Realität«, nur unter den Bedingungen von Raum und Zeit erfahren: Wir sind immer irgendwo und es ist immer irgendwann. (Gewisse Techniken können dazu verhelfen, ein Bewusstsein jenseits von Raum und Zeit zu erlangen, was mir schon vergönnt war; aber das geht in der Regel nur für kurze Augenblicke.)

Erst wenn der Geist den Körper verlässt, übersteigt er diese Begrenzungen, ein Vorgang, der den allermeisten von uns erstmals im eigenen Tod widerfährt. So ist für uns ein Jenseits ohne diese Beschränkungen schier unvorstellbar – es fehlt uns ganz einfach die Möglichkeit zu einer entsprechenden Erfahrung.

Das führt dazu, dass wir sehr häufig auf durchaus materielle Schilderungen des Jenseits stoßen, man ist an einem Ort und es gibt immer ein Vorher und ein Nachher. Am bekanntesten bei uns ist das Jenseits als »Paradies«, wie es am Anfang der Bibel geschildert wird (Gen 1–3), der »Garten Eden«, in dem die Natur üppig gedeiht und der Mensch in Einklang und Harmonie mit allem Lebendigen und in unmittelbarer Befriedigung sämtlicher Bedürfnisse lebt – »und siehe, es war sehr gut« (Gen 1,35). Das Wort »Paradies« entstammt dem Altpersischen und bezeichnet einen königlichen Garten. Diesen idealisierten Ort des Ursprungs erhoffen sich viele Gläubige auch wieder als Ziel: ewige Seligkeit, bei Gott sein, in seinem Garten eben (vgl. Grof 1986, 92 f.). Solche Vorstellungen von einem Garten sind in vielen Traditionen anzutreffen und weisen teilweise große Ähnlichkeiten auf.

Ins Jenseits projizierte diesseitige Erfahrungen

Es sind also die Erfahrungen der Menschen mit ihrer realen Umwelt, die die Vorstellungen des Jenseits prägen, allerdings idealisiert und zur Perfektion überhöht. Das bleibt auch in den nachbiblischen Traditionen so. In späteren *jüdischen Belehrungen* wird die Vorstellung dieses endzeitlichen Paradieses neuen Diesseits-Erfahrungen entsprechend weiterentwickelt und dabei immer wunderbarer. Es wird von einem Rabbi berichtet, dem von einem Boten aus dem Jenseits Einblick dahin gewährt wurde, und er »ließ ihn die Herrlichkeit Edens schauen, die seiner wartete. 365 Paläste, nach der Anzahl der Tage des Jahres, zeigte er ihm sowie die Seligkeit der Frommen im Hochgenusse der Herrlichkeit« (Sefer, 108).

Auch die *islamische Lehre* entfaltet die biblischen Vorgaben weiter und spart dabei nicht an reicher Fantasie. »Das Paradies wird überschwänglich als ein Ort mit unbeschreiblichen Reizen und Genüssen geschildert ... (Es) wird von wunderbaren Strömen durchzogen, Quellen von Honig und Milch sprudeln darin. Dazu kommen schattige Haine, funkelnde Edelsteine, Weihrauch, Wohlgerüche, schöne Knaben und dunkelhäutige Mädchen« (»Das islamische Totenbuch«, 30). Die Gerechten können sich im Garten Eden »niederlassen und Früchte und Getränke jeder Art verlangen, und bei ihnen sind Huris mit keuschen Blicken« (ebd., 29; Huris sind die den Gerechten zugesagten Paradiesjungfrauen, von denen wir noch mehr hören werden).

Den Verdammten dagegen droht Schreckliches: Die »Hölle, in der sie brennen werden. Welch eine elende Unterkunft ist das! Heißes Wasser und stinkenden Eiter sollen sie kosten und noch anderes mehr dieser Art« (ebd., 29; mit Bezugnahme auf die Koran-Sure 38). Etwas kommt dazu: »Die (Glücks-)Gefühle der Seligen werden noch gesteigert, wenn sie in ihren Ruhepolstern liegen und dabei die Qualen der Verdammten betrachten«, welche sie »mit Lachen und Schadenfreude« verfolgen (ebd., 29) – menschlich, allzu Menschliches noch in der ewigen Seligkeit ...

Auf diese Tendenz, eigene Erfahrungen ins Jenseits zu projizieren, stoßen wir auch bei *Jugendlichen von heute*, wenn da etwa gesagt wird: »Der Tod ist wie die gelöschte Diskette« oder »Man kommt auf den Peace-Stern«.

Auch die *ägyptische Unterwelt* ist ein Abbild dessen, was die Menschen kennen. Das Land Ägypten ist geprägt vom Nil, der es durchzieht, in der jährlichen Überschwemmung bewässert und mit seinem Schlamm befruchtet (wenigstens während Jahrtausenden, bis in den 1970er-Jahren der Assuan-Staudamm gebaut wurde ...) und der auch der Verkehrsweg für das hauptsächliche Fortbewegungsmittel damals war, die Barke. Analog ist die Unterwelt durchzogen von einem breiten Unterweltstrom und der Sonnengott Re fährt während seiner allnächtlichen Unterweltfahrt auf einer Barke, auf der es Ruderer und Lotsen gibt (vgl. Hornung 2002, 28). Im sogenannten Pfortenbuch müssen während der Reise zwölf Pforten (für die zwölf Stunden) passiert werden, ein Bild, das den Ägyptern von den zahlreichen Toren in ihren Tempeln (der größte Tempel, jener von Karnak, umfasst zehn Tore, sogenannte Pylonen) vertraut ist.

Auch sonst orientiert sich das Leben in der Unterwelt der Ägypter an ihren Erfahrungen im Diesseits. So fällt zunächst auf, wie ausführlich diese jenseitigen Gefilde beschrieben werden: Da gibt es neben Wasserläufen auch Ackerland und Wüste, und dank der Informationen aus dem Totenbuch findet der Tote sich in diesen Landschaften zurecht.

Der Unterweltfluss spendet den Seligen Toten Trinkwasser und bewässert die Getreidefelder, die sie zu bewirtschaften haben – doch damit Feudalherren, die während ihres Erdenlebens nie anstrengende Körperarbeit hatten leisten müssen, sich nicht jetzt plötzlich zu solchem verpflichtet sehen, werden ihnen Hunderte von Uschepti, kleine Tonfiguren, mit ins Grab gegeben. Deren Aufgabe ist es, die Feldarbeit ihrer Herren zu besorgen. Dazu spricht der Grabherr sie direkt an und erteilt ihnen Befehl: »Oh, ihr Uschepti, wenn ich verpflichtet werde, irgendeine Arbeit zu leisten …, dann verpflichte ich dich zu dem, was dort getan wird, um die Felder zu bestellen und die Ufer zu bewässern« (Spruch 6,1–6, Hornung 2004, 48). Auch dass die Toten mit Brot und Bier versorgt werden, wird mehrfach erwähnt: »Ich trinke einen Krug Bier jeden Abend« (Spruch 79,36), oder es wird dem Brettspiel gefrönt (Spruch 17, Einleitung, ebd., 37/59/165; vgl. ders. 2002, 41/158). Selbst die geschlechtliche Lust bleibt erhalten, ist doch im Totenbuch (Spruch 110,81f, ders. 2004, 23) von einem »Opfergefilde« die Rede, und der Verstorbene berichtet: »Ich habe Geschlechtsverkehr in ihm und … ich zeuge in ihm« – neben allen Gefahren und Prüfungen hat das Jenseits also durchaus auch seine beschaulichen und lustvollen (»paradiesischen«) Seiten … Hier begegnet der Tote auch den Göttern, die er auf Erden nur in ihren Standbildern gekannt hatte, von Angesicht zu Angesicht.

Eine weitere, überaus prägende Erfahrung im irdischen Leben schlägt sich nieder und wird bedeutend für die Existenz in der Unterwelt: Die Ägypter erleben täglich, dass die Sonne (für die alten Ägypter: der Sonnengott Re) am Abend alt und müde in die Unterwelt eintaucht (= stirbt) und am Morgen jung und frisch von dort wieder aufersteht und zu seiner neuen Tagfahrt über den Himmel sich anschickt (Wolken oder gar Regen sind äußerst seltene Phänomene in dieser Weltgegend). Auch das ist ein Aspekt der schon erwähnten Verjüngung für die Seligen Toten. Der Schlüssel zu dieser Verjüngung ist das Durchleben des Todes. Nur der Tod macht diesen Verjüngungsprozess möglich. Wie der Sonnengott jeden Abend den Tod durchlebt, um seine Verjüngung zu erfahren, wird auch der Tote im Grab wieder jung, um so in die »Gefilde des Jenseits«, wie eine der zahllosen Bezeichnungen für die Unterwelt lautet, aufzuerstehen (vgl. Hornung 2002, 9 f.). Somit wird das Grab durchaus als positiver Ort gesehen. Überhaupt wird der Tod keineswegs als Bedrohung oder etwas Negatives verstanden. Die heiligen Texte zielen nicht etwa darauf ab, ihn aufzuheben; es sollen lediglich die Gefahren, die lauern, gebannt werden (vgl. ebd., 10/31).

Grundsätzlich aber geht das Leben weiter wie im Diesseits. Darauf weisen auch die Unmengen an Grabbeigaben hin, die den Toten mitgegeben wurden: Vielerlei Geräte und Ausrüstungen für die verschiedensten Lebenslagen, Stuhl und Bett, aber auch Nahrung, Schmuck und Schmink-Utensilien, für den König Thron und Streitwagen, für den vermutlich gehbehinderten Tutanchamun Gehstöcke und vieles mehr – und die Uschepti für die anstrengenden Körperarbeiten.

Jede Nacht zieht der Sonnengott an den Seligen Toten vorbei, sie begrüßen ihn mit Gesten der Verehrung und er spendet ihnen Licht und belebenden Atem – daneben teilt er ihnen auch Güter des täglichen Bedarfes zu wie Ackerland und Kleidung (vgl. ebd., 18).

Jedoch: »Vertraut und fremdartig zugleich ist die Landschaft des Jenseits, (nämlich) von völlig anderen Dimensionen«, so durchquert der Tote dort »Millionen von Meilen« (ebd., 36). Überhaupt sind Bemühungen festzustellen, das Jenseits doch nicht bloß als ein besseres Diesseits zu verstehen, denn es wird auch als die »verkehrte Welt« dargestellt: Teilweise müssen die Texte rückwärts gelesen werden und die Barke der Sonne fährt gelegentlich Heck voran, oder es sind die Menschen kopfüber dargestellt. Auch läuft manchmal die Zeit rückwärts, doch ist genau hierin die Hoffnung begründet, dass der Tote die gewünschte und zugesagte Verjüngung erfährt (vgl. ebd., 32) – ein großes Bemühen also, das letztlich Unsagbare so vollständig wie möglich und in seiner ganzen Komplexität darzustellen.

Auch erhaltene Jenseitsbilder in der Tradition der *Maya* zeigen Flüsse, in denen sich Muscheln und Alligatoren tummeln und auf denen Kanus fahren, welche die Verstorbenen an Bord haben; im Weiteren begegnen wir auch Landschaften mit Gebäuden wie Tempel und Fürstenpaläste (vgl. Grof 1994, 76 f.).

Die Jenseits-Vorstellungen der *Tibeter* dagegen, soweit sie den Weg durch den Bardo betreffen, wie er im Totenbuch geschildert wird, sind abstrakter. Hier geht es nicht um Schilderungen von »Orten«, sondern einzig um die Visionen und die Erfahrungen, wie die Seelen der Verstorbenen sie im Bardo-Zustand machen, bevor sie sich nach 49 Tagen erneut inkarnieren. Auf nötige Differenzierungen dieser Darstellung wird im nächsten Abschnitt ausführlich eingegangen.

»Wo« ist das Jenseits?

Die Bibel

Die Frage nach dem »Wo« des Jenseits wird in den monotheistischen Religionen differenziert beantwortet. Einerseits finden wir in der Bibel Hinweise auf konkrete Orte. So wird von dem schon erwähnten »Garten Eden« berichtet, dass dort ein Strom entspringt, der sich in vier Arme teilt, deren Namen genannt werden: Pischon, Gischon, Tigris und Euphrat (Gen 2,10–14). Während über die zwei ersten bis heute spekuliert wird, gibt es die beiden anderen Flüsse noch immer unter denselben Namen. Das ist sehr konkret und real und lässt sich sogar geografisch verorten: Dieser »Garten Eden« liegt im Gebiet des heutigen Irak.

In einem abstrakteren Sinn wird auch von Himmel und Hölle gesprochen, wobei der Himmel »oben« und die Hölle »unten« lokalisiert ist. So berichtet das Erste Testament vom Propheten Elija, wie er am Ende seines Lebens mit seinem Schüler Elischa auf Wanderschaft war: »Und es geschah, während sie weitergingen und redeten, siehe, da kam ein feuriger Wagen mit feurigen Rossen und trennte die beiden voneinander, und Elija fuhr im Sturmwind gen Himmel« (2 Kön 2,11). Ebenso berichtet das Zweite Testament von Jesus, wie er nach seiner Auferweckung im Kreise seiner Jünger lehrte: Da »ward er vor ihren Augen emporgehoben und eine Wolke entzog ihn ihren Blicken« (Apg 1,9).

Andere Texte in der Bibel trennen die beiden Bereiche nicht örtlich, sondern mithilfe von Symbolen. So sind in der großen Rede vom Jüngsten Gericht (Mt 25,11–46) die Gerechten ganz einfach jene »zur Rechten« des Richters (Christus), die Verdammten jene »zur Linken«. In einem Gleichnis erzählt Jesus vom reichen Prasser, der sich nach seinem Tod »im Totenreich mitten in all seinen Qualen« wiederfand, während der arme Lazarus, der hungergeplagt vergeblich nur um das gebeten hatte, »was vom Tische des Reichen fiel«, als er starb, »von den Engeln in Abrahams Schoß getragen wurde«. Als der Reiche in seiner Qual Abraham um Hilfe anrief, antwortete dieser, dass eine solche Hilfe nicht möglich sei, denn es »besteht zwischen uns und euch eine große Kluft« (Lk 16,19–31). Hier sind die absolut gegensätzliche Qualität und die unüberbrückbare Distanz der beiden Bereiche wichtiger als eine lokale Identifikation des »Wo«.

Das alte Ägypten

Eine bemerkenswerte Entwicklung in Bezug auf das »Wo« des Jenseits ist in der ägyptischen Mythologie zu beobachten. Zu Beginn war das Jenseits »oben« lokalisiert, wo die Sonne am Tage war und wo auch die Götter lebten. Im Alten Reich wurde der Pharao als die mächtigste Gestalt des ganzen Universums gesehen. Von den ersten Pharaonen wird erzählt, dass, als sie nach ihrem irdischen Tod in der jenseitigen Welt des Himmels Einzug hielten – teilweise wurden die Pyramiden als Rampen verstanden, die dem König den Aufstieg ermöglichten –, alles erzitterte. Selbst unter den Göttern breiteten sich Furcht und Schrecken aus, wenn der Pharao ihnen rundheraus drohte, sie zu fressen (vgl. Hornung 2002, 13 f.).

Erst seit dem 19. Jahrhundert v.Chr., definitiv zu Beginn des Neuen Reiches, circa 1550, verlagerte sich das jenseitige Geschehen mehr und mehr in die Unterwelt; die Nachtfahrt der Sonne wurde das maßgebende Geschehen (vgl. ders. 2004, 21 f., und 2002, 17 ff.). Auf dieser Fahrt durch die Unterwelt war der Sonnengott Re, genauso aber auch der Tote, der jetzt mit diesem identifiziert wurde, vielerlei Gefahren ausgesetzt. Er musste zahlreiche Prüfungen bestehen und vielgestaltige bösartige Wesenheiten der Unterwelt bedrohten ihn, das wurde schon kurz erwähnt. Immer aber war der Tote (die Sonne) letztlich siegreich, immer bestand er alle Bedrohungen dank hilfreicher Unterstützung: von Göttern, die ihn begleiteten und beschützten, dank der Hilfe auch von ihm wohlgesinnten Unterweltswesen und – ganz wichtig – weil er die Namen der ihn bedrohenden Gestalten wusste und auch viele Zaubersprüche kannte, mit denen er deren Macht bannen konnte – dank des Totenbuches. So war es denn absolut gewiss, dass am Ende einer jeden Nachtfahrt die verjüngte Sonne strahlend sich erneut zur Fahrt über den Taghimmel rüstete, begleitet vom ebenso verjüngten toten Pharao beziehungsweise von anderen Toten.

Dies ist natürlich eine drastisch verkürzte und vereinfachte Nacherzählung. In den alten Texten wird dieses dramatische Geschehen über Hunderte von Seiten in teilweise langatmigen und ermüdenden stereotypen Wiederholungen breit entfaltet.

Der tibetische Buddhismus

Der tibetische Buddhismus ist bei uns in erster Linie durch sein Totenbuch bekannt. Daneben gibt es aber eine große Zahl weiterer Schriften, in denen unter anderem über das menschliche Geschick nach dem Tod und damit über das »Wo« des Jenseits gelehrt wird. Auch hier geht Tibet seinen eigenen Weg und folgt nicht der reinen buddhistischen Lehre.

So gilt, dass ein Mensch nach seinem Tod grundsätzlich in sechs Bereiche oder Welten wiedergeboren werden kann, je nach Karma, das jemand bis zu seinem Tod geschaffen hat. Da ist als schlimmste Möglichkeit die Hölle, von der sich im Bardo vor allem Mörder und andere Bösewichte angezogen fühlen – es gibt keinen Gott, der sie dazu verurteilen würde. Hier leiden sie unter extremer Hitze ebenso wie Kälte. In der Welt der sogenannten Hungergeister sind sie unerträglichem Hunger und Durst ausgesetzt. Eine Reinkarnation in den Welten der Tiere ist gekennzeichnet durch Versklavung und geistige Beschränktheit. Das Leben in der Welt der Halbgötter oder Dämonen steht unter dem Zeichen von Kampf und Streit. Die Welt der

Götter, auch als Himmel bezeichnet, gilt als sehr schön und friedlich. Aber auch hier ist der Aufenthalt zeitlich begrenzt und auch hier gibt es Leiden, nämlich Veränderung und Tod. Das Hilfreichste ist – für gewöhnliche Menschen, von einer Ausnahme werden wir gleich hören – eine erneute Reinkarnation wieder als Mensch, weil der Schritt in die Erleuchtung nur in der Menschenwelt vollzogen werden kann, wir hörten es bereits. In all diesen Welten gibt es je spezifische Formen von Leiden und es ist sicher, dass man überall irgendwann wieder sterben muss, um seinen Weg zur Erleuchtung fortzusetzen.

Neben diesen sechs Bereichen gibt es jedoch eine weitere prominente Stätte, die als Reinkarnationsort überaus erstrebenswert ist: das »Glückselige Reine Land«. Diese schwer fassbare Größe hat verschiedene hierarchische Stufen. Die höchste scheint so etwas wie eine tibetische Version des Nirvana zu sein oder doch eine unmittelbare Vorstufe davon. Es ist »ein Paradies immerwährenden Friedens und ewiger Freude, eine Wohnstatt der Buddhas und anderer erleuchteter Wesen ... Dann gibt es unzählige Reine Länder – Welten des Friedens und der Freude, die von Buddhas in verschiedenen Formen offenbart werden, damit glückselige Wesen sich an ihnen erfreuen können« (Thondup, 396). Es sind »Wohnorte von hoch entwickelten Wesen«, die bereits große Verdienste erworben haben (ebd., 259).

Dieses Reine Land kann noch in materiellen Begriffen umschrieben werden und hat damit Ähnlichkeiten mit den Welten der Götter und der Menschen. So hat es »dimensionale Strukturen ... Größe und Entfernungen sowie eine relative Zeitzone«. Aber »es ist ein himmlisches Land, das tatsächlich im Himmel (und nicht im Meer oder auf der Erde – sic) liegt und voller kostbarer Substanzen ist« (ebd., 265). Es ist durchsetzt mit Bäumen aus Gold und Silber, die süßen Duft verbreiten (vgl. ebd., 266). Besondere Aufmerksamkeit verdient der »mit hinreißenden Blättern, Blumen und Früchten« versehene »Baum der Erleuchtung«, der umgerechnet ungefähr 4,4 Millionen Kilometer hoch ist (die Tibeter lieben das Spiel mit Zahlen!). Im Gegensatz zum biblischen Paradies ist hier das Essen der Früchte ausgesprochen empfohlen, da so die geistige Entwicklung gefördert wird, was als erstrebenswert gilt (vgl. ebd., 268). Daneben trifft man im Reinen Land auf Seen, in die man über »Stufen aus kostbaren Edelsteinen« hinabsteigen kann und – besonders angenehm – deren Wassertemperatur sich immer den Präferenzen der jeweils Badenden anpasst. Man braucht nicht mehr zu essen, kann aber trotzdem »Köstlichkeiten aller Art« genießen, allein durch deren Anblick (vgl. ebd., 266 f.). Von größter Bedeutung jedoch ist der Umstand, dass es hier keine Leiden, keine Schmerzen und Krankheiten mehr gibt, »sondern nur unermesslich viele Ursachen für Glück« (ebd., 265 f.). Der historische Buddha Shakyamuni lehrte, dass dieses Reine Land »der erfreulichste und kraftvollste Ort (ist), um der Erleuchtung näher zu kommen. Jeder, der Wiedergeburt im Glückseligen Reinen Land annimmt, wird spätestens nach einer Lebenszeit dort ... vollständige Erleuchtung erlangen« (ebd., 260). Wer sich also besonders hohe Verdienste erworben hat, muss unter Umständen nicht mehr in der Menschenwelt inkarnieren, wo es noch Leid und Tod gibt, sondern kann im Glückseligen Reinen Land seinen Weg vollenden.

Inspirationen für unsere Praxis

Für viele Gläubige der monotheistischen Religionen sind die Vorstellungen des Paradieses beziehungsweise des Himmels für die Seligen, aber auch der Hölle für die Verdammten konstitutiv für ihr Glaubensleben – mit hilfreichen ebenso wie mit schwierigen Konsequenzen. Ein extremes Beispiel: Für muslimische »Märtyrer für den wahren Glauben« (andere verstehen sie als »islamistische Terroristen«) ist die Verheißung, ohne Gericht sofort ins Paradies zu gelangen und dort den Huris zu begegnen, ein echtes Motiv für ihr zerstörerisches Handeln – eine tragisch verzerrte Wahrnehmung von an sich aufbauenden Aussagen im Koran! Andere Gläubige dieser Religionen schöpfen aus der Spannung zwischen Himmel und Hölle den

Ansporn, sich eines tugendhaften Lebens zu befleißigen, um möglichst der ewigen Seligkeit teilhaftig zu werden und in den Himmel zu gelangen. Ich habe selbst christlich Gläubige in ihr Sterben begleitet, die im Vertrauen, dass sie zum »lieben Vater« (in der Sprache von Jesus: abba) »heimgehen« werden, in Ruhe und Frieden gestorben sind.

Andere werden heute wohl eher die Ermahnungen des tibetischen Totenbuches befolgen, alle konkreten Bilder als Projektionen des eigenen Verstandes und nicht als »objektive Realität« zu verstehen und sie also zu übersteigen (mehr dazu im zweiten Teil unserer Studie). Solche Menschen werden ihre spirituelle Praxis vielleicht an den buddhistischen Meditationsregeln – am ausgeprägtesten im Vipassana der Zen-Tradition – orientieren, wo sie angehalten sind, überhaupt alle Gedanken zur Ruhe kommen zu lassen und in dieser wunderbaren inneren Ruhe zu verweilen, einfach zu »sein«.

Jeder Mensch ist aufgerufen, seine eigene Wahrheit zu finden und ihr gemäß zu leben, eine Wahrheit, aus der – das ist mir ein großes Anliegen – auch im Angesicht des Todes, des eigenen ebenso wie des fremden, Hoffnung geschöpft werden kann. Für mich als Begleiter gilt, dass alles, was Vertrauen und Hingabe einerseits, aber auch eine bejahende Haltung zu den Mitmenschen und zur Mitschöpfung (= Liebe) andererseits schafft, es wert ist, unterstützt und bestärkt zu werden. Wir sind da erneut mitten im Thema des Blumenstraußes (zur Vertiefung vgl. Looser 2008, 43 ff.). Wichtig ist aus meiner Sicht einzig, dass wir alle, auch Sie, lieber Leser, liebe Leserin, unsere spirituelle Praxis finden und auch tatsächlich pflegen und diesen »letzten Dingen« unseres Lebens den ihnen gebührenden Raum geben.

Ins Licht eingehen

Immer häufiger lesen wir in Todesanzeigen, dass die Verstorbenen »ins Licht eingegangen« seien. Diese erst seit kurzer Zeit so oder ähnlich vermehrt verwendete Formulierung drückt ein Bewusstsein aus, das gegenwärtig rasche Verbreitung findet, dass Sterben mit der Erfahrung eines intensiven Lichtes verbunden ist. Wie so vieles, was wir heute »neu« entdecken, ist auch dies tatsächlich ein uraltes Wissen, dem wir in zahlreichen Zeugnissen alter Kulturen begegnen.

Für das Volk der *Ägypter* ist die Erfahrung des Lichtes bis heute bestimmend und prägend für ihr Leben. Täglich erfahren sie es von Sonnenauf- bis -untergang, vor allem in den Sommermonaten so grell und heiß und intensiv, dass, wer kann, sich davor in den Schatten flüchtet. Der ursprüngliche ägyptische Titel für das Totenbuch lautet »Pert emhru«, was die Forscher mit »Erscheinen im Licht« (Grof) oder »Das Buch vom Herausgehen am Tage« (Hornung) übersetzen. In beiden Fällen wird auf die aufgehende Sonne Bezug genommen. So wird eines von allem Anfang an deutlich: Da es sich beim Inhalt des Totenbuches um die Unterwelt handelt, geht es eigentlich um ein mystisches Licht, welches aber direkt in Beziehung gesetzt wird zu dem so intensiv und prägend erfahrenen Licht der Sonne; ja, eigentlich lassen sich die beiden gar nicht voneinander trennen.

Das sehen auch die alten ägyptischen Texte so. In einem der Unterweltsbücher, im Höhlenbuch, bitten die Seligen Toten den vorüberziehenden Sonnengott: »Erleuchte uns, Re, mit deinem Licht, lass die Erde zufrieden sein durch den Anblick deiner Sonnenscheibe« (Hornung 2002, 403). An anderer Stelle heißt ein Lobpreis der Seligen Toten an Re: »Heil, Re hat triumphiert! ... Herr der Sonnenscheibe ... der die Erde erleuchtet« (ebd., 90). Im Totenbuch wird er immer wieder als »Herr des Lichtes« angesprochen (ders. 2004, 84/173 u.v.a.). Die Seligen Toten in der Unterwelt warten sehnlichst darauf, bis er jede Nacht erneut bei ihnen vorbeikommt: »O komm zu uns, du Herr der Sonnenscheibe, und nähere dich, komm zu uns, du mit dem großen Licht!« (ders. 2002, 357). Und Re ruft den Toten zu: »Öffnung sei euren Schreinen, damit mein Licht eintreten kann in eure Dunkelheit!« (ebd., 209). Und dann ist er da, der große Moment: »Sie (die Seligen Toten) sehen das Licht seiner Sonnenscheibe, und sie jubeln über ihn, wenn sie ihn sehen« (ebd., 340). Die Verdammten dagegen sehen ihn nicht: »Ihr seht nicht die Strahlen, ihr habt keinen Anteil an meinem Licht!« (ebd., 351). Ja, das ist ein Aspekt des Wesens der Verdammnis: »Vernichtet sind die Feinde ... die Finsteren und Lichtlosen, diese Feinde des Osiris« (ebd., 393).

Eine Lichterfahrung ganz anderer Art, aber auch aus dem Leben gegriffen, inspiriert die *Inuit*, die Bewohner der nördlichsten Regionen unserer Erde, dazu, das Jenseits als lichtvoll zu verstehen: Hier ist es das Nordlicht, aus dem heraus die Geister aus dem Jenseits den Menschen erscheinen (vgl. Grof 1986, 91).

Licht spielt in den Jenseitsvorstellungen der *Maya* ebenfalls eine Rolle, wenn hier auch wie so oft vieles unklar und Spekulation ist. Dem Verständnis von Paul Arnold zufolge lebt der Tote nach dem Tod eine Zeit lang in Lethargie und Finsternis. Daraus sollen ihn die schon erwähnten Rituale der Menschen auf der Erde befreien. Und wenn er dann zur Reinkarnation bereit ist, fängt er an, ein Licht auszustrahlen, und erkennt so den Weg zur Reinkarnation. Dabei folgt er, wie schon erwähnt, dem Weg, den die Wolke aus Weihrauch ihm aufzeigt (vgl. Arnold, 98–101).

Überaus prominent ist die Bedeutung des Lichtes im Weiteren in den *tibetischen Belehrungen*. Für die Verstorbenen beginnt der Weg durch den Bardo sofort mit einer intensiven Lichtbegegnung. Die erste Phase (der erste von drei Bardos während der 49 Tage) steht unter dem Titel: »Das Klare in den Augenblicken des Todes gesehene Urlicht« (Evans-Wentz, 164). Entsprechend wird im Moment »der letzten Ausatmung«, wie es heißt, also ganz zu Beginn der Lesungen, der Verstorbene darauf verwiesen: »Sohn der Edlen, höre! Dir wird nun das reinste Licht des Wahren Seins aufleuchten. Dies musst du erkennen« (Dargyay, 93).

Der Buddhismus kennt keinen Gott im monotheistischen oder ägyptischen Sinne. Entsprechend wird das Licht anders gedeutet: Es ist das Aufscheinen des Wahren Wesens des Verstorbenen, das Leuchten seiner eigenen Seele, »weil alle fühlenden Wesen bereits eine erleuchtete Essenz ... in sich tragen. Diese Essenz ist immer da, und jedes Wesen, das einen Geist besitzt, ist davon durchdrungen« (Nyima, 111). Für Buddhisten ist das Ziel des Weges durch die materielle Welt die Erleuchtung, die Erkenntnis. So weist das Licht auch auf die Möglichkeit und Fähigkeit des Menschen, zu erkennen, hin: »›Klares Licht‹ (heißt) so viel wie ›frei von der Dunkelheit des Nichtwissens und mit der Fähigkeit des Erkennens versehen‹« (ebd., 180). Ergänzend wird von »der strahlend leuchtenden Natur des Geistes« gesprochen, sodass letztlich gesagt werden kann: »Wir sind das Licht und das Licht ist wir: Alles ist eins« (Thondup, 115 / 123).

Auch in den *biblischen Schriften* kommt dem Licht eine große Bedeutung zu: Gott erscheint dem Menschen in der Gestalt von Licht oder anders gesagt: Wenn Gott oder ein Gottesbote (Engel), wenn das Göttliche in das menschliche Leben einbricht, erfährt der Mensch dies als Licht, so etwa bei Moses und dem brennenden Dornbusch, der aber nicht verbrennt (vgl. Ex 3,1–6). Das Volk Israel wird beim Auszug aus Ägypten von Gott begleitet in der Gestalt einer Wolkensäule am Tag, einer Feuersäule in der Nacht (vgl. Ex 13,21 f.).

Dieses Element des Lichtes begegnet uns auch im Zweiten Testament wieder, wenn etwa von den Engeln, die den Hirten die Geburt des Messias verkünden, gesagt wird: »Die Herrlichkeit des Herrn umstrahlte sie« (Lk 2,9, vgl. Looser 2001, 222 f.).

Einen Höhepunkt erfährt diese Lichtsymbolik im Zweiten Testament, wenn Jesus im Johannes-Evangelium von sich sagt: »Ich bin das Licht der Welt. Wer mir folgt, wird nimmermehr in der Finsternis wandeln, sondern das Licht des Lebens haben« (Joh 8,12). Der Messias, der Erlöser, der Gottessohn also ist selbst das Licht, das Licht der

Welt. Entsprechend ruft Paulus den Gläubigen in Tessaloniki in Erinnerung: »Ihr alle seid Söhne des Lichtes und Söhne des Tages. Wir gehören nicht der Nacht und der Finsternis an« (1 Thess 5,5).

Dieses Wissen um den Lichtcharakter der Transzendenz (Gottes) prägt auch die spätere *jüdische Tradition* der Gebete und Betrachtungen. So wird für einen Sterbenden gebetet: »Herr, allmächtiger Gott, lass ihm dein Antlitz leuchten, dass er die vom Lichtglanz umstrahlte Herrlichkeit deiner Majestät schaue.« Konsequenterweise wird – wir sahen es – das Sterben als durchaus positiv gesehen. So möge der Sterbende bedenken, »dass seine Seele nun aus der Finsternis zum Lichte übergeht«. Am Grabe eines Angehörigen wird gebetet: »Ruhe sanft in deinem Grabe ... bis dich der Geist Gottes erwecken wird und du am Ende der Tage zu neuen Freuden auferstehen wirst, zu dem Lichte ..., das der Ewige seinen Frommen aufbewahrt« (Sefer, 51/137/8*).

Gott ist Licht, aber auch die Seele des Menschen ist Gottes Licht, wie eine rabbinische Belehrung mit Berufung auf das Buch der Sprüche (20,27) betont, wo es heißt: »Des Menschen Odem ist eine Leuchte Jahwes«, ebenso aber auch das göttliche Gesetz (Spruch 6,23): »Eine Leuchte ist das Gebot, die Belehrung ein Licht« (vgl. Sefer, 25*).

In der späteren *christlichen Tradition* begegnen wir dieser Lichtsymbolik ebenfalls. In der Schrift aus der Gattung der »ars moriendi«, »»Discursen« oder Predigen von einem seeligen Ende« aus dem Jahre 1666 wird von einem verstorbenen Mönch erzählt, der noch einmal in die Welt der Lebenden, und zwar in ein Kloster, zurückkehrte, um dort einem Mitbruder von seiner Todeserfahrung zu berichten. Er schildert, wie sowohl Engel wie auch Teufel sich um seine Seele stritten und er schon befürchtete, verdammt zu sein. »Bald darauff aber gienge mir wieder ein Liecht zu ... da sahe ich auch mit meinem grösten Trost, dass ich nit verdampt war durch die Barmherzigkeit Gottes« (»Discursen«, 315). Bis heute wird in der katholischen Totenliturgie für die Verstorbenen gebetet, wir sagten es schon: »Das ewige Licht leuchte ihnen.«

Eine *muslimische Tradition* schließlich erzählt von einer Zwiesprache zwischen Gott und Moses, während welcher Gott dem Moses für verschiedene gute Werke, die dieser in seinem Leben getan hatte, eine Belohnung in Aussicht stellt. Dabei heißt es unter anderem: »Was aber das Gedenken meines Namens anbelangt, so erhältst du Licht« (»Das islamische Totenbuch«, 147).

Die Frage nach der Inspiration für unsere Praxis stellen wir vorerst zurück, denn das zentrale Thema des Lichtes wird uns im zweiten Teil unserer Studie noch ausführlich beschäftigen.

Das Jüngste Gericht

Im Leben von Martin Luther (1483–1546) gab es eine Frage, die ihn über lange Jahre bedrängte, die ihn ruhelos umtrieb: »Wie finde ich einen gnädigen Gott?« Die Frage stellte sich ihm angesichts der in der christlichen Lehre und Verkündigung seit frühesten Zeiten stets präsenten Drohung mit dem Gericht, dem »Jüngsten Gericht« am Ende aller Tage – eine Drohbotschaft, die sozusagen als Schatten (als polare Ergänzung!) der Frohbotschaft von der Erlösung dieser immer auf dem Fuß folgte. Über lange, allzu lange Jahrhunderte hatte sie diese sogar vom ersten Platz in der Hierarchie der Inhalte der kirchlichen Verkündigung verdrängt. Unzählige Menschen haben im Laufe der Jahrhunderte schreckliche Todesängste durchlitten und durchleiden sie teilweise bis heute, weil ihr Sterben unter der Drohung dieses schrecklichen Gerichtes steht, in dem zu bestehen, so wurde und wird ihnen gesagt, sie von vorneherein keine Chance haben – daher Luthers Frage nach dem gnädigen Gott.

Bis heute ist in unserem Kulturraum die Idee eines letzten Gerichtes im Bewusstsein von nicht wenigen Menschen von Bedeutung. Dies nicht nur in der Gestalt einer ängstigenden Drohung, sondern durchaus auch als Zuversicht – Zuversicht, dass sich zuletzt eine »ausgleichende Gerechtigkeit« durchsetzen wird.

Nach dem Zweiten Weltkrieg, als die Gräuel der Tötungsmaschinerie der Nazis allgemein bekannt geworden waren, stellte sich Gläubigen ebenso wie Theologen nicht nur die Frage: »Kann man nach Auschwitz noch an einen liebenden Gott glauben?« Vielmehr setzte sich in einer Art trotziger Gewissheit die Hoffnung durch, dass »die Täter nicht in alle Ewigkeit über die Opfer triumphieren« würden, mit anderen Worten, dass zuletzt – mindestens in der geistigen Welt – die Gerechtigkeit siegen wird.

In einer im Jahre 2009 in Deutschland durchgeführten Straßenumfrage zu Gericht und Strafe nach dem Tod meinte ein etwa 30-jähriger Mann, er glaube, »dass es irgendwo eine Gerechtigkeit gibt, die dann auch gilt, die aber über unsere Vorstellung hinausgeht – und das hilft« (Film »Rosas Höllenfahrt«). Oder nach einem islamistischen Terroranschlag auf einen christlichen Gottesdienst in Alexandria an Silvester 2010, der zahlreiche Todesopfer forderte, schöpfte eine Frau, die in ihrer Familie einen Toten zu beklagen hatte, Hoffnung aus der Zuversicht: »Gott wird uns rächen« (Schweizer Radio, Mittags-Info 7.1.2011).

Die Botschaft des »Jüngsten Gerichts« hat also neben der Angst, die sie erzeugen soll, um die Menschen zu einem sittlichen Lebenswandel zu bewegen, durchaus auch die Funktion, Hoffnungsträgerin zu sein, dass es letzten Endes einen Ausgleich geben wird, dass Unrecht, das einen selbst ereilt hat oder dessen Zeuge man geworden ist (auch indirekt über die Medien), letztlich ausgeglichen werden wird. Dies bedeutet faktisch in aller Regel, dass die Täter, die Unrecht verüben, selbst wenn sie der menschlichen Gerichtsbarkeit zu entkommen vermögen, am Ende aller Tage zur Rechenschaft gezogen und ihrer »gerechten Strafe« zugeführt werden.

Ein archetypisches Symbol

Dieses Bedürfnis nach Gerechtigkeit ist offensichtlich sehr tief in der menschlichen Seele verankert, so tief, dass es wohl den Archetypen im kollektiven Unbewussten des Menschen zuzuordnen ist, welche C.G. Jung in die Diskussion um das Verstehen der menschlichen Seele eingebracht hatte und wie folgt umschrieb: »Die Archetypen sind etwas wie Organe der prärationalen Psyche. Es sind ewig vererbte, identische Formen und Ideen«, die sich in unterschiedlicher Intensität in jedem Menschen finden (Jung, 49). Nur so lässt es sich erklären, dass die Lehre eines Gerichtes am Ende eines Lebens beziehungsweise am Ende aller Zeiten praktisch omnipräsent ist und in den verschiedensten und gegensätzlichsten religiösen Traditionen und Kulturen seit je in irgendeiner Form ihren Niederschlag gefunden hat, neben den bekannten Weltreligionen auch in Indien, China, Japan und bis nach Mittelamerika (vgl. Grof 1984, 16). Auch hier konzentrieren wir uns in unseren Erörterungen auf die uns bereits vertrauten Quellen.

Das alte Ägypten

Zu den ältesten – auch hier! – und ausführlichsten Darstellungen des Gerichtes gehören die Schilderungen in den Texten und Bildern der alten Ägypter. Schon die ersten Verse des ersten Spruches im Totenbuch handeln davon. Da spricht Thot, der ibisköpfige Gott, dem in vielen Situationen, so auch im Gericht, die Aufgabe des Protokollführers übertragen ist: »Ich bin einer von jenen Göttern des Tribunals, das Osiris über seine Feinde triumphieren lässt, an jenem Tag des Gerichts« (Spruch 1,1–4, Hornung 2004, 41). Osiris ist als Herrscher der Unterwelt auch der oberste Richter im Gericht – dessen Stätte wird auch »Gerichtshalle des Osiris« genannt. Seine »Feinde« sind all jene, die im Gericht nicht zu bestehen vermögen und der Verurteilung anheimfallen.

Hornung führt aus, dass die Vorstellung einer nachtodlichen Prüfung der Verstorbenen in der Gestalt einer Gerichtssitzung bis in das ausgehende Alte Reich (ca. 2200 v. Chr.) zurückgeht, also sehr, sehr alt ist (vgl. ebd., 28 f.).

Grundsätzlich heißt schuldig werden für die alten Ägypter, die Weltordnung zu stören, die Weltharmonie, wofür auch der Begriff Gerechtigkeit verwendet wird. »Gerechtigkeit üben« heißt also, die Grundharmonie, die der Welt innewohnt, zu erhalten, zu respektieren und zu fördern. Für diese Weltharmonie gibt es natürlich eine Gottheit, nämlich die Göttin Maat. Ihr Symbol ist eine Feder.

Das Gericht wird nun so vorgestellt, dass ein Gott (der schakalköpfige Anubis) den Toten in den Gerichtssaal vor Osiris führt, wo eine Waage bereitsteht. In der einen Schale ist die Feder der Maat, in die andere wird das Herz des Toten gelegt. Unter der Waage lauert das Ungeheuer Amemet, die Herzverschlingerin, eine Mischung aus Krokodil (Schnauze), Löwe (Vorderleib) und Nilpferd (Hinterleib); gierig lauert sie, bereit, dieses Herz sofort zu verschlingen, falls sich die Schale mit dem Herzen als schwerer erweisen und senken sollte. Dieser mögliche Ausgang des Gerichtes bedeutet das absolute Ende, kein Weiterleben in der Unterwelt, die totale Vernichtung – das schlimmste Geschick, das einem überhaupt widerfahren kann. Der ibisköpfige Gott Thot protokolliert alle diese Vorgänge und Ergebnisse in einem Buch.

Dieses Gericht ist ein zentrales Thema in der Eschatologie der Ägypter, an unzähligen Stellen taucht es in immer wieder neuen Aspekten auf. Dabei stehen gelegentlich auch verschiedene Auffassungen in Konkurrenz zueinander. So schildert das Pfortenbuch (eines der Unterweltsbücher) den Vorgang in rigoroser Strenge: Osiris und seine Beisitzer »fällen eine klare Entscheidung«, ohne Wenn und Aber, »eine Rechtfertigung oder Verdammung. Das Urteil stützt sich auf das Verhalten im Diesseits« (Hornung 2002, 42).

Das Totenbuch dagegen rechnet auch hier mit der Wirkung der Magie. Zu den Sprüchen, die den Toten mit ins Grab gegeben werden, gehört das sogenannte »negative Bekenntnis«. Da zählt der Tote alle möglichen Untaten auf, die er *nicht* begangen hat, und hofft so, das Urteil beeinflussen zu können, etwa: »Ich habe kein Unrecht gegen Menschen begangen und ich habe keine Tiere misshandelt ... ich habe keinen Gott beleidigt, ich habe kein Waisenkind an seinem Eigentum geschädigt ... ich habe nicht Schmerz zugefügt und ... keine Tränen verursacht« (Spruch 125,13 f.20 f.24 f.; Hornung 2004, 234) – so geht es seitenlang weiter. Deutlich wird dabei die umfassende Bedeutung von »Maat«. Sie betrifft die Beziehung Mensch – Gott ebenso wie die Beziehung der Menschen untereinander und des Menschen zu den Tieren: Überall muss die Maat verwirklicht werden.

So kann dieser Prozess in »der Halle der vollständigen Wahrheit«

(eine andere Bezeichnung für die Gerichtsstätte) bei einem positiven Ausgang nicht nur zum Freispruch führen – in jenen Fällen, in denen der Tote schon zu Lebzeiten die Maat verwirklicht hat –, sondern der Vorgang kann auch darauf hinauslaufen, »den Verstorbenen von allen bösen Handlungen zu befreien, die er begangen hat« (ebd., 233). In der »Fachsprache« wird zum Angeklagten am »Tag der großen Prüfung« gesagt: »Dein Name wurde gerechtfertigt in der Gegenwart der Götter« (Spruch 177,26; ebd., 373) – sozusagen ein göttlicher Gnadenakt. Das höchste Ziel für den Verstorbenen ist jedoch nicht bloß ein solcher wie auch immer motivierter Freispruch, vielmehr möchte er »selbst Recht sprechen und in die Rolle des Richters eintreten«. Dies bewahrt ihn nicht nur vor der ungeliebten Landarbeit im Jenseits, sondern diese Stellung der Überlegenheit bringt auch sonst zahlreiche Vorteile (vgl. ebd., 30). Das höchste Ziel ist sogar – Bescheidenheit scheint hier fehl am Platze –, selbst zum Vorsitzenden des Gerichtes zu werden: »Osiris anzubeten und zum Ältesten des Tribunals zu werden« (ebd., 385).

Bibel und Koran

Im Umfeld unserer heutigen mitteleuropäischen, also ursprünglich christlich geprägten Kultur erkennen viele Menschen im Gedanken an ein letztes Gericht keinen Sinn mehr. Oft wird er ausgeblendet oder sogar ausdrücklich abgelehnt als nicht vereinbar mit dem gütigen Gott. Auf der anderen Seite spielt dieses Gericht in Gruppierungen, die eine rigide Glaubenshaltung predigen und befolgen, eine zentrale Rolle, ständig ist davon die Rede. Dabei beruft man sich stets auf die Bibel – und dies mit vollem Recht! Im *Ersten Testament* kommt dem Gericht großes Gewicht zu, es wird an unzähligen Stellen erwähnt – in den Psalmen, der Weisheitsliteratur und den Propheten ist davon die Rede. Dabei hat etwa in der »Weisheit des Salomon« der soziale Aspekt besondere Bedeutung. Ausführlich wird geschildert, wie die Reichen und Mächtigen beschämt ihr Unrecht erkennen müssen und der arme, sprachlose, sozial benachteiligte Gerechte, den sie verlacht haben, in sein Recht gesetzt wird (vgl. Weish 4,20–25). Auch Jesus Sirach setzt einen besonderen Akzent: »Vor dem Tod preise niemanden glücklich, denn an seinem Ende erkennt man den Menschen« (Sir 11,25), was heißt, dass das wahre Wesen eines Menschen erst im Gericht offenbar wird. Vor allem zur spätjüdischen Zeit, also in den letzten beiden Jahrhunderten vor der Zeitenwende, rückte dieses Anliegen in den Mittelpunkt des Interesses. Man nennt diese Epoche auch die Apokalyptik und bezeichnet damit eine endzeitliche Geisteshaltung, welche in Bälde die verheißene Ankunft des Messias und damit des Weltunterganges und des Endgerichtes erwartete.

Groß ist diese Bedeutung des Gerichtes. Im vertrauten Kreis meinte ein Fachmann: Wer das Gericht und die damit verbundene mögliche ewige Verdammnis nicht wahrhaben wolle, müsse etwa ein Drittel des Ersten Testamentes wegstreichen.

Auch im *Zweiten Testament* ist der Gedanke präsent. So schildert Paulus ausführlich (Röm 2,5–10) »den Tag des Zornes und der Offenbarung des gerechten Gerichtes Gottes, der jedem vergelten wird nach seinen Werken ...«

In den Aussagen Jesu, so wie die Evangelien sie überliefern, wird eine gewisse Spannung spürbar zwischen einerseits der grenzenlosen Liebe Gottes zu den Menschen, die auch Jesus verwirklicht, und andererseits der Unerbittlichkeit des göttlichen Richters. Auf der einen Seite steht etwa der sogenannte Heilandsruf (Mt 11,28 f.): »Kommt zu mir alle, die ihr mühselig und beladen seid; ich will euch erquicken ... ich bin sanftmütig und demütig von Herzen, und ihr werdet Ruhe finden für eure Seelen.« Oder auch Jesu Verheißung am letzten Abend vor seinem Tod im Kreis seiner Treuen: »Im Hause meines Vaters sind viele Wohnungen ... Ich gehe, um euch einen Platz zu bereiten. Und wenn ich gegangen bin und euch einen Platz bereitet habe, komme ich wieder und werde euch zu mir nehmen« (Joh

14,2 f.) – von einem Gericht und der daraus folgenden möglichen Verdammung findet sich an solchen Stellen keine Spur.

Auf der anderen Seite steht die berühmte, schon einmal erwähnte Gerichtsrede (Mt 25,31–46). Hier werden unerbittlich die Schafe (= die Gerechten) von den Böcken (= die Sünder) geschieden; den Ersten wird das göttliche Reich der Glückseligkeit geschenkt, »das Euch seit Grundlegung der Welt bereitet ist« (Vers 34), die Zweiten aber trifft der Bannstrahl: »Hinweg von mir, Verfluchte, in das ewige Feuer, das dem Teufel und seinen Engeln bereitet ist« (Vers 41).

Da stellen sich ernsthafte Fragen: Hat sich Jesus in derartige Widersprüche verwickelt? Die zeitgenössische Exegese erkennt einen Ausweg aus diesem Dilemma, indem sie in Erwägung zieht, dass auch Jesus eine geistige Entwicklung durchlaufen hatte. Zu Beginn seines Wirkens stand er noch unter dem Einfluss seines Lehrers Johannes des Täufers, welcher seinerseits tief im apokalyptischen Denken verwurzelt war. Im Laufe der Zeit wurden Jesus tiefere Einsichten zuteil und er erkannte und lehrte mehr und mehr Gottes bedingungslose Liebe – und zwar nicht nur als theoretische Lehre. In seinem Sterben hat er dieses Vertrauen auf eindrückliche Art unter Beweis gestellt. Gemäß dem Lukas-Evangelium lauteten seine letzten Worte am Kreuz: »Vater, in deine Hände empfehle ich meinen Geist« (Lk 23,46). Im Blick auf das Zweite Testament heißt das, dass der Gedanke des Gerichtes zweifellos da ist, authentisch wohl bei Paulus, dass er aber im Leben und Lehren bei Jesus eine immer geringere Rolle spielte.

Die entstehende *christliche Theologie* aber sah sich von allem Anfang an vor das scheinbar unauflösbare Dilemma gestellt: Ist Gott allgerecht oder allgütig? Beides lässt sich biblisch begründen. Sowohl Erstes wie Zweites Testament preisen Gottes unbestechliche Gerechtigkeit ebenso wie seine bedingungslose Güte.

Im *Koran* schließlich ist das Gericht eines der zentralen Themen überhaupt. Im »Islamischen Totenbuch« (S. 26) heißt es im Kommentar zur schon zitierten Sure 36: »Wenn man heute die Botschaft

Mohammeds in Kürze zusammenfassen wollte, würde man sagen, sie bestehe aus dem Glauben an Allah und an das Jüngste Gericht. Der Fromme soll nicht nur daran glauben, sondern es auch fürchten.«

Eine weitere Spannung in der Gerichtsthematik entsteht aus dem Umstand, dass es eigentlich um zwei »Gerichtstermine« geht, die in den Traditionen unterschiedlich dargestellt werden: das individuelle Gericht sofort nach dem Tod und das »Jüngste Gericht« für alle am Ende aller Tage. Hier hat einzig der Islam zu einer klaren und damit auch verbindlichen Antwort gefunden. Da gibt es sozusagen eine »erste Befragung« schon im Grab, sehr schnell nach der Beisetzung. Zwei Engel mit Namen Munkar und Nakir, »zwei furchtbare Engel«, steigen herab, »welche mit ihren Krallen die Erde auseinanderreißen« und den Toten einer ersten Glaubensprüfung unterziehen. Wenn er sich zu Allah und dem Propheten und zum Islam als seinem Glauben bekennt – und schon während seines Lebens bekannt hat! –, sprechen die Todesengel zu ihm: »Schlafe sanft, wie der Bräutigam schläft!‹ Dann öffnen sie an der Seite seines Hauptes ein Fenster, und durch dieses sieht er auf den ihm bestimmten Ort und Sitz im Paradies« (»Das islamische Totenbuch«, 89).

Wenn aber jemand als Ergebnis seiner Lebensführung diese Glaubensprüfung nicht besteht, ertönt eine Stimme: »Schlagt ihn mit der eisernen Keule«, das Grab verengt sich und presst ihn zusammen und Feuer bricht aus. »Dann öffnet er (der Todesengel) vor ihm eine Pforte der Hölle, und er sieht auf den für ihn bestimmten Platz. Dieser Zustand hört aber nicht früher auf, als bis die Stunde des Jüngsten Gerichts eintritt« (ebd., 93).

Der Ursprung

Wir haben die Vorstellung eines Gerichtes oben mit den Archetypen in der menschlichen Psyche in Verbindung gebracht. Im alten Ägypten fand sie erstmals breite Entfaltung und meine Vermutung ist, dass sie von dort in die Bibel gekommen ist. Das »Volk Israel« – so die offizielle Tradition, tatsächlich war es nur ein kleiner Teil der Stämme, die sich später unter der Führung von Josua, des Nachfolgers von Moses, im Gottesbund zum Volk zusammengeschlossen haben (vgl. Jos 24) –, die Israeliten also lernten die Gerichtsidee während der Gefangenschaft in Ägypten kennen und nahmen sie wohl beim »Auszug aus Ägypten« (vgl. Ex 12,37 ff.) in ihrem Glauben ganz einfach mit. So fand sie in den beiden Testamenten der Bibel ebenso wie später im Koran ihren Niederschlag. Wir werden bald von einzelnen Elementen der Gerichtstheologie in den späteren Traditionen zu sprechen haben, die eindeutig ägyptischen Ursprungs sind und die sich mit dem Gedankengut der spätjüdischen Apokalyptik problemlos vermischten.

Eine Bestätigung dieser These liefert der esoterische Zweig der jüdischen Tradition, die im Mittelalter verbreitete sogenannte »Kabbala«. Hier ist unter anderem ausführlich vom Gericht die Rede – davon später mehr. Der Begriff »Kabbala« ist ursprünglich ein ägyptisches Wort, das hebraisiert wurde.

Die monotheistischen Traditionen

Entsprechend des großen Gewichtes, das der Gerichtsthematik in den heiligen Schriften zukommt, haben sich die konkreten Vorstellungen davon im Laufe der verschiedenen Traditionen – zum Teil parallel, zum Teil unterschiedlich – reich entfaltet.

Eine große Gemeinsamkeit ist der *Schrecken*, den das Gericht auslöst. »Dies (sprich: di-es) irae« (= Tag des Zornes) heißt der Gerichtstag in einem Gebet der traditionellen katholischen Totenmesse, das bis in die 60er-Jahre des letzten Jahrhunderts gebetet wurde (vgl. »Sonntagsmessbuch«, 1198 ff.). In einer jüdischen Tradition wird der Mensch ermahnt: »Du gehst jenem furchtbaren, schrecklichen Tage entgegen, von dem sich niemand loskaufen kann. Und nun, o Mensch, wohin willst du um Hilfe flüchten, wer soll dir Schutz gewähren?« (Sefer, 140). Dass die islamische Predigt ausdrücklich darauf ausgerichtet ist, Angst vor dem unausweichlichen Gericht zu erzeugen, haben wir bereits gesehen.

Eingeleitet wird dieser Tag des Schreckens durch einen Posaunenstoß, bei dem alles erbebt, auch dies ein Element aus der spätjüdischen Apokalyptik. In der katholischen Totenmesse heißt es im oben erwähnten Gebet: »Die Posaun' im Wundertone dringt durch Gräber jeder Zone, sammelt alle vor dem Throne. Staunen wird da Tod und Leben, wenn die Wesen sich erheben, Antwort vor Gericht zu geben« (»Sonntagsmessbuch«, 1198 f.).

Die islamische Botschaft ist detailreicher: Hier ist der Engel Israfil »Inhaber des Horns ... Wenn dann die Dauer der Welt zu Ende gegangen ist«, heißt es weiter: »Gott spricht zu Israfil: ›Mache dich auf und blase in die Posaune, damit die zur Auferweckung bestimmten Töne erschallen.‹ Und er bläst und ruft: ›Ihr dahingeschiedenen Geister, ihr morschen Gebeine, ihr kraftlosen Körper ... (usw. Anm. d. Verf.) steht auf zu dem von Gott bestimmten Gericht!‹« (»Das islamische Totenbuch«, 113 f./ 127). Die Wirkung des Posaunenklanges ist schrecklich: »Erschüttert bewegen sich die Berge ... und heftig zittert die Erde ... Die Schwangeren verlieren ihre Leibesfrucht ... die Kinder werden zu Greisen« (ebd., 116). Entsetzt klagen die aus ihrer Grabesruhe Aufgeschreckten: »›Wehe uns! Wer hat uns von unserem Lager aufgeschreckt?‹ ... Dann gehen sie barfuß und nackt aus den Gräbern hervor« (ebd., 127). Ein solches Szenario ist Kundigen aus dem Zweiten Testament bekannt, wo Jesus Ähnliches über Jerusalem für die Endzeit prophezeit (vgl. Mt 24,15 ff.).

Ein Element, das wir in Ägypten kennenlernten, gehört zum festen Bestand der Lehren rund um das Gericht: *die Waage*. So spricht die oben zitierte jüdische Belehrung von der »Waage des Gerichtes in Gottes Hand« (Sefer, 139). In der christlichen Ikonografie findet sich dieses Element auch. Grof (1984, 48 f.) zeigt ein spanisches Altarbild aus dem 13. Jahrhundert, auf welchem eine Waage von der Decke hängt, in deren eine Schale ein Teufel alle schlechten Taten der Seele aus ihrem vergangenen Leben legt, der Erzengel Michael, »der mächtige und hochverehrte Seelenführer und -beschützer« (Kutter, 118), legt in die andere Schale alle guten Taten. Hier geht das Urteil offensichtlich zugunsten des Verstorbenen aus, denn die nächste Szene zeigt, wie die Seele in Gestalt eines kleinen Menschleins von einem weiteren Engel an Petrus übergeben wird.

Auch die frühneuzeitliche Erbauungsliteratur kennt dieses Element. Der mir vorliegende Text aus dem 17. Jahrhundert spricht vom Gericht: »Alle meine Gedancken, Wort und Werck sollen jetzt auff die Waag seiner Göttlichen Gerechtigkeit gelegt werden, da man unfählbarlich ohn alle Falschheit und Betrug sehen wird, was an ihnen ist ... Oh wie übel werde ich bestehen! ... Was Schulden werden sich da entdecken« (»Discursen«, 238 f.). Dennoch soll das Vertrauen in die Güte Gottes obsiegen und der Sünder sich reuevoll an Gott wenden: »Ich wirffe und befiehle mich in deine grundlose Barmherzigkeit, bittend, du wollest mir gnädig seyn« (ebd., 331) – auch hier die Spannung zwischen dem gerechten und dem gnädigen Gott!

Die Lektüre im islamischen Totenbuch lässt erkennen, wie groß die Vielfalt der das Gericht betreffenden Traditionen ist, und dass diese keineswegs widerspruchslos zueinander stehen.

Hier ist es der höchste unter den Erzengeln, Gabriel, er »hält eine große Waage in der Hand ... Ein unbestechliches Gericht wird an diesem Tag die kleinste Tat, sei sie gut oder böse gewesen, abwägen und beurteilen« (»Das islamische Totenbuch«, 28, vgl. 142 / 158).

Ein weiteres Element, das uns aus Ägypten vertraut ist, ist *das Buch*, das Protokoll. Im Zweiten Testament der Bibel finden wir es in der »Geheimen Offenbarung«, wo wir von einer Gerichtsvision des

Verfassers lesen: »Und ich sah die Toten ... vor dem Throne stehen, und Bücher wurden aufgeschlagen ... und die Toten gerichtet nach dem, was in den Büchern geschrieben stand, nach ihren Werken« (Offb 20,12).

Im erwähnten Gebet aus der traditionellen, vorkonziliaren katholischen Totenmesse heißt es weiter: »Und ein Buch wird aufgeschlagen, da ist alles eingetragen, um die Sünder anzuklagen ... Ach, was werd ich Armer sagen, welchen Anwalt mir erfragen, wenn Gerechte selber zagen?« (»Sonntagsmessbuch«, 1198 f.). Ein solches »Buch« finden wir auch in der jüdischen Tradition, wo der Mensch gefragt wird: »Warum bist du so leichtsinnig und gedenkst nicht des Tages ..., wo du bereit findest deiner Taten Rechnung, das Buch geöffnet ... in Gottes Hand?« (Sefer, 139).

Im Koran ist es Gott selbst, der dieses Buch führt: »Wir schreiben auf, was sie (die Toten) früher getan, und die Spuren, die sie mit ihrem Lebenswandel hinterlassen haben. Alles haben wir in einem deutlichen Hauptbuch aufgezählt« (Sure 36,12, 440). In Sure 39,69 wird es erneut erwähnt: Das Buch »wird aufgelegt ... und zwischen ihnen (das heißt den Menschen, die zum Gericht versammelt sind – sic) wird nach der Wahrheit entschieden« (ebd., 466). Eine ganz besondere Information über das Gericht weiß der Koran auch: Das Gericht findet statt an »einem Tag, dessen Ausmaß ... 50.000 Jahre sind« (Sure 70,4, ebd., 568).

Etwas Weiteres sticht in der islamischen Gerichtsvorstellung hervor: *die Höllenbrücke*. »Gott schuf über dem Höllenfeuer eine Brücke. Dies ist ein ausgedehnter, schlüpfriger und glatter Weg über die Mitte der Hölle. Er gab ihr sieben Bögen, von denen jeder die Ausdehnung eines Weges von 3000 Jahren hat ... Dieser Weg ist dünner als ein Haar, schärfer als ein Schwert und finsterer als die Nacht« (»Das islamische Totenbuch«, 160). Nach einigen Traditionen findet die Gerichtsbefragung auf dieser Brücke statt. »Wenn er (der Angeklagte) diese Verhöre glücklich übersteht, so ist es gut; wenn aber nicht, so wird er in die Hölle gestürzt« (ebd., 164).

Für die Gerechten ist das Überqueren dieser Brücke so einfach, dass sie hinterher – die Brücke führt direkt ins Paradies – erstaunt fragen: »›Wo ist die Höllenbrücke?‹ Man antwortet ihm: ›Du hast sie bereits überschritten, ohne dass du ein Leid erfuhrst, weil Gott dir barmherzig war.‹« Die Ungerechten aber stürzen unweigerlich in die Flammen (vgl. ebd., 160–164, Zitat 162 f.).

Gerichts-Urteile

Die monotheistischen Traditionen

Nachdrücklich wird betont, dass alle unerbittlich ins Gericht müssen, so etwa im Koran in der schon mehrfach erwähnten Sure 36 (V 32, 442): »Sie werden unweigerlich alle bei mir zum Gericht vorgeführt werden.«

Der *Richter* ist Gott selbst, in der jüdischen Unterweisung »der König aller Könige, der Heilige, gelobt sei er, vor dem kein Ansehen der Person und keine Bestechung statthat, und vor dessen Gericht niemand anders gerettet werden kann, als durch Thorabefolgung und gute Werke« (Sefer, 147). So ist denn der Ausgang des Gerichtes völlig offen. In der jüdischen Belehrung spricht ein Lehrer in einem Bild vom Gericht: »Zwei Wege liegen vor mir, zu dem Paradiese führt der eine und zur Hölle der andere; auf welchen ich gewiesen werde, weiß ich nicht« (ebd., 24*). Gleichwohl darf auch hier auf Gottes Güte gehofft werden. Aus einem jüdischen Gebet für Verstorbene: »Der Herr spreche zu dir: Erhebe das Licht deiner Seele ... die Herrlichkeit Gottes wird über dich strahlen ... O, dass wir einst alle Schutz finden unter deinen Fittichen, Allmächtiger, Gott Israels« (ebd., 6*/9*).

Hier ganz besonders findet die Spannung ihren Ausdruck, die wir in der christlichen Tradition kennengelernt haben: Ist Gott allgerecht oder allgütig? Eine Spannung, die so einfach nicht aufzulösen ist, sondern ausgehalten werden muss und eben in solchen »Ungereimtheiten« immer wieder erkennbar wird. Allerdings kennen alle drei Buch-Religionen eine spezielle Art, auf diese Spannung zu reagieren und doch zu einem Ausgleich zu finden: *die Fürbitte*.

In der jüdischen Tradition ist es der sterbende Mensch selbst, der Gott um Gnade anfleht. Zunächst bittet er, der jüdischen Einstellung der Lebensbejahung folgend, um Genesung. Aber »wenn du in deiner höchsten Weisheit meinen Tod beschlossen hast, so nimm meinen Tod als Sühne für alle Sünden, die ich getan, für alle Schuld, die auf mir lastet, für alle Fehler, die ich vor dir mein ganzes Leben lang begangen habe« (ebd., 28).

Zu dieser Spannung zwischen Gottes Güte: »Bei dir, o Herr, ist Gnade«, und seiner Gerechtigkeit: »Du vergiltst jeglichem nach seinem Tun«, gibt es zudem eine eigene jüdische Lehrtradition, die auf einen Rabbi Eleasar zurückgeht. Dieser hatte gelehrt: »Gott vergilt zuerst jedem von uns nach seinem Tun und dann lässt er uns seine Gnade angedeihen« (ebd., 121), die Spannung wird also in ein zeitliches Nacheinander aufgelöst.

Dieses Element der Fürbitte kennen auch die anderen beiden Traditionen. Im Raum des Christentums, bei uns vor allem in der katholischen Kirche, werden Heilige und Engel angerufen, im Gericht bei Gott Fürbitte für die Verstorbenen einzulegen und ihn so in seinem Urteil gnädig zu stimmen.

Auch an dieser Stelle ist auf die nachhaltige Entwicklung zu verweisen, die sich in der katholischen Kirche seit dem großen Konzil vollzogen hat. Das Element der Fürbitte wird weiterhin gepflegt, aber der Tonfall und die Stimmung sind völlig neu: »Gottes Engel mögen dich (den Verstorbenen) nun geleiten in sein neues Land des Lebens – ein Land, wo weder Schmerz noch Krankheit, sondern vielmehr Erfüllung und Frieden sind. Die Heiligen Gottes ... mögen dir mächtige Fürsprecher sein und dich zu Gottes Thron geleiten. Dort wirst du Gottes Gericht erfahren: seine Gerechtigkeit, die Barmherzigkeit ist« (»Werkbuch«, 62 f.). Gerade das Gericht, das über Jahrhunderte so viel Angst und Schrecken erzeugte, wird zum Ort des Vertrauens: Im Gericht erfährt der Mensch Gottes Barmherzigkeit.

Im Islam schließlich ist es der Prophet Mohammed selbst, der die Fürbitte leisten und Allah im Gericht um Gnade anflehen möge.

In diesem Spannungsfeld also steht der Ausgang des Gerichtes: das Urteil. Wer von Gott als dem Allgerechten ausgeht, muss mit der Möglichkeit der (ewigen) Verdammnis als Strafe rechnen. Wer an Gott als den Allgütigen glaubt, wird solches kaum ernsthaft in Betracht ziehen können. Oder wie Karl Rahner (1904–1984), der wohl größte katholische Theologe des 20. Jahrhunderts, es umschrieben hat (ich zitiere aus dem Gedächtnis): Die ewige Verdammnis ist wohl theoretisch ein möglicher Ausgang des Gerichtes; angesichts der grenzenlosen Güte Gottes aber wird dieses Urteil faktisch niemals gefällt.

In diesem Punkt ist die muslimische Lehre am klarsten – und am unerbittlichsten – und führt dazu ein eigenes Element in die göttliche Urteilsfindung ein: Wohl wird auch hier im Gericht nach den guten und schlechten Taten gefragt, das letztlich Entscheidende aber ist der Glaube: Wer an Allah und seinen Propheten Mohammed geglaubt und sein Leben nach dem Koran ausgerichtet hat, ist grundsätzlich im Heil. Allfällig begangene schlechte Taten müssen in zumutbarem Rahmen gesühnt werden, die Tradition schwankt von »einem Augenblick« bis zu (immerhin!) »50.000 Jahren«. Alle anderen Menschen jedoch, die sehr pauschal als »Ungläubige« bezeichnet werden, haben grundsätzlich keine Chance, der ewigen Verdammnis zu entgehen. Im Totenbuch (28) heißt es: »Die Bestrafung der Ungläubigen ist ewig und findet kein Ende.« Oder in einer Formulierung des Korans (Sure 70,1–2, 568): »Einer hat nach einer Strafe gefragt, die hereinbrechen wird. Für die Ungläubigen kann sie niemand abwehren«, was in den folgenden Versen noch detailreich entfaltet wird. Eine Einzelheit lässt in diesem Zusammenhang aufhorchen: Warum haben die Ungläubigen keine Chance, doch irgendwie auf den »richtigen Weg« zu kommen? »Gott hat ihnen das Herz und das Gehör versiegelt, und ihr Gesicht ist verhüllt. Sie haben dereinst eine gewaltige Strafe zu erwarten« (Sure 2,7, ebd., 3) – Allah, ein Gott letztlich nur für die Gläubigen, die die Botschaft seines Propheten als einzige Wahrheit anerkennen? Unübersehbar ist die Analogie zur katholischen Lehre über Jahrhunderte, als galt: »Außerhalb der Kirche kein Heil.«

Zum Schluss dieser Gedanken zum Gericht in den monotheistischen Religionen noch eine Einzelheit aus der christlichen Erbauungsliteratur »ars moriendi«, die uns heute allerdings auch schmunzeln lässt: Im Text aus dem 17. Jahrhundert wird viel Mühe dafür aufgewendet, einem schlimmen Ausgang des Gerichtes vorzubeugen. Der erste Teil der Schrift richtet sich an Kranke, und ein Kranker wird nachdrücklich ermahnt, »dass er ihm sine arme Seel nicht weniger, ja vil mehr als den Leib lasse angelegen seyn, weil ja dieselbe umb so vil würdiger und besser ist als der Leib ... (Daher) soll er geschwind (nach Ausbruch der Krankheit, Anm. d. Verf.) nach dem Priester oder Beichtvatter schicken, durch Mittel desselben sich mit Gott zu versöhnen« (»Discursen«, 51). In der Folge wird klar, dass der priesterliche Beistand viel wichtiger ist als der ärztliche. Ja, die erste Aufgabe des Arztes ist es, dem Kranken seine religiösen Pflichten anzumahnen, notfalls mit Druck. So gilt, »das der Doctor zum ersten und andermal möge zum Krancken kommen, ihn heimbsuchen, ihm die beschaffenheit seines Zustandes sagen, und ihn zur Buess, Beicht und Communion ermahnen; will er nicht, so soll er zum dritten Mahl ausbleiben« (ebd., 57); also, wenn der Patient auch nach dem zweiten (»andern«) Besuch des Arztes seine religiösen Dinge noch nicht geordnet hat, muss der Arzt seine Dienste einstellen – so streng waren die Bräuche ...

Der tibetische Buddhismus

Für den tibetischen Buddhismus findet das Gericht im letzten Teil des Bardo statt, wenn die Seele anfängt, sich auf ihre neue Reinkarnation vorzubereiten. Das ist logisch, denn das Urteil im Gericht bestimmt sehr wesentlich darüber, wie und wo der Mensch das nächste Mal geboren werden wird.

Der oberste Richter ist der Todeskönig Yama, der auch als Gesetzeskönig oder als Dharma-König bezeichnet wird (*Dharma* bezeichnet im tibetischen Buddhismus »die Lehre«, die Überlieferung im umfassenden Sinne, also die Gesamtheit der heiligen Texte, aber auch die Anweisungen zur spirituellen Praxis. Yama ist der höchste Wächter über den Dharma). Tausende von »Herren der Toten« stehen in dieses Königs Dienst, führen die Verstorbenen, welche grundsätzlich als Angeklagte betrachtet werden, herein, sichern den ordentlichen Verlauf der Verhandlungen und führen die Verhöre durch. Dabei sind sie bei Widerspenstigen keineswegs zimperlich – allgemein lassen die Beschreibungen auf eine dezidert aggressive Stimmung schließen. So berichtet einer, dem in diese Welt Einblick gewährt wurde, die Herren der Toten »trugen erschreckende Kostüme, entblößten ihre scharfen Fangzähne ... schwangen bedrohlich allerhand Waffen und erfüllten den Raum mit Schreien von: ›Tötet, tötet! Schlagt, schlagt‹ ... Es machte Angst, ihnen auch nur zuzusehen« (Thondup, 156). Zuletzt sorgen diese Herren der Toten noch dafür, dass das im Gericht gefällte Urteil korrekt vollzogen, also die Seele in die entsprechende Wiedergeburt geführt wird.

Das bereits bekannte Element der Waage hat auch hier eine große Bedeutung. Jeder Tote hat einen Ankläger. Dieser zählt grimmig, dramatisch und ausgiebig alle schlechten Taten aus dem Leben des Angeklagten auf und entnimmt seinem großen Sack für jede einzelne einen schwarzen Kiesel und wirft ihn in die eine Waagschale. Daneben steht ein Verteidiger, der gütig und ebenso eifrig die guten Taten erwähnt und für jede einen weißen Stein in die andere Waagschale wirft. Entscheidend ist zuletzt, welche Waagschale das Übergewicht hat.

In einer anderen Überlieferung fordern Ankläger und Verteidiger den Angeklagten auf, selbst aus seinem Leben zu erzählen, wobei dieser natürlich vor allem seine guten Taten hervorhebt. Wenn einer aber ehrlich ist und von sich aus auch schlechte Taten eingesteht, kann sich das unter Umständen mildernd auf das Urteil auswirken. Jedoch, der Todeskönig ist misstrauisch gegenüber solchen Schilderungen: »Ihr menschlichen Wesen habt Übung im Lügen. Wer weiß, ob du die Wahrheit sagst?« (ebd., 198). Daher kommt jetzt der Herr mit dem Spiegel zum Einsatz. In diesem Karma-Spiegel sind sämtliche guten wie schlechten Taten des Angeklagten aufgezeichnet, sodass dessen Angaben leicht überprüft werden können. Hier hat der Karma-Spiegel die Funktion, die anderenorts dem Buch zukommt.

Wenn die guten Taten überwiegen und die Schale mit den weißen Kieseln schwerer ist, schlägt die Stimmung um und der Gesetzeskönig erklärt dem Angeklagten freundlich, dass seine guten Taten sehr kraftvoll sind: »Alle kleineren schlechten Taten, die du begangen hast, sind gereinigt worden« (ebd., 162). In solchen Fällen wird als Urteil eine Wiedergeburt verfügt, in der schnell und leicht weitergelernt werden kann, um bald das Ziel, die Erleuchtung, zu erlangen (vgl. ebd., 138–161, 196 ff.; Dargyay, 147 f.; Grof 1984, 80 f.).

Es mag überraschen, dass das aus dem Islam bekannte Brückenmotiv auch hier erscheint: »die Eisenbrücke der Toten«. Für die Toten mit überwiegend guten Taten ist die Brücke breit und leicht zu überqueren. »Für eine große Menge von Menschen« jedoch, bei denen die schlechten Taten mehr Gewicht haben, ist die Brücke »so schmal wie ein Strohhalm«. Da die Herren der Toten sie über diese Brücke hetzen, fallen sie unweigerlich in die Tiefe, wo sie »von bösartigen Kreaturen gebissen und versengt werden« (Thondup, 213).

Von entscheidender Bedeutung bei all diesen Schilderungen ist aber, dass die Tibeter – im Gegensatz zu allen anderen hier vorgestellten Traditionen – diese Gerichtsszenen letztlich als rein innerpsychisches Geschehen der Verstorbenen verstehen, dem faktisch gar keine objektive Realität zukommt (vgl. ebd., 33; Dargyay, 147 f.). Auf dieses zentrale Element, das die gesamte Eschatologie der tibetischen Buddhisten prägt, wird später ausführlich zurückzukommen sein.

Die Maya

Im ganzen Totenbuch der Maya wird nur einmal kurz ein Gericht erwähnt – allerdings in bemerkenswertem Zusammenhang (Arnold, 87). Unmittelbar nach dem Tod verlässt die Seele den Körper im Zustand der Reinheit. Während der nächsten sieben Tage kehrt sie noch einmal hierher zurück, »um ihre Sünden abzuholen und sie vor Gericht zu tragen«. Diese Sünden sind in den Ausscheidungen des toten Körpers enthalten, daraus muss die Seele sie nun holen. Das bedeutet praktisch, dass in der ersten Woche nach dem Tod weder der Tote gewaschen noch der Raum gekehrt werden darf, damit die Sünden nicht weggewischt werden. Was jedoch im in Aussicht gestellten anschließenden Gericht mit den Toten und ihren Sünden geschieht, scheint in den spärlichen erhaltenen Zeugnissen dieser Kultur nicht überliefert zu sein.

Inspirationen für unsere Praxis

Viele von uns aufgeklärten, westlichen Menschen werden mit den bilderreichen Schilderungen eines »Jüngsten Gerichts« nicht mehr viel anfangen, aus ihnen kaum noch Inspiration gewinnen können. Aber Achtung: Die ganze Thematik einer »Bilanz« am Lebensende insgesamt für überholt und antiquiert zu erklären und einfach wegzulegen, ist wohl doch eine vorschnelle und wenig reflektierte Haltung.

Wie auch immer die Fortsetzung unserer irdisch-materiellen

Existenz in einer geistigen Dimension aussehen wird, unser gelebtes Leben wird in irgendeiner Form mitprägend sein. Für meine Blume geht es dabei nicht nur um einzelne konkrete Taten, sondern mehr noch um die grundsätzliche Haltung und Einstellung, nach denen wir unser Leben ausgerichtet haben und aus denen unsere Handlungen geflossen sind, die »guten« wie die »schlechten«.

So halte ich es für durchaus sinnvoll, ab und an in unserem Leben einen Zwischenhalt einzulegen – mit uns »ins Gericht zu gehen« –, einen wie auch immer gestalteten Rückzug einzuschalten und uns einmal wieder zu besinnen auf unsere grundsätzliche Lebenshaltung, auf die Werte und Überzeugungen, die wir in unserem Leben verwirklichen wollen – letztlich läuft all das immer auf dasselbe hinaus: dass wir uns die Sinnfrage unseres Lebens immer und immer wieder neu stellen und ins Bewusstsein rufen. Viele Menschen pflegen dies in der Form eines kurzen abendlichen Innehaltens und Sich-Besinnens.

In diesem modifizierten Sinne hat also die Botschaft vom göttlichen Gericht nach wie vor ihre Bedeutung, als Frage nach den letzten geistigen Wurzeln und Grundlagen unseres Lebens. Der entscheidende Aspekt ist einmal mehr: Wie gestalte ich mein Leben, um ein möglichst hohes Maß an Liebe verwirklichen zu können?

Eine Grunderfahrung: Die menschliche Gebrochenheit

Doch es geht hier noch um etwas ganz anderes, tief Bedeutsames: Der Archetypus des Gerichtes bringt ein Grundthema der menschlichen Existenz zur Sprache: *die Erfahrung von Schuld*. Immer wieder werden wir Menschen schuldig, das lässt sich weder vermeiden noch verleugnen; es gehört ganz einfach zur »condition humaine«.

Die Schwierigkeit, diesen tiefen Sinn von »Schuld« zu verstehen, rührt daher, dass der Begriff heute fast nur in einem moralischen Sinn verwendet und damit unauflösbar mit Verurteilung und Strafe verbunden wird. Wenn wir nun aber von einer Grundbedingung des Menschseins sprechen, was grundsätzlich außerhalb von Urteil und Strafe liegt, hilft es, einen anderen Begriff beizuziehen. Anstelle von Schulderfahrung kann man auch sagen, wir Menschen erfahren unsere *Gebrochenheit;* wir erfahren in unserem Leben wieder und wieder, dass wir hinter den Möglichkeiten und Aufgaben unseres Menschseins zurückbleiben. Konkret und praktisch: Wir versäumen es so oft, die Liebe zu leben – zu Gott, zu den Menschen, den anderen ebenso wie zu uns selbst, und zur Mitschöpfung. Anders gesagt: Wir vergessen immer wieder unsere grundsätzliche Verbundenheit – mit Gott, mit den Menschen, mit der Schöpfung – und aus diesem Vergessen verfallen wir in destruktives Verhalten. Das ist eine menschliche Grunderfahrung – und das ist gemeint, wenn die Schulderfahrung als »condition humaine« verstanden wird.

Auch hier wirkt das Gesetz der Polarität: Nur wer die Erfahrung der Schuld, der Gebrochenheit *nicht nur macht*, sondern *auch akzeptiert*, wird sich um wahre humane Werte in seinem Leben bemühen. Weiter weckt nur die Erfahrung der Schuld die Sehnsucht nach heil sein; die Schuld verlangt danach, geheilt zu werden. Solange wir in der Materie leben, müssen wir handeln. Doch wer handelt, auch und gerade wer in seinem Handeln das Gute anstrebt, wird Schuld niemals ganz vermeiden können.

Als Illustration dient eine alte Geschichte aus der buddhistischen Lehr-Tradition: Ein großes Handelsschiff gleitet mit vollen Segeln über das Meer. An Bord sind hundert Kaufleute, erfolgreiche und wohlhabende Kaufleute. Entsprechend ist auch viel Wertvolles an Bord, kostbare Ware, die die einen verkaufen wollen; und die anderen, die auf der Rückreise sind, haben pralle Säcke mit Gold und Münzen bei sich. Der Kapitän entdeckt, dass einer dieser Männer ein übler Kerl ist und im Geheimen plant, die übrigen 99 umzubringen, um deren Reichtum zu rauben.

Die Frage ist nun: Wie geht der Kapitän mit diesem Wissen um? Schließlich will er als frommer Mann möglichst Mord und Raub verhindern. Er hat nur wenige Möglichkeiten, denn besänftigend auf den einen mit seinen mörderischen Absichten einzuwirken, kommt angesichts von dessen Verderbtheit nicht infrage. Entweder lässt der Kapitän der Sache ihren Lauf, dann macht er sich mitschuldig am Tod von 99 Menschen. Oder er warnt die übrigen, welche dann natürlich diesen einen umbringen werden; damit wäre der Kapitän mitschuldig an diesem einen Tod. Oder schließlich könnte er selbst den Übeltäter töten und so die karmische Last der Tötung nicht den anderen aufbürden, sondern sie ganz auf sich nehmen – wie es die buddhistische Sichtweise ausdrückt. Die Geschichte ist eine Belehrung, daher gibt es kein Happy End, es gibt überhaupt keinen Schluss, sie bricht hier ab, da sie zum eigenen Denken anregen will.

Das Ziel des Kapitäns ist, Leben zu erhalten, das ist eines der größten Verdienste im Buddhismus. Doch ist die Situation so, dass er sich entscheiden kann, wie er will, er wird sich der Tötung menschlichen Lebens mitschuldig machen. So veranschaulicht die Geschichte das, was ich meine: Selbst wenn wir das Gute anstreben, werden wir immer wieder schuldig werden *müssen* – »condition humaine« eben und Polarität.

Schuld, Freiheit und Verzeihung

Ein weiterer überaus wichtiger Aspekt gehört hierher: Erst die Fähigkeit zur Schuld eröffnet die Dimension von Freiheit und Verantwortung. Nur wer die Freiheit hat, Ja oder Nein zu sagen – und das bedeutet, je nach Situation beim einen oder anderen Schuld auf sich zu nehmen –, ist auch wirklich in der Lage, sich für das Gute zu entscheiden und Verantwortung zu übernehmen. Wenn wir nur »gut« sein könnten, wären wir nicht tugendhaft, sondern edle Roboter.

Noch etwas gehört zur Erfahrung von Schuld: Die Notwendigkeit, dass sie *Zeugen* hat. Es gibt verschiedene menschliche Grunderfahrungen, neben der Schuld etwa auch Freude oder Trauer, die ganz einfach Zeugen brauchen. Das heißt praktisch, es drängt uns, darüber zu sprechen, davon zu erzählen; wir brauchen jemanden, wie der wunderschöne, leider heute kaum noch gebräuchliche sprachliche Ausdruck es sagt, der uns sein Ohr leiht.

Ferner gilt: Schuld braucht und sucht Verzeihung. In diesem Zusammenhang bekommt der alte Ritus der Beichte eine tiefe Bedeutung. Auch dieser ist heute in Misskredit geraten, wofür jedoch die Hauptverantwortung die Kirche zu tragen hat. Es ist schlicht und einfach Machtmissbrauch, wenn sie als Antwort auf diese menschliche Grunderfahrung von Schuld und dem mit ihr einhergehenden Bedürfnis nach Vergebung eine Vollmacht zur »Lossprechung« formuliert und diese einzig ihren eigenen Amtsträgern vorbehält. Wenn ferner achtjährigen Knirpsen – wie ich es selbst im ersten Beichtunterricht erlebt habe – mühsam und autoritär ein Schuldgefühl anerzogen wird für irgendwelchen kleinen Unfug, was Kinder eben so tun, dann ist das eine Form des Kindsmissbrauchs – auch in diesem Bereich hat sich seit dem Konzil vieles zum Besseren gewendet.

Luther hat hier einen hilfreichen Schritt getan, indem er dem Klerus die Beicht- und Lossprechungsvollmacht absprach und stattdessen die »Bruderbeichte« empfahl. Konkret heißt das, wenn ich mich in Schuld erfahre, suche ich einen Bruder – oder eine Schwester! – auf, einen Menschen, zu dem ich Vertrauen habe, bringe meine Schuld ins Wort, diese erhält so einen Zeugen oder eine Zeugin, und gemeinsam erbitten wir das göttliche Verzeihen.

Der Trend heute: Die Schuld bagatellisieren

Heute geht die Entwicklung in eine andere, keineswegs immer nur förderliche Richtung: Die Schuld wird psychologisiert und damit dem Zuständigkeitsbereich von Psychologie und Psychiatrie zugewiesen. Das war im 19. Jahrhundert, als die moderne Psychologie ihren Anfang nahm, im Kampf gegen den kirchlichen Machtanspruch bestimmt hilfreich, und es kann auch heute ohne Zweifel ein wertvolles Aufarbeiten geleistet werden. Aber dabei geht – wie so oft – der Aspekt der Transzendenz verloren, der nun einmal zur Schuld notwendigerweise dazugehört. Die Psychologie kann wohl erklären und verstehen, *verzeihen* aber kann sie nicht – das Kind wurde mit dem Bad ausgeschüttet. Verstehen heißt nicht heilen. Jedoch, wer sich in Schuld erfährt, *bedarf der Heilung*. Nur Verzeihen heilt.

Eugen Sorg ist ein Schweizer Psychotherapeut und langjähriger Delegierter des IKRK (Internationales Komitee des Roten Kreuzes) – in dieser Eigenschaft hat er viele Krisengebiete der Welt bereist und ist dem »Bösen«, wie er diesen Aspekt des Menschseins konsequent nennt, in verschiedenster Gestalt begegnet. In seiner Studie »Die Lust am Bösen«, erschienen 2011, wendet er sich mit Nachdruck gegen die heutige Tendenz, alles »Böse« psychologisch zu verstehen und damit leichthin zu entschuldigen. Er verweist unter anderem auf Massenmörder (als Beispiel Pflegende in Alterseinrichtungen in verschiedenen Ländern, die zahlreiche alte Menschen umbrachten), bei deren juristischer Beurteilung oft vorwiegend nach traumatischen Erfahrungen in der Kindheit geforscht werde. Doch niemand frage, ob es nicht auch eine »Lust am Töten« gebe; ob jemand nicht »aus dem Gefühl der Allmacht, aus dem Rausch der Megalomanie (Größenwahn) tötet, den jemand genießen mag, wenn er darüber entscheidet«, auf welche Art das ausersehene Opfer sterben soll (Sorg, 34 f.). In den einen Fällen werde bei den Tätern ihre Herkunft aus schwierigen sozialen Verhältnissen, möglichst mit Migrationshintergrund, strafmildernd in den Mittelpunkt der Beurteilung gestellt und nicht mehr die kriminelle Tat. Bei Delinquenten aus »geordneten Verhältnissen« dagegen (als Beispiel zitiert er den Fall eines 18-Jährigen, eines intelligenten, sozial integrierten jungen Mannes aus gut situiertem Umfeld, der seine gesamte Familie nicht im Affekt, sondern sorgfältig geplant umgebracht hatte) werde gerade die geistige Enge und Strenge der Angepasstheit, die im sozialen Umfeld herrschte, als Auslöser für den Massenmord erklärend und entschuldigend angeführt (vgl. ebd., 45 f.).

Der Schlussfolgerung des Autors wird man sich nicht ohne Weiteres entziehen können: »Der westliche Therapeutismus infantilisiert den bösartigen Kriminellen« (ebd., 155), was letztlich auch bedeutet: Man nimmt ihn nicht wirklich ernst. Zweifellos prangert Sorg damit zu Recht eine heute feststellbare Tendenz mit gewiss zweifelhaften Auswüchsen an und legt den Finger tatsächlich auf einen wunden Punkt, nämlich »eine Weltanschauung, die das Böse programmatisch eliminiert« (ebd., 50). Dies bleibt gültig, auch wenn man der allgemein pessimistischen Grundstimmung in seiner verstörenden Studie nicht in allen Teilen folgen mag und er in seiner ausufernden Analyse des islamistischen Terrors allzu einseitig der politischen Optik der rechtsbürgerlichen, fremdenfeindlichen Ideologie folgt. In seiner eigenen Analyse verleugnet er zudem jegliche psychologischen (Traumatisierung in Kindheit und Adoleszenz) wie auch politisch-ideologischen Einflüsse (die muslimische Welt hat Gründe, sich von der westlichen Kultur über Jahrhunderte gedemütigt zu fühlen – natürlich trugen die kriegerischen Eroberungszüge islamischer Heere, die sich ihrerseits über Jahrhunderte immer wieder auch gegen das christliche Europa richteten, zum Zerwürfnis bei; man ist sich gegenseitig nichts schuldig geblieben). Damit fällt Sorg ins andere Extrem und wird der Realität ebenso wenig gerecht.

Mein Haupteinwand jedoch ist, dass seine Herangehensweise an das Problem ausschließlich abwertend und verurteilend ist. Ein Gedanke an Sühne und Versöhnung kommt niemals auf. Eine tiefe Kluft trennt »uns Guten« von »jenen Bösen«. Damit werden die in unserer Kultur durchaus vorhandenen Bestrebungen zu Ausgrenzung und Stigmatisierung weiter geschürt und eine konstruktive Lösung des Problems liegt außer Reichweite. So werden aber bloß primitive Rachegefühle und Bestrafungsgelüste geweckt – also genau das, was seit Jahrtausenden praktiziert wird, aber noch kein einziges Problem wirklich gelöst hat.

Der Archetypus des Gerichtes also erweist sich – wie alle Archetypen – als Träger einer tiefen Wahrheit und zeigt Möglichkeiten eines konstruktiven Umganges mit der Erfahrung von Schuld auf: Im Gericht wird sie erkannt, anerkannt und auch öffentlich gemacht, sie erhält Zeugen. Mit den Aspekten von Verzeihen und Heilen wird jedoch klar, dass wir heute vor der Herausforderung stehen, weiterzudenken, die konkreten Gestalten von Urteil, Strafe und Rache, in denen das Gericht vielfältig geschildert wird, zu übersteigen. Dazu haben wir einen großen Lehrer, den Lehrer der bedingungslosen Liebe: Jesus von Nazaret.

Ein Vorbild: Jesus und die Schuld

Wir sahen, dass Jesus in seinem Lehren sich zunehmend distanzierte von den apokalyptischen Drohreden samt ihrer Erzeugung von Angst und Schuldgefühlen. Sein Umgang mit den Menschen in der Schuld war sehr sorgsam, das heißt, er überspielte diese nicht einfach mit vorschnellem Verzeihen, sondern nahm sie ganz ernst. Im Johannes-Evangelium wird von der Begegnung Jesu mit einer Ehebrecherin, die gesteinigt werden sollte, berichtet (Joh 8,1–11). Die Erzählung ist tiefgründig, sie findet in der Öffentlichkeit statt. Das Problem bei solchen Geschichten ist nur, dass viele von uns sie so gut kennen und die üblichen, in kirchlichen Moralpredigten oft gehörten Interpretationen so sehr verinnerlicht haben, dass wir überhaupt nicht mehr hinschauen, was wirklich dasteht. Nach jüdischem Recht sollte die Ehebrecherin gesteinigt werden. Jesus aber wandte sich zunächst an die aufgebrachte Menge: »Wer von euch ohne Sünde ist, der werfe als Erster einen Stein auf sie.« Und wir haben uns angewöhnt, hier automatisch ein moralisches Urteil von Jesus mitzuhören im Sinne von: »Ihr seid alle genauso schlechte Menschen wie die Sünderin und habt ebenso sehr eine Strafe verdient, also hört auf mit solcher Heuchelei.« Aber davon steht hier kein Wort! Es ist unser anerzogenes Schuldbewusstsein, das so liest. Schuldbewusstsein aber erzeugt Schuldgefühle und diese wirken lähmend und schon sind wir gefangen in einer destruktiven Abwärtsspirale. Es entsteht eine Hackordnung, in der jede und jeder sich bemüht, ein wenig besser dazustehen, um auf andere verächtlich herabschauen zu können oder sie eben zu steinigen. Aber das, lieber Leser, liebe Leserin, war Praxis während Jahrhunderten – das ist jetzt vorbei; wir dürfen gescheiter werden.

In meinem Verständnis ist genau dies das Revolutionäre bei Jesus: Er bringt nicht nur der Ehebrecherin die göttliche Liebe entgegen, sondern auch allen anderen Umstehenden in ihren durch verdrängte Schuldgefühle missgeleiteten Emotionen von Zorn und Rache. Jesus hebt die Frage der Schuld aus dem Dunstkreis der Moral, die bloß Verurteilung und Bestrafung kennt, gerade hinaus. Er spricht hier von der Grundsituation des Menschseins, der »condition humaine«, in der *alle* Menschen stehen. So verzichtet er auf alles Beurteilen und Verurteilen. Er stellt einzig fest: Als Menschen kommt ihr alle immer wieder in die Situation, aneinander schuldig zu werden. Schuld also ist nicht primär ein moralisches Übel, sondern eine Bedingung unseres menschlichen Daseins – und ein Ansporn zu wachsen, uns zu entwickeln.

Aus der Schulderfahrung lernen

Wenn wir diese Sichtweise akzeptieren, können wir aus der Erfahrung unserer Schuld lernen. Daher habe ich Mühe mit der Formulierung: »Ich bin schuldig geworden.« Hilfreicher scheint mir zum Beispiel: »Ich habe meine Gebrochenheit schmerzlich erfahren – daraus will ich lernen.« Das ist unendlich viel aufbauender und respektiert die Würde des Menschen.

Als Jesus, nachdem er eine Weile lang in den Sand gezeichnet hatte (er »schrieb mit dem Finger auf die Erde«), wieder aufblickte, sah er, dass alle weggegangen waren – sein Wegschauen war Zeichen seines Respektes auch für die Täter: Sie mussten sich nicht gedemütigt unter seinem strafenden Blick davonschleichen, sondern durften einfach weggehen, bereichert durch die Chance zu einer großen Erkenntnis. Nunmehr sagte Jesus auch der Sünderin die göttliche Liebe zu: »Auch ich verurteile dich nicht.« Und zuletzt mahnte er sie, aus der Erfahrung zu lernen: »Geh und sündige von jetzt an nicht mehr«, was in unserer Perspektive zu umschreiben wäre mit: »Lebe deine Freiheit und entscheide dich von jetzt an für die Liebe«, und: »Übernimm so die Verantwortung für dein Leben«, das nach Gottes Willen ein Leben der Menschenliebe sein soll.

Jesus hat also die gängigen moralischen Vorstellungen bei Weitem überschritten und ganz andere Horizonte eröffnet, wie die Erfahrung von Schuld als »condition humaine« in unser Leben konstruktiv integriert werden kann – ein Schritt, der von der bald schon entstehenden Kirche sehr schnell wieder rückgängig gemacht wurde. Auch im später entstandenen Koran hat dieses Verständnis keinerlei Spuren hinterlassen, ebenso besannen sich auch die christlichen Reformatoren nicht im Geringsten darauf – alle fielen sie wieder zurück ins moralische Verurteilen und Bestrafen.

So ist es nun an uns Menschen des 21. Jahrhunderts, uns von diesen alten Gerichtserzählungen anregen zu lassen. In unserem Bemühen jedoch, die Schulderfahrungen in unser Leben zu integrieren, müssen wir uns weit über diese archaische – ein anderes Wort dafür wäre: primitive – Ebene des Verurteilens und Bestrafens erheben und diese gemachte Erfahrung als Ansporn und Inspiration für Wachstum und Reifung verstehen.

Dies ist, das muss auch gesagt sein, der Blick auf den Menschen, der sich ernsthaft um sein Leben bemüht. Dass die menschliche Gesellschaft, die Staaten, ein Strafrecht brauchen und dieses auch durchsetzen müssen, ist für ihren Erhalt unverzichtbar – das ist eine ganz andere Ebene der Betrachtung.

Auch hier zum Abschluss eine persönliche Erfahrung: Als Krankenhaus-Seelsorger traf ich einen 65-jährigen Mann. Er hatte eben eine erfolgreiche und tief befriedigende Akademikerkarriere beendet und war im Krankenhaus zur Abklärung von schweren Herzproblemen. Die Diagnose war brutal: Sein Herz war geschädigt und zwar in einem Ausmaß, dass die Medizin ihm außer einer gewissen medikamentösen Linderung der Beschwerden nichts anbieten konnte – »Abnutzung« heißt in diesem Fall jeweils das Zauberwort, dem die Patienten ebenso hilflos gegenüberstehen wie die Ärzte. Schonungslos hatte er zur Kenntnis zu nehmen, dass er wohl in Kürze von jetzt auf gleich an einem akuten Herzversagen sterben werde – ein Vorgang, der sich wenige Monate später tatsächlich so ereignete.

Er war ein sehr differenzierter Mann und bat mich, kaum war er wieder zu Hause, zu sich, um, wie er sagte, eine Lebensbeichte abzulegen – ein Ausdruck aus der katholischen Tradition. Insgesamt war er zufrieden mit seinem Leben, aber es gab Ereignisse, Taten, für die er sich schuldig fühlte und die er jemandem mitteilen musste, die einen Zeugen brauchten. Er sprach ernsthaft und offen und benannte seine Schuld klar. Und da er, obwohl distanziert zur Institution Kirche, dem Transzendenzbezug in seinem Leben einen hohen Stellenwert beimaß, war es für ihn klar, dass wir zum Schluss das göttliche Verzeihen erbitten würden – ganz zum Schluss tranken wir miteinander in entspannt-freundschaftlicher Stimmung ein Glas Wein.

Die Hölle, ihre Herrscher und Bewohner

Wohin geht die Seele? – Schlimmstenfalls endet sie in der Hölle, dieser düsteren Stätte der schrecklichsten Qualen und Finsternis und Gottesferne. Auch dieses Thema ist überall anzutreffen, seine Anfänge werden in Mesopotamien um 6000 v. Chr. vermutet. Dabei stoßen wir keineswegs nur in heiligen Schriften oder religiösen Texten darauf, nein, auch in die Weltliteratur hat die Hölle vielfachen Eingang gefunden. Das reicht vom Gilgamesch-Epos über Platon, der diesen Ort Tartaros nannte und dazu sagte, dass die allerschlimmsten Verbrecher hier enden würden, »von wo sie nie wieder heraufkommen« (Platon, 96), weiter über die Äneis von Vergil (1. Jahrhundert v. Chr.) und die Divina Commedia von Dante (1265–1326) bis hin zum französischen Schriftsteller Jean-Paul Sartre (1905–1980). Dieser stellt in seinem Bühnenstück »Huis-Clos« (»Die geschlossene Gesellschaft«), das 1944 uraufgeführt wurde, in äußerst beklemmender Weise die Zwangsgemeinschaft von drei Personen dar. Es sind Seelen von Verstorbenen, die also nicht mehr sterben können – ewige Verdammnis. Diese verstricken sich in ein unmögliches Beziehungsgeflecht und können sich zuletzt nur noch gegenseitig quälen, was alles in der Aussage gipfelt: »L' enfer, c'est les autres« (»Die Hölle, das sind die anderen«).

Noch nachhaltiger dürften die Bilder, der ikonografische Ausdruck der Hölle, durch die Jahrhunderte auf die Menschen gewirkt haben. In zahlreichen Kulturen rund um den Globus finden sich schauerliche Darstellungen von allen möglichen Aspekten der Höllenqualen, die teilweise durchaus als sado-masochistisch imponieren – der makabren Fantasie der Schrecklichkeiten sind keine Grenzen gesetzt. In Europa hat sich neben vielen anderen der niederländische Maler Hieronymus Bosch (ca. 1450–1516) ganz besonders hervorgetan und perverseste Situationen drastisch grausam zum Ausdruck gebracht, zum Beispiel in einem seiner bekanntesten Gemälde, »Der Garten der Lüste«, das heute im Prado zu Madrid hängt.

Ein Kulturvergleich

Bei einem Kulturvergleich fällt auf, wie ähnlich sich diese Schreckensdarstellungen quer durch verschiedenste Lehren und dogmatische Vorstellungen sind. In einer Art Überblick formuliert es Grof so (1984, 76): »Glühende Hitze, Eiseskälte, Zerrissen- und Zermalmtwerden, quälende Geräusche, ekelhafte Geschmäcke und widerwärtige Gerüche verbinden sich mit Schuldgefühlen, Verzweiflung und Erniedrigung. Es ist wie ein irrwitziger klaustrophobischer Albtraum.«

Das alte Ägypten

Von der Fahrt der Nachtbarke des Sonnengottes Re durch die Unterwelt, in der viele Gefahren drohen, die aber eigentlich die Verjüngung der Sonne zum Ziele hat, war schon die Rede. Ebenso davon, dass der Verstorbene – alles begann mit der Königsideologie für den verstorbenen Pharao – mit in der Begleitung des Sonnengottes auf der Barke fährt, später wird er mit diesem identifiziert. In dieser Unterwelt gibt es auch schreckliche Bereiche, die ganz in der Art beschrieben werden, in der andere, spätere Religionen und Eschatologien ihre Höllen darstellen. Als älteste der Jenseitslehren, die wir in unsere Betrachtungen aufnehmen, wollen wir auch hier mit dem alten Ägypten beginnen.

Das Schicksal entscheidet sich in »der Gerichtshalle des Osiris«. Wer zu Lebzeiten die Maat verletzt hat, wird jetzt zum »Feind« erklärt, beziehungsweise sein Status als solcher wird hier offiziell festgestellt. In der Folge werden diese Verdammten summarisch als »Feinde« bezeichnet, auch der Begriff »Tote« meint nur sie. Denn eigentlich ist die Unterwelt ja der Lebensraum für die Verstorbenen, und wer zu Lebzeiten der Maat gedient hatte, wird im Gericht den »Seligen Toten« zugewiesen, von deren durchaus angenehmem Schicksal bereits die Rede war.

Ebenso wurde schon kurz gesagt, dass die »Toten« das schlimmste aller möglichen Geschicke ereilt, dass sie nämlich einen »zweiten Tod« erleiden und damit endgültig vernichtet werden und an den Annehmlichkeiten der Unterwelt, allen voran an der allnächtlichen Begegnung mit dem vorbeiziehenden Sonnengott, nicht teilhaben.

Eine andere Bezeichnung für die »Höllenbereiche« in der Unterwelt heißt »Vernichtungsstätte«. Hören wir dem ausgewiesenen Experten Erik Hornung zu: »Dort leiden die Verdammten nicht nur Gottesferne, Finsternis und Entbehrung, sondern werden von peinigenden Dämonen ... gestraft. Die Arme auf den Rücken gefesselt oder sogar an Marterpfähle gebunden ... sind sie hilflos den ›Schlächtern‹ (so ihre offizielle Bezeichnung, Anm. d. Verf.) ... ausgeliefert ... Ihre Leiber werden geköpft und verbrannt« und viel Schreckliches mehr (Hornung 2002, 43, vgl. ebd., 108, 254 f.). Aus dem Totenbuch zitiert Hornung einen Text über die Schlächter, welche »Köpfe abschlagen und Hälse abtrennen, die Herzen ergreifen und aus der Brust reißen, die ein Blutbad anrichten«. Hier nimmt die Katastrophe der Verdammnis gar kosmische Dimensionen an, wenn davon die Rede ist, dass »in diesem schlimmen Land ... die Sterne umgestürzt auf ihre Gesichter fallen und nicht wissen, wie sie sich wieder erheben sollen« (ders. 2004, 32 f.). »Ziel ist«, so Hornung weiter, »anders als in den mittelalterlichen Höllenvorstellungen, nicht die fortgesetzte Pein, sondern die endgültige Vernichtung und Auflösung aller ›Feinde‹« (ders. 2002, 44) – der zweite, der absolute Tod.

Unter den Strafen sticht als besonders prominent das verzehrende Feuer hervor. Riesenschlangen speien ihren Feueratem gegen die »Feinde«, oder diese werden in »feuergefüllte Gruben« geworfen oder sie enden im »Feuersee«, dessen brodelndes Wasser »die Verdammten als feurige Glut versengt« (ebd.) – ein Element, das in vielen späteren Höllenvorstellungen weiterlebt. »Aus dem geordneten Sein ausgestoßen, werden die Verdammten kurzweg ›Nichtseiende‹ genannt und damit einer Sphäre zugewiesen, die für den Ägypter kein Nichts, sondern ein Seinsmodus außerhalb der Schöpfung ist ... (eine) ewige, chaotische Nichtwelt« (ebd., 44, vgl. 144, 181).

Dies ist auch der Bereich von Apophis, der die Gestalt einer Riesenschlange hat, des »Götterfeindes ... des großen Gegenspielers des Sonnengottes«, die Verkörperung alles Bösen schlechthin (ebd., 45). Als sozusagen antigöttliche Kraft kann er »aus der finsteren Welttiefe, in welcher (er) eigentlich haust«, jederzeit austreten und auch den Sonnengott auf seiner Nachtfahrt immer wieder bedrohen. Dies tut er dergestalt, dass er die Barke samt all jenen, die auf ihr fahren, zu verschlingen versucht – ein Zweikampf, der, wie schon gehört, stets mit dem Sieg des Sonnengottes beziehungsweise der ihn begleitenden Götter endet. So lesen wir im Pfortenbuch, wie diese Beschützer des Re triumphieren: »Siehe, wir haben den Apophis gefällt, der in seine Fesseln geschlagen ist ... (und der am Ende) zerstückelt ist in seinem Blut« (ebd., 283).

Ich wähle hier für die Zitate jeweils besonders eindrückliche Schilderungen; die vielen Querverweise auf weitere Textstellen zeigen, wie wichtig diese Vorgänge sind und daher in immer neuen Varianten dargestellt werden. Auch in der Ikonografie kehren diese Geschehnisse immer wieder (vgl. besonders anschaulich ebd., 314 f.).

Zur Abwendung auch dieser drohenden Katastrophen erhalten die Verstorbenen mit dem Totenbuch spezielle magische Sprüche mit ins Grab. Sie richten sich unter anderem gegen Apophis. Dieser wird etwa in Spruch 7,1 ff. verspottet: »O du Wachsfigur, du Räuber ... ich bin nicht müde für dich ... dein Gift wird nicht eindringen in diese meine Glieder« (ders. 2004, 48) oder (Spruch 39,1; 12; 30): »Zurück, du, falle und sei gefesselt, Apophis, Feind des Re ... sein Licht ist schneidend ... Maat hat dir Wunden zugefügt ... Re ist in Frieden bewahrt, Apophis gefallen!« (ebd., 107 f.).

Auch die »Schlächter« sollen magisch zurückgewiesen werden: »Nicht sollen ihre Messer in mich eindringen, nicht soll ich in ihre Richtstätte eintreten, nicht soll ich ihren Schlachtblöcken zum Opfer fallen« (Spruch 17,321–32, ebd., 74). Vor allem aber und immer wieder soll abgewehrt werden, dass man den »zweiten Tod« sterben muss. So identifiziert sich der tote König mit Horus, Sohn von Osiris, und ruft seinen Vater an: »Ich bin dein Sohn Horus, der dein Geheimnis sieht ... ich sterbe nicht noch einmal im Totenreich« (Spruch 44,10–12, ebd., 119). Oder in der klärenden »Nachschrift« zu Spruch 135 heißt es (V 1): »Wer diesen Spruch kennt ... kann nicht noch einmal sterben« (ebd., 262).

Wir wollen es damit genug sein lassen. Obwohl wir nur einen minimalen Bruchteil all der Texte, die sich mit der »Hölle« befassen, kennenlernten, haben wir doch einen Eindruck erhalten. Als Nächstes stellt sich uns nunmehr die Aufgabe, uns dem Niederschlag dieser ägyptischen Visionen in der Bibel zuzuwenden.

Die Bibel

Als Erstes fällt auf, wie zurückhaltend in den biblischen Schriften das Thema behandelt wird. So ausführlich vom Gericht und der damit verbundenen *Androhung* der Hölle gesprochen wird, so spärlich sind die Schilderungen, wie dieser Zustand der Verdammnis konkret aussieht. Die fantastischen Ausschmückungen der schrecklichen Art finden sich erst in späteren jüdischen und vor allem christlichen Traditionen.

Lange Zeit gab es gar keinen Begriff in der hebräischen Bibel, der unserer »Hölle« entsprechen würde. In den ersten Epochen der Geschichte Israels dominierten ganz allgemein sehr düstere Vorstellungen dieses Bereiches in der Unterwelt, in den die Verstorbenen gelangten. Öde, trüb, dunkel – ganz einfach trostlos war die *Scheol*, wie diese traurige Stätte genannt wurde, in die alle Toten gelangten, ohne dass zwischen Gerechten und Ungerechten unterschieden worden wäre.

Scheol, wo das Wort herkommt und was es ursprünglich bedeutet, ist unbekannt; es wird vermutet, es könnte ein Name sein. Im Ersten Testament auf Griechisch heißt sie »Hades« wie die Unterwelt bei Sokrates und Platon und anderen griechischen Philosophen auch. Luther übersetzte ungenau und tendenziös mit »Hölle«, was dann für Jahrhunderte so blieb. Heute wird es neutraler mit »Totenreich« wiedergegeben.

Die Schilderungen spiegeln das Elend dieses Ortes wider, welcher – das ist das Schlimmste von allem – von Gott abgetrennt ist. So klagt der Psalmist schon im Voraus über diesen Zustand, in den er einst geraten wird. Dann wird gelten: »Ich bin ein Mensch ohne Kraft, entlassen unter die Toten … deren du (Gott) nimmer gedenkst, die keinen Teil mehr haben an deiner Sorge« (Ps 88,5 f.). Auch Ijob klagt, dass er eines Tages gehen wird »ins Land des Dunkels und des Schattens, ins Land der Finsternis, da keine Ordnung … ist« (Ijob 10,21 f.). Die Abgeschiedenheit von Gott beklagt auch der Prophet Jesaja (38,18): »Dich preist ja nicht die Scheol … die zur Grube fahren, harren nicht mehr auf deine Huld.« Sogar die Beziehung zu sich selbst geht verloren: »Die Toten wissen gar nichts … selbst der Name, den sie sich gemacht, gerät in Vergessenheit« (Pred 9,5).

Allmählich aber wird ein Umschwung erkennbar: Der Gerechte wird von Gott gerettet; zuerst ist es nur ein schüchternes Flehen: »Blicke auf mich und schenke mir dein Erbarmen, gib Kraft deinem Knecht« bis hin zur festen Gewissheit: »Gott aber entreißt meine Seele der Unterwelt und nimmt mich zu sich« und Dankbarkeit: »Denn groß war gegen mich dein Erbarmen, meine Seele hast du entrissen dem Abgrund des Todes« (Ps 86,16; 49,16; 86,13). Noch klarer ist der spätjüdische Weisheitstext (Weish 3,1): »Die Seelen der Gerechten aber sind in Gottes Hand und keine Qual kann sie berühren.« Für die Ungerechten dagegen wird darauf verwiesen, »welche Qual die Gottlosen erdulden müssen, die im Zorn gestraft werden« (Weish 11,9). Auch Jesus lebte in dieser spätjüdischen Epoche, und bei ihm sahen wir schon am Beispiel des armen Lazarus und reichen Prassers (Lk 16,19 ff.), dass er klar von zwei Bereichen in der jenseitigen Welt ausgeht, für die Gerechten den einen, für die reuelosen Sünder den anderen.

Eine andere Tradition im Ersten Testament kreist um den Begriff *Gehinnom*. Wörtlich heißt das »Schlucht von Hinnom« und bezeichnet ursprünglich einen konkreten Ort, nämlich ein Tal südlich von Jerusalem, am Fuße des Berges Zion, auf welchem der Tempel stand. Erstmals erwähnt wird dieses Tal im Buch Josua (15,8 und 18,16), wo es aber nur der geografischen Benennung dieser Landschaft dient. Erst zur Zeit der Propheten wandelte sich die Bedeutung des Wortes und es wurde daraus ein Strafort für Tote. So spricht Gott im Buch Jesaja (66,24) mit Bezug auf diesen Ort: »Sie werden hinausgehen und die Leichen derer schauen, die von mir abgefallen sind ... Sie werden zum Abscheu sein für alles Fleisch« (= für alle Menschen).

Damit greift der Prophet auf eine alte Überlieferung zurück. Es gibt archäologische Hinweise, dass sich in diesem Tal in früheren Zeiten eine Kultstätte, ein Altar für den Gott Moloch, eine alte Erdgottheit, befand. Diesem Gott wurden nicht nur Tiere als Opfer dargebracht, sondern – eine These, die aber umstritten ist – auch Kinder, woraus sich der spätere Abscheu Israels gegen diesen Ort erklärt. Der Prophet Jeremia nennt es »Würgetal« (Jer 19,6). Die Leichen der von Gott Abgefallenen, der Ungläubigen also – Unglaube war für das Verständnis Israels die schlimmste aller Sünden –, sollen gemäß dem oben zitierten Jesaja-Wort hierhergebracht und unbestattet liegen gelassen werden – die größte Schmach, die den Toten zugefügt werden konnte.

Zu einem Strafort mit eschatologischen Dimensionen wurde das Tal Hinnom beim Propheten Jeremia. In 7,30–8,3 schildert er eine endzeitliche Vision: Auch hier werden alle vom Glauben abgefallenen Israeliten, darunter auch Fürsten und Priester (!), aus ihren Gräbern geholt und hierhergebracht. Man wird sie »nicht mehr begraben. Als Dünger werden sie auf dem Erdboden liegen« (Jer 8,2). In späterer Zeit, in den sogenannten »Apokryphen zum Alten Testament«, das heißt in Texten, die nie offiziell ins Verzeichnis der biblischen Schriften aufgenommen wurden, ist von Gehinnom als einem »künftigen Bestrafungsort nach dem Gottesgericht« die Rede, von »einem von Feuer erfüllten Abgrund« (Wikipedia: Gehinnom, Januar 2011).

Eines ist zweifelsfrei klar: Wer zur Höllenstrafe verdammt ist, wird für immer da bleiben; dieses Verdikt ist endgültig. So lesen wir in den Psalmen (36,13): »Die Frevler brechen zusammen, zu Boden sind sie geworfen und können sich nimmer erheben«; oder (37,18): »Die Sünder aber werden vernichtet, ausgerottet die Sippe der Bösen.« Auch für Ijob ist dies das Schlimmste: »Der Gang in dieses Land des Dunkels und der Schatten« ist ein Gang »ohne Wiederkehr« (Ijob 10,21).

Eine noch geringere Bedeutung kommt dem Thema »Hölle« im Zweiten Testament zu. Sehr formelhaft spricht Jesus zweimal davon, die Ungerechten würden »hinausgestoßen werden in die Finsternis draußen. Dort wird Heulen und Zähneknirschen sein« (Mt 8,12, vgl. fast wörtlich identisch Mt 22,13). Zum Abschluss der schon erwähnten großen Gerichtsrede wiederholt er noch einmal, dass es zwei Bereiche gebe im Jenseits. »Sie werden hingehen, diese (die Ungerechten) in ewige Pein, die Gerechten aber in das ewige Leben« (Mt 25,46).

Zu erwähnen ist im Weiteren der erste Petrus-Brief. Eine kleine Bemerkung sollte in der späteren Entwicklung der Theologie der Erlösung (Soteriologie) eine reiche Beachtung finden (1 Petr 3,19 f.): Jesus ist nach seinem Tod in die Scheol abgestiegen. So »ging er auch nach seinem Tod hin und predigte den Geistern im Kerker (= Scheol), die einst ungehorsam waren«, um dann erst aufzusteigen in den Himmel.

Im letzten Buch des Zweiten Testamentes, in der »Geheimen Offenbarung«, schließlich wird die aus Ägypten bekannte Formel des »zweiten Todes« aufgegriffen. Sie bezeichnet auch hier die endgültige Verdammung der Sünder: »Aber die Feiglinge und ... Mörder, die Unzüchtigen ... die Götzendiener – alle haben ihren Anteil in dem Pfuhl, der von Feuer und Schwefel brennt; das ist der zweite Tod« – endgültig und unaufhebbar (Offb 21,8, vgl. 20,14).

Die nachbiblischen Traditionen

Die »Hölle« ist also in der Bibel wohl ein Thema (wenn der Begriff als solcher auch nicht vorkommt), aber keineswegs dominant. Das blieb auch in der späteren Kirchenlehre so. Streng genommen gibt es von offizieller kirchlicher (katholischer) Seite nur zwei Aussagen, die verbindlich zu glauben sind: Zum einen, es gibt die Hölle, und zum anderen, wer nach dem Gericht in die Hölle kommt, muss auf immer da bleiben.

Die dramatische Ausgestaltung der schrecklichen Leiden der zu Höllenstrafen Verdammten entwickelte sich in Wort und Bild wohl auch in der Kirche, aber nicht in der Form von offiziellen Lehräußerungen, sondern in der Volksfrömmigkeit, der von den zeitweise weit verbreiteten Volkspredigern diesbezüglich tüchtig eingeheizt wurde. Hier ist der Rahmen, in dem (wie bereits erwähnt) die Frohbotschaft immer mehr zur Drohbotschaft verkam. Ihren Höhepunkt erreichte diese destruktive Entwicklung im späten Mittelalter.

Aber sie wirkte durchaus auch noch später. Im schon vorgestellten Erbauungsbuch aus dem 17. Jahrhundert lesen wir einen Kommentar zur Aussage im Matthäus-Evangelium über das »Heulen und Zähneknirschen«. Die Schilderung stellt dar, wie Gott mit den Ungerechten verfährt: »Endlich wirffet er sie halt in den höllischen Ofen hinein sie zu sieden, zu backen und zu braten ... da lässet er sie zischen und däsig werden« (»Discursen«, 557). Solche Drohungen haben stets das eine Ziel: Die Sünder, die von solchen Martern bedroht sind, rechtzeitig zu Buße und Umkehr zu bewegen. Sie sollen sich eines tugendhaften Lebens befleißigen: »als da seyn ein Christliches Leben führen, die Gebote Gottes halten, ihre Sünd ernstlich berewen, beichten und büßen, für die Abgestorbene beten – Andachten verrichten, (dann) seyen sie ihrer Seelen Hail und Seeligkeit schon versichert«. Dabei betont der eifrige Prediger aus der Barockzeit, »dass dises nit meine, sondern der Christlichen Kirchen Mainung seye« (ebd., 30 f.).

Solches schlug sich auch in den Gebeten der traditionellen katholischen Totenmesse nieder, allerdings in der Gestalt der Fürbitte, dass die Verstorbenen davor bewahrt werden: »Herr Jesus Christus ... erlöse die Seelen aller, die hingeschieden im Glauben, aus den Qualen der Unterwelt und aus dem Dunkel der Tiefe! Bewahre sie vor dem Rachen des Löwen, dass sie nicht der Hölle verfallen, dass sie nicht hinabstürzen in den Abgrund!« (»Sonntagsmessbuch«, 1007). Solche Bitten nehmen auch die Form eines demütigen Flehens an: »Mein Gebet gilt nicht so teuer. Schonung übe, du Getreuer, rette mich vom ew'gen Feuer ... Schuldgebeugt zu dir ich schreie, ganz das Herz zerknirscht von Reue, sel'ges Ende mir verleihe« (ebd., 1198 f.).

Erneut folge ein Ausblick in die nachkonziliare Perspektive. Jetzt lautet ein Gebet: »Herr, großer Gott, nimm dieses Leben an, nimm alles an, das darin gelungen ist, was groß war ... nimm aber auch das Scheitern an ... die Schwächen ... eben alles, was dieses Leben ausgemacht hat. Hebe es in dein Licht!« (»Werkbuch«, 33). Zuversicht in die göttliche Güte ist an die Stelle der Angst vor der Höllenstrafe getreten.

In ähnlicher Weise taucht auch im Synagogen-Judentum ebenso wie in der Rabbiner-Tradition das Thema Hölle kaum auf. Im »Israelitischen Gebet- und Erbauungsbuch Sefer Hachajim« aus dem Jahre 1905, einem rabbinischen Lehrbuch, das sich ausschließlich um die Fragen von Sterben, Tod und Beisetzung dreht, kommt es nur indirekt vor. Statt mit der Hölle zu drohen, werden die Gläubigen angehalten, jeden Tag Selbstbesinnung zu pflegen und, sollten sie in Sünde gefallen sein, diese sofort zu bereuen und Buße zu tun und so der göttlichen Strafe zuvorzukommen (vgl. Sefer, 122), denn »die Buße ... rettet vom ewigen Verderben und führt uns ein in das Reich der Seligkeit« (ebd., 126). Statt der Drohung mit den Qualen in einer jenseitigen Hölle sind die Leiden in diesem Leben im Blick. Mit Berufung auf das Buch der Sprüche 3,12 – in einer volkstümlichen Übersetzung: »Wen Gott liebt, den züchtigt er« – werden Kranke dazu angehalten, sich nicht gegen die Leiden aufzulehnen, sondern sie im Vertrauen auf Gottes Güte (die eben auch Leid als erzieherische Maßnahme bedeuten kann) in Ergebenheit und als Läuterung, als Reinigung schon vor dem Tod zu akzeptieren (vgl. ebd., 126–128, 10*).

Im Film »Rosas Höllenfahrt« wird ein in Deutschland tätiger Rabbiner befragt. Er äußert sich dahingehend, dass wir für das getane Böse wohl werden büßen müssen in der Reinigungsstätte Gehinnom. Das dauere jedoch höchstens ein Jahr, eine ewige Hölle gebe es nicht. (Kommentar des Verfassers: Dies ist eine zeitgenössische Sichtweise. Es gibt durchaus jüdische Lehrtraditionen, die, im Anschluss an die oben kurz aufgezeigte Haltung in den Psalmen des Ersten Testaments, die Höllenstrafe als ewig verstehen.)

Auf der anderen Seite nehmen in den esoterischen jüdischen Schriften des Mittelalters, in der schon erwähnten Kabbala, etwa im Buch Sohar, die Schilderungen der Höllenqualen breiten Raum ein, von Feuer und Durst und vielen anderen Martern ist da die Rede. Ein kleiner Lichtblick immerhin: Einmal wöchentlich haben die Verdammten einen »freien Tag«, denn auch die Höllenpeiniger müssen die Sabbat-Ruhe einhalten ...

Der Koran

Beim Thema »Hölle« muss der Koran gesondert behandelt werden. Im Gegensatz zur Bibel nehmen hier die Schilderungen der Höllenqualen breiten Raum ein. In zahllosen Suren werden sie thematisiert, ebenso im Totenbuch, wo über 30 Seiten und zehn Kapitel davon die Rede ist.

»Die Feinde Gottes werden in das Höllenfeuer getrieben ... Wenn sie zu ihrem Höllenhof gelangen, kommen ihnen die Höllengeister mit Halseisen und Ketten entgegen. Eine solche Kette wird in den Mund des Menschen gesteckt und aus seinem Hintern wieder herausgezogen ... Seine rechte (Hand wird) ans Innere des Herzens gedrängt und dann zwischen den Schultern herausgezogen. Er wird nun mit den Ketten gefesselt, und zwar so, dass immer ein Mensch mit einem Satan an einer Kette zusammengekoppelt ist. Später wird er mit dem Gesicht auf dem Boden geschleift und die Engel schlagen ihn mit eisernen Keulen ...« (und vieles mehr! »Das islamische Totenbuch«, 172, mit Berufung auf Suren 22 und 77).

In immer neuen Varianten wird das Grauen geschildert. Die göttliche Strafe ist im Koran Thema von allem Anfang an: Einer Überlieferung zufolge war es die Sure 74 nach der heutigen Zählung (die Reihenfolge der Suren im Koran folgt nach ihrer Länge: Die erste ist die längste, die 114. und letzte die kürzeste), die als erste dem Propheten offenbart wurde. Der erste Aufruf an Mohammed lautete: »Stell dich auf und warne deine Landsleute vor der Strafe Gottes und preise den Herrn« (Sure 74,2–3, vgl. Wikipedia: Koran, Januar 2011).

Im »Islamischen Totenbuch« (31) wird hervorgehoben: »Die Quellen der mohammedanischen Lehren vom Jüngsten Tag, von der Hölle und vom Paradies sind das Judentum und besonders das Christentum« – eine offenkundige Beeinflussung durch diese Ursprünge also. Und gerade aus dieser Abhängigkeit erwächst das Bedürfnis zur Abgrenzung. Diese findet unter anderem Ausdruck in der konkreten Ausgestaltung der Hölle.

Im koranischen Verständnis hat die Hölle in Anlehnung an Sure 15 »sieben Höfe« mit je spezifischen Bewohnern. Je höher die Nummer, desto schrecklicher die Qualen. Im ersten Hof finden sich die Heuchler, im zweiten die Polytheisten usw. ... im fünften treffen wir auf die Juden und im sechsten auf die Christen (!, vgl. ebd., 169). Für diese zählen auch ihre allfälligen guten Werke, die sie gleichwohl verrichtet haben, nicht. In Sure 18,105–6 spricht Gott: »Ihre Werke sind daher hinfällig. Und wir erkennen ihnen bei der Abrechnung am Tag der Auferstehung dafür keinen Wert zu ... Das ist ihr Lohn, die Hölle, dafür, dass sie ungläubig waren« (304).

Nur auf Drängen des Propheten offenbart Gabriel, wer im siebten Hof leidet: »Die großen Sünder deiner Gemeinde, welche, ohne Buße zu tun, gestorben sind.‹ Da stürzte der Prophet, gepackt von einer Ohnmacht, nieder« (»Das islamische Totenbuch«, 169).

Immerhin: Die Verdammten unter den Muslimen kommen irgendwann einmal frei. Nach vielmal 1000 Jahren, wie das umständlich geschildert wird, öffnet sich für sie ein Tor, und sie können ins Paradies einziehen. Die übrigen Höllenbewohner, wenn sie die Befreiung der Muslime zur Kenntnis nehmen müssen, klagen: »Oh, dass wir doch Muslime wären! Dann könnten wir die Hölle verlassen« (ebd., 188), eine Einsicht, die freilich viel zu spät kommt. Denn es ist die klare koranische Lehre, dass die Strafe für die Sünder unter den Muslimen an ein Ende kommt, die der Ungläubigen aber auf ewig verhängt ist (vgl. ebd., 149, 185–190, 28).

Analog zur jüdischen und christlichen Erbauungsliteratur gibt es auch hier das Bestreben, die Menschen noch zu Lebzeiten auf dieses drohende Ende hinzuweisen, damit sie sich rechtzeitig eines tugendhaften Lebens befleißigen – und den »richtigen« Glauben leben. Vor allem der Koran selbst hat diese Aufgabe. Wenn nämlich die Verdammten sich beim Propheten über ihr Schicksal beklagen, antwortet er ihnen: »Hattet ihr denn nicht im Koran einen Warner vor den Sünden? Warum wart ihr ungehorsam gegen Gott, den Allmächtigen und Gnädigen?« (ebd., 174).

Der tibetische Buddhismus

Unter ganz anderen Vorzeichen steht das Höllenverständnis im tibetischen Buddhismus. Wir sahen schon, dass die Hölle eine der sechs möglichen Welten ist, in die – eine entsprechende karmische Belastung vorausgesetzt – menschliches Bewusstsein reinkarnieren kann. Damit ist von Anfang an klar, dass der Aufenthalt hier zeitlich befristet ist. Man stirbt auch in der Hölle irgendeinmal und wird – hoffentlich! – in einer höheren Welt wiedergeboren. Das Studium unterschiedlicher Quellen zeigt bald, dass es auch hier verschiedene Traditionen gibt, die teilweise in Spannung zueinander stehen.

Im Verständnis des Totenbuchs hat das Bewusstsein immer noch die Möglichkeit, sich zu entscheiden. Auf dem Weg durch den Bardo scheinen zu einem bestimmten Zeitpunkt zwei Lichter auf, zum einen ein blendend weißes, hell strahlendes Licht. Es kommt »aus dem Herzen Vajrasattvas«, also eines Buddha. Zum anderen sehen die Verstorbenen gleichzeitig ein matt-trübes, rauchfarbiges Licht, das »Licht aus der Hölle«. Je nach gelebtem Leben (Karma) fühlt sich das Bewusstsein spontan zum einen oder anderen hingezogen. Im Bemühen zu helfen, beschwört der lesende Lama die Verstorbenen, auch wenn sie sich aufgrund ihres Karmas vor dem weißen Licht fürchten, gleichwohl in dieses einzugehen und sich keinesfalls von der Verlockung des sanften, rauchfarbenen Lichtes täuschen zu lassen. »Wenn du dich anziehen lässt, wirst du in die Höllenwelten fallen, und wenn du da hineinfällst, hast du unerträgliches Elend zu erdulden, und es ist ganz ungewiss, wann du wieder daraus hinauskommst« (Evans-Wentz, 184 f.).

Andere Traditionen gehen von einer Art Automatismus aus, der durch das Karma festgelegt ist: »Wenn wir erst einmal tot sind, können wir nichts mehr ändern, dann werden unsere karmischen Tendenzen die Kontrolle übernehmen« (Thondup, 36) – in diesem Falle würde sich allerdings das Lesen des Totenbuches erübrigen.

Was unter dem »unerträglichen Leid« im Text des Lama näherhin zu verstehen ist, entfaltet sich in anderen Traditionslinien des tibetischen Buddhismus und steht dem schon Bekannten in keiner Weise nach: »Im Reich der Hölle ... ist man extremen Foltern ausgesetzt, den Kräften der eigenen Psyche. Es gibt acht heiße Höllen mit Bergen aus rotglühendem Metall, Flüssen aus geschmolzenem Eisen, und der enge Raum ist von Feuer durchlodert. In den acht kalten Höllen ist alles gefroren. In den heißen Höllen sind diejenigen, die in gewalttätigem Zorn handelten, während die Taten aus Selbstsucht und Stolz in die kalten Höllen führen. In anderen Foltern wird man zerhackt oder in Stücke gesägt, durchbohrt und zermalmendem Druck unterworfen« (Grof 1994, 75, vgl. ebd., 45, entsprechende grausige Ikonografien).

Die Martern werden im Auftrag des Dharma-Königs Yama ausgeführt, welcher sie nach dem Wägen der weißen und schwarzen Kiesel entsprechend anordnet. So bekommt ein Priester vom Herrn des Gerichtes zu hören: »›Wenn du nicht diese falsche Arznei verabreicht hättest, hättest du dir deine nächste Wiedergeburt im Bereich der Menschen ... verdient.‹ Dann befahl er den Herren der Toten: ›Bringt ihn zu dem kochenden giftigen Fluss. Lasst ihn dort fortwährend kochendes, giftiges Wasser trinken ... Wenn seine untugendhaften Taten gereinigt sind, lasst ihn nach oben gehen.‹ Die Herren der Toten packten sein Herz mit Eisenhaken und schleppten ihn, von heftiger Erschütterung umgeben, davon« (Thondup, 158).

Dabei wird ausdrücklich festgehalten: »Die Verurteilten in solchen Höllenbereichen erlitten jeweils ein unterschiedliches Maß an Qualen ..., das aus körperlichen, verbalen und geistigen Taten (im vergangenen Leben, Anm. d. Verf.) folgte« (ebd., 162). Konkret wurde in den verschiedenen Bereichen der Hölle Verschiedenes geschaut: »Im zweiten Untergeschoss warfen die Vollstrecker viele Wesen auf den brennenden Boden, zogen Linien auf ihre Körper und schnitten sie entlang der Linien mit den Klingen brennender Sägen in Stücke. Diese Wesen waren Wiedergeburten (in der Hölle, Anm. d. Verf.) von Jägern oder Schlachtern oder von jenen, die andere vergiftet hatten ... Im vierten Untergeschoss wurden zahlreiche Wesen in Flammen gegrillt, und man konnte nur ihre Schreie hören. Es waren Gifthändler und Mörder von Menschen, Pferden und Hunden« (ebd., 163). So ist es denn nur folgerichtig, wenn argumentiert wird: »Wenn unser Geist (während des Lebens) in Wallung versetzt wurde und zu einem brennenden Zepter von Wut, Hass und negativen Wahrnehmungen geworden ist, dann werden uns (nach dem Tod) Erscheinungen und Erfahrungen dieses Lebens ... in Gestalt einer höllischen Welt begegnen« (ebd., 262).

Damit stoßen wir auf eine zentrale Lehraussage im Buddhismus, auf die wir schon im Zusammenhang mit dem Gericht aufmerksam wurden: Letztlich handelt es sich hier um innerpsychische Vorgänge: »Die Erfahrung von Genuss oder Leiden in unterschiedlichen Weltsystemen nach dem Tod (die sechs möglichen Bereiche, Anm. d. Verf.) sind bloß Spiegelungen unserer eigenen karmischen Tendenzen. Es ist wie eine Traumreise, die von unseren gewohnheitsmäßigen geistigen Eindrücken erzeugt wird« (ebd., 36). Dies ist es letztlich, was die Tibeter mit »anhaften« bezeichnen und vor dem sie in ihren Belehrungen so eindringlich warnen – oder in anderen Worten: »Dies alles ist bloß eine Widerspiegelung unserer kulturellen Gewohnheiten des Urteilens, Verteidigens und Anklagens, die in der Tiefe unseres Bewusstseinsstromes verwurzelt sind« (ebd., 139). Wie oben sei auch hier darauf verwiesen, dass uns diese Zusammenhänge noch eingehend beschäftigen werden.

Die Maya

Den Ausführungen von Paul Arnold ist zu entnehmen, dass keine ursprünglichen und unverfälschten Informationen, sondern nur Vermischungen von Maya- mit anderen Traditionen – sogenannte Synkretismen – über allfällige Höllenvorstellungen der Maya überliefert sind. Da ist einmal vage die Rede von einer »Läuterung des Toten, der schwer und umnachtet ist durch die während seines Lebens angehäuften Verfehlungen« (Arnold, 87). An anderer Stelle wird darauf hingewiesen: »Nur die Bösen unter den Toten müssen im Mitnal leiden, in der Hölle der Tolteken und Azteken«, der Völker also, die später die Maya-Gebiete eroberten. »Der ›Pulsschlag‹ des Toten, eine Art psychische Kraft, ... steigt in die unterirdische Welt hinab, wo sie mit Kisin lebt, dem Herrn der Hölle« (ebd., 43).

Inspirationen für unsere Praxis

Auch die Hölle ist ein allgegenwärtiger Aspekt in den Schilderungen der jenseitigen Welten in den verschiedensten religiösen Traditionen. Ein Element, dem wir wiederholt begegneten, ist zum Verstehen wichtig – vor allem in jenen Lehren, in denen die Hölle als endgültig und ewig verstanden wird: Die drastischen Schilderungen der Qualen dienen ausdrücklich dem Ziel, die Menschen schon zu Lebzeiten zu einem tugendhaften Leben anzuhalten, damit sie gar nicht erst Gefahr laufen, an diesen schrecklichen Orten ein trauriges Ende zu nehmen.

Drückt sich hier nicht eine alte Einsicht über uns Menschen aus: Im Grunde genommen neigt der Mensch zu geistiger Trägheit, und solange es ihm gut geht, verspürt er wenig Motivation zu geistiger oder ethischer Entwicklung. Erst erfahrene Not weckt ihn auf und er beginnt, sich nach dem eigentlichen Sinn des Lebens zu fragen und ob der gewohnte Lauf seines Lebens diesem Sinn und Ziel tatsächlich entspricht – oder ob sich nicht Kurskorrekturen aufdrängen, neue geistige Einstellungen und Lebensgewohnheiten. Oft hörte ich Menschen nach überstandenen schweren Krankheiten oder Unfällen beteuern, sie seien jetzt »ein anderer Mensch« als vor diesem Ereignis, »anders« in aller Regel im Sinne von geläutert, reifer usw.

Hat also die Erzeugung von Höllenangst letztlich dieses pädagogische Ziel: den Menschen so sehr in geistige Not zu versetzen, dass er (endlich) motiviert ist, sich die Frage nach dem tiefen Lebenssinn zu stellen und sein Leben neu auszurichten? Angedrohte Höllenstrafe als Motivationsschub für ein Streben nach höheren geistigen und ethischen Werten!

Aber auch solche hehren Ziele der Angstpredigt schaffen die Ärgernisse nicht aus der Welt, dass zum einen die Schreckensschilderungen offenbar des Öfteren eine Eigengesetzlichkeit entwickelten und in perverse und sadistische Auswüchse in Wort und Bild ausarteten, sodass zum anderen – und das ist die wahre Tragödie – nicht mehr ein Wille zur Neuorientierung des Lebens die Folge war, sondern nur noch lähmende Angst. Ich hatte katholisch gläubige, vor allem ältere Menschen in ihrem kampf- und angsterfüllten Sterben zu begleiten, bei denen es mir auch über Jahre nicht gelungen ist, die Dinge einigermaßen ins Lot zu rücken und die Botschaft der Erlösung wieder ins Zentrum ihres Glaubens zu stellen.

Auch das andere Ärgernis bleibt, dass nämlich diese Angsterzeugung in eigenen Machtmissbrauch mündet insofern, als jene, die die Ängste schüren, dies im Dienste von Institutionen und Ideologien taten und teilweise bis heute tun, die für sich in Anspruch nehmen, allein über die Heilmittel zur Abwehr der angedrohten Gefahren zu verfügen, also die »sündigen Menschen« von sich abhängig machen.

Die Schuld sühnen

Doch auch bei der »Hölle« geht es letztlich um eine viel tiefere Dimension. Ebenso wie beim Thema »Gericht« gilt: Der Umstand, dass »die Hölle« Gegenstand in den verschiedensten Traditionen ist und dort oft sehr viel Raum einnimmt, lässt darauf schließen, dass sie etwas tief im Menschen Angelegtes zum Ausdruck bringt, etwas, das in den Archetypen der menschlichen Seele im Sinne von C.G. Jung wurzelt. Beim »Gericht« erkannten wir die Wahrheit der menschlichen Schuldfähigkeit als letzte Sinnebene; bei der »Hölle« ist es das, was zur Schuld notwendigerweise dazugehört: *die Sühne*.

Auch das ist ein Stichwort, das durch missbräuchliche Verwendung, etwa zur Rechtfertigung übermäßiger Strafen, im Laufe der Jahrhunderte bei vielen Menschen tief in Misskredit geraten ist. Ich muss also bitten, alle spontane Abwehr gegen den Begriff der Sühne vorerst beiseitezulegen und mir möglichst unbefangen in die folgenden Überlegungen zu folgen.

Von der Schuld hörten wir, dass sie tief im Menschen das Bedürfnis weckt, zur Sprache gebracht und öffentlich gemacht zu werden. Vor allem bei Menschen, die noch einen Zugang zu diesen tiefen Schichten ihrer Seele haben und die auch für sich selbst nicht die heute stets vorhandenen Angebote des psychologischen Wegerklärens unbeschränkt in Anspruch nehmen möchten, kommt noch ein weiteres, tief menschliches Bedürfnis dazu: die Wiedergutmachung oder eben die Sühne.

Abgesehen vom Abfall vom Glauben ereignet sich menschliche Schuld fast immer im zwischenmenschlichen Bereich: Vergehen gegen Leib und Leben inklusive durch Überlegenheit erzwungene Sexualität, aber auch Krieg; Vergehen gegen anderer Hab und Gut; durch Habsucht motivierte Falschaussage (traditionell: Lüge) und Verleumdung – all das und vieles mehr fügt stets einem oder mehreren Mitmenschen sowie unserer Mitwelt Schaden zu.

Wiederherstellen der zwischenmenschlichen Harmonie

Mit anderen Worten: Schuld stört das harmonische Miteinander von uns Menschen, und das heißt, dass Schuld eine gemeinschaftsbezogene (modern: soziale) Dimension hat und zwar eine destruktive. Deshalb muss sie öffentlich gemacht und bezeugt werden. Dieser soziale Aspekt ist denn auch der »Sitz im Leben« des Anliegens der Sühne. Durch die Schuld ist die menschliche Gemeinschaft gestört, schlimmstenfalls zerstört worden. Diese muss repariert oder eben überhaupt wieder hergestellt werden.

Bei uns ist es üblich geworden, diese Beschädigung im Rahmen des Strafrechtes mittels einer Geldzahlung zu beheben. Im schlimmeren Fall wird der Täter zur Strafe weggesperrt. Theoretisch gilt – das habe ich gelernt, als ich als Student in einer Strafanstalt ein Praktikum absolvierte –, dass die Haftstrafe als erstes Ziel die Wiedereingliederung der Straffälligen in die Gesellschaft anzustreben habe. In der konkreten Praxis des Strafvollzugs jedoch geht dieser Aspekt der Sühne sehr oft unter und bleibt unbeachtet. Stattdessen wird vielmehr mit dem Wegsperren ein primitives Rachebedürfnis der verletzten Gesellschaft befriedigt. Der Extremfall: die öffentlichen Hinrichtungen, bei denen die verletzte Gesellschaft zu einem rachedurstigen Mob pervertiert und dabei das eigentliche Motiv der Strafe als Sühne völlig untergeht.

Ein positives und konstruktives Beispiel von Sühne – das heißt schon vom Wort her auch *Versöhnung!* – kennen wir im sogenannten »Palaver«, wie es in afrikanischen Gesellschaften bis heute gepflegt wird. Als eindrückliches Beispiel sei auf Südafrika nach dem Zusammenbruch des Apartheid-Regimes verwiesen. Dieses hatte unzählige gesellschaftliche Wunden hinterlassen. Zu deren Aufarbeitung wurde die sogenannte »Wahrheits- und Versöhnungskommission« eingerichtet, die nach den folgenden Erkenntnissen arbeitete: Voraussetzung für Sühne ist, dass der Täter seine Schuld einsieht und eingesteht. Darauf müssen die durch die Missetat Geschädigten mit dem Täter so lange verhandeln, eben palavern, bis sie eine Form der Sühne gefunden haben, die einerseits den Opfern tatsächlich Wiedergutmachung bringt, was immer das im konkreten Fall heißen mag, andererseits aber auch für den Täter zumutbar und leistbar ist. Nur so kann dieser weiterhin in der Gesellschaft, die er verletzt hat, leben, und wieder eingegliedert, mit ihr versöhnt werden.

Die Sühne muss der Schuld gemäß sein

Ein anderer Aspekt der Hölle ist wichtig. Wir sahen bei den Tibetern, dass in den verschiedenen Bereichen ihrer Höllen verschiedene Arten von Qualen zu erleiden sind, welche jeweils zu den konkreten Vergehen, welche die hier Gemarterten begangen haben, in einem Bezug stehen. Dazu noch ein letztes Beispiel: In einem Gericht verfügt der Dharma-König über einen Angeklagten die dem Vergehen entsprechende Strafe: »Da er von der untugendhaften Nahrung des Raubes gegessen hat, soll er fortwährend mit flüssigem Metall gefüttert werden« (Thondup, 157). Dasselbe Prinzip formuliert die Bibel abstrakt, nämlich, »dass man mit dem bestraft wird, mit dem man sündigt« (Weish 11,16). Oder im Zweiten Testament mit den Worten von Paulus: »Täuschet euch nicht, Gott lässt seiner nicht spotten, denn was ein Mensch sät, das wird er auch ernten« (Gal 6,7).

Eifrige Reinkarnations-Missionare erkennen in solchen Aussagen vorschnell den Karma-Gedanken aus östlichen Lehren, von dem sie in der Regel auch gleich auf die Reinkarnation schließen, die damit in der Bibel sehr wohl verankert sei. Damit importieren sie jedoch Gedankengut aus völlig anderen geistigen Umfeldern und verfehlen so gänzlich den Sinn der biblischen Aussagen. Die Bibel meint hier, dass im Gericht eine der Schuld entsprechende Strafe verfügt wird.

In unseren sogenannten Hochkulturen haben wir das alles ans Strafrecht delegiert. Dieses kann aber eben per definitionem nur bestrafen und damit rächen, nicht aber versöhnen; es trägt tatsächlich kaum zur Sühne, dagegen sehr viel zu primitiver Rache bei. All die alten und drastischen Höllenvorstellungen, von denen wir gehört haben, zeigen, dass sich diese (Fehl-)Form von Sühne offensichtlich schon vor sehr, sehr langer Zeit entwickelt hat. Hier sind es die ins Göttliche beziehungsweise Antigöttliche überhöhten Teufel, Satane, Herren der Toten oder wie sie immer heißen, die die Rachebedürfnisse befriedigen. Nichtsdestotrotz ist die eigentliche Botschaft, das archetypische Anliegen all dieser Höllenlehren die Sühne und ihre Zwillingsschwester, die Versöhnung.

Diesbezüglich glaube ich, bei uns heute ein Defizit feststellen zu können, ein Defizit in Gestalt eines raschen Leugnens oder Wegerklärens jeglicher Schuld, wie wir schon sahen. Dieselbe Wirkung kann auch erreicht werden durch die vorschnelle Berufung auf die grenzenlose Güte Gottes, der alles verzeiht, aber niemals strafen würde. Auch das ist natürlich eine verständliche Reaktion auf die früheren kirchlichen Strafpredigten, die überhaupt nur von Schuld und Strafe sprachen. Aber wird damit nicht einseitig nun einfach der andere Pol überbetont und damit das Gleichgewicht erneut verfehlt? In beiden Anliegen (psychologisch erklären und liebevoll verzeihen) steckt zweifellos Wahrheit und sie sind auch hilfreich. Aber wir schaffen so die Probleme nicht wirklich aus der Welt, weil das zentrale Anliegen von Sühne und Versöhnung ausgeblendet wird.

Hierzu gibt es auch von Luther eine verführerische Aussage: »Sündige kräftig, aber glaube noch stärker!«, basierend auf seiner Lehre, dass einzig der Glaube den Sünder rechtfertige. Dies war schließlich seine Antwort auf die Frage nach dem gnädigen Gott: Allein durch den Glauben ist er zu finden. Bedauerlicherweise wird in der Regel nur dieser zitierte Satz erwähnt, sein realer Hintergrund aber vergessen: Luther wollte seinen übermäßig skrupulösen Freund Melanchthon zu mehr Gottvertrauen ermuntern. Wenn aber, wie meistens, der Satz nur so isoliert zitiert wird, droht tatsächlich eine Bagatellisierung der Schuld. Analog wurde früher den Katholiken zum Vorwurf gemacht, sie hätten es einfach, sie könnten sündigen, soviel sie wollten, sie brauchten bloß hinterher zu beichten und alles wäre wieder eingerenkt – Ausdruck eines degenerierten Beichtverständnisses.

In diesen Zusammenhang gehört auch die heute oft gehörte Aussage, wir würden die Hölle ja schon hier auf Erden erfahren. Nun, wer etwa in der Nazizeit im Konzentrationslager von Auschwitz gefoltert wurde oder in den späten 70er-Jahren des 20. Jahrhunderts in einem Lager des kambodschanischen Tyrannen Pol Pot oder im amerikanischen Gefängnis Abu Ghraib in Irak nach der Invasion 2003, mag zu einer solchen Aussage berechtigt sein. Doch meist geht diese am Wesentlichen vorbei, indem in der Regel diese »Hölle auf Erden« mit als sinnlos empfundenem Leiden gleichgesetzt wird, auf das man gelegentlich mit Selbstmitleid reagiert. Somit ist auch dies letztlich eine Banalisierung des wahren Kerns der Botschaft von der Hölle, um den wir uns an dieser Stelle zu bemühen haben – dies ist die Sicht meiner Blume im Strauß.

Das Vorbild Jesu: Die Schuld ernst nehmen – und verzeihen

Um genauer zu erläutern, worum es geht, möchte ich als Vorbild erneut auf Jesus verweisen und kurz den Bericht einer Krankenheilung etwas näher betrachten. Krankheit ist eine Situation von Unheil, unter Umständen eben eine solche »Hölle auf Erden«. Ein Gelähmter wird von seinen Freunden auf einer Bahre vor Jesus gebracht – er vertraute sich also dessen Heilkraft an. Ja, er bestätigte dieses Vertrauen mit dem erheblichen Aufwand, den er zu leisten hatte: Jesus befand sich in einem Haus, und die Menschenmenge stand so dicht gedrängt, dass ein Durchkommen mit der sperrigen Bahre unmöglich war. So ließ er sich von seinen Freunden auf das Dach des Hauses schleppen und durch eine eigens geschaffene Luke direkt vor Jesus hinabsenken – ein wahrlich strapaziöses Vorgehen! Sein Glaube an Jesus als den Heilsbringer Gottes war also groß. Und Jesus? Als Erstes sagte er ihm zu: »Deine Sünden sind dir vergeben.« Als die Umstehenden zweifelten und ihn der Gotteslästerung bezichtigten, fuhr er fort, um seine Vollmacht zu bestätigen: »Steh auf, nimm deine Bahre und geh heim«, was unverzüglich auch geschah (Mt 9,1–8).

Worauf es uns hier ankommt: Jesus sagte dem Gelähmten nicht, dass seine Sünden ja angesichts seiner misslichen Lage verständlich und deshalb gar nicht so schlimm seien, nein, *er nahm diese Sünden radikal ernst – und verzieh sie!*

Jesus benannte die Schuld der Menschen schonungslos und klar, wo er aber Glauben vorfand und damit auch die Bereitschaft, das Leben fortan in eine andere Richtung zu führen – und das heißt wiederum die Bereitschaft zu Sühne und Versöhnung! –, sprach er den »Tätern« in grenzenloser Liebe die Vergebung zu. Die körperliche Heilung war der nach außen sichtbare Ausdruck davon.

Der Mensch steht in der polaren Spannung von Schuld und Versöhnung/Sühne. Auch das gehört zur »condition humaine«. Und wir erweisen ihm keinen Dienst, wenn wir den Pol der Schuld kurzerhand psychologisch wegerklären oder »liebevoll« bagatellisieren. Erst das Akzeptieren des einen Pols (Schuld) ermöglicht den anderen: Verzeihung und Versöhnung und Heilung. Das ist letztlich die Botschaft der Höllenlehren; und dieses Anliegen verdient es wahrlich, wieder ins Bewusstsein der Menschen gehoben und in ihrer Gemeinschaft aktualisiert und belebt zu werden.

Zum Schluss folge auch hier ein berührendes konkretes Beispiel von geleisteter Sühne und Wiedergutmachung. Ich begegnete ihm in der deutschen Stadt Dresden anlässlich meines Besuches im Sommer des Jahres 2003. Dresden war am 13. und 14. Februar 1945, also wenige Wochen vor Kriegsende, noch von einem britisch-amerikanischen Bombenangriff in Schutt und Asche gelegt worden – ein kaum vorstellbares Maß an Zerstörung mit mehr als 25.000 Toten. Auch das Wahrzeichen der Stadt, die 1743 eingeweihte Frauenkirche mit ihrer mächtigen Kuppel, welche von einem imposanten Turm gekrönt war, fiel in sich zusammen.

Das DDR-Regime verweigerte den Wiederaufbau, ließ vielmehr den Trümmerhaufen liegen – als Mahnmal gegen solch sinnlose Zerstörung. Erst nach der Wende bildete sich eine Bürgerinitiative, die 1992 den Wiederaufbau einleitete, finanziert einzig durch private Spenden und Zuwendungen, und dies bei einem Finanzbedarf von 130 Millionen Euro! Beim Wegräumen des Schuttes kam auch das stark beschädigte goldene Kreuz, das einst den Turm auf der Kuppel zierte, zum Vorschein – es war bei meinem Besuch in einer Vitrine ausgestellt. Eine Gruppe britischer Bürger entschloss sich, eine exakte Kopie herstellen zu lassen und der Stadt Dresden als Beitrag zum Wiederaufbau der Kirche zu schenken – und der Goldschmied, der es kunstvoll fertigte, ist der Sohn eines der Bomberpiloten, die damals Zerstörung und Tod über die Stadt gebracht hatten ... Ein Schauer von Gänsehaut überkam mich angesichts dieser eindrücklichen Geste von Wiedergutmachung und Sühne.

Der Himmel

»Reich erfüllt von Gold ist das erste Zeitalter«, so beginnt der römische Dichter Ovid (43 v.Chr.–17 n.Chr.) sein bekanntestes Werk, die »Metamorphosen«, in denen er unter anderem die Geschichte des Menschengeschlechts anhand alter Mythen erzählt. Weiter lesen wir da, dass es in dieser glücklichen Anfangszeit keine Richter brauchte und kein Gesetz gab, »weil jeder von sich aus spontan das Rechte tat und seinen Glauben lebte« (das habe ich seit meiner Gymnasialzeit wörtlich im Kopf: »aurea prima sata est aetas …«) – ein wahrhaft »Goldenes Zeitalter«! Analog zur Bibel wird auch hier ein wünschenswerter Idealzustand – also »himmlische Zustände« – des menschlichen (Zusammen-)Lebens an den Anfang der Geschichte projiziert, als Erfüllung tiefster Sehnsüchte.

Jenseitsvorstellungen

Es wäre spannend, aus solchen idealen Projektionen Rückschlüsse auf die jeweiligen Kulturen und ihre wichtigsten Werte zu ziehen. Für den Römer Ovid war es das spontan reibungslos funktionierende soziale Gefüge auch ohne den Zwang durch Gesetz und Richter; für die Bibel – es klang schon an – die umfassende Harmonie des Menschen mit seiner Umwelt, mit den Mitmenschen und mit Gott: »Beide waren nackt, der Mensch und sein Weib. Aber sie schämten sich nicht voreinander« (Gen 2,25) – in der bruchlosen Harmonie gab es keinen Grund zur Scham. Im islamischen Paradies kommt der überbordenden Fülle an Wohlstand und den schönen Huris große Bedeutung zu.

Andere derartige Projektionen, die heute in vieler Leute Mund sind – durchaus als »die Realität« des Ursprunges verstanden –, heißen »Atlantis« und »Lemuria«. Auch das sind ideale Kulturen, die vor

Tausenden von Jahren bestanden haben sollen, in denen sich aber im Laufe der Zeiten irgendetwas wie ein Sündenfall ereignete, sodass sie untergingen – die Paradiese gingen verloren, wie unsere eigene Lebenserfahrung uns täglich drastisch vor Augen führt. Einzig die Sehnsucht dauert an und wird als anzustrebendes oder verheißenes Ziel wieder ans Ende projiziert! Doch wie immer, wenn die Wahrheit von Mythen als »Realität« in der Materie missverstanden wird, geht es bald sehr unparadiesisch zu und die Menschen geraten sich in die Haare. So herrscht seit Jahrhunderten Streit darüber, wo denn der legendäre Kontinent »Atlantis« sich befunden haben soll. Und es gibt wohl keine Weltgegend, in der er nicht schon angesiedelt wurde (vgl. Tempelman, 33 / 2 ff.). Dabei wird übersehen, dass die Ursprünge von »Atlantis« ein Mythos sind, den der schon erwähnte griechische Philosoph Platon in seinem Dialog »Timaios« zur Veranschaulichung einer seiner Theorien in die Welt gesetzt hat.

Menschen, durchaus auch prominente »Seher«, schildern aus »Rückerinnerungen an frühere Inkarnationen« Erlebnisse aus diesen alten Kulturen und leiten kritiklos daraus ab, dass es sie »wirklich« gegeben habe – und realisieren in der Regel nicht, dass da archetypische Inhalte mit Erinnerungen vermengt werden. Das Paradies, das Glückselige Reine Land, Atlantis, das alles sind idealisierte Zustände, deren der Mensch nicht mittels einer geografischen Lokalisierung oder historisch-zeitlichen Einordnung habhaft werden kann. Es sind archetypische Sehnsüchte in der menschlichen Psyche.

Derartige Deutungen der Menschheitsgeschichte lassen diese in einer uneingeschränkten Harmonie eines idealen Anfangszustandes beginnen. Irgendwann einmal erfolgt jedoch ein Bruch (biblisch: Sündenfall) und die Menschen gehen dieser Harmonie verlustig. Es folgt ein langer, mühsamer Weg in einer weit weniger friedlich-harmonischen Welt, auf dem die Menschen sich zu bewähren haben (so traditionell in den monotheistischen Religionen), um nach entsprechenden Läuterungen zum idealen Ursprung, nunmehr als Ziel, zurückkehren zu können.

Eine etwas andere Perspektive finden wir in der Bibel auch noch, in der »Geheimen Offenbarung«. Hier ist die Rede vom »himmlischen Jerusalem«. Dieses Bild greift einerseits auf Vertrautes zurück: Jerusalem als religiöses und politisches Zentrum von Israel. Gleichzeitig ist hier aber nicht eine Rückkehr zum Anfang im Blick, sondern ein endzeitlicher Neuanfang: »Das neue Jerusalem sah ich herabsteigen aus dem Himmel von Gott her.« Weder Trauer noch Mühsal noch Tod wird es hier geben, »denn das Frühere ist vorbei«. Dieses himmlische Jerusalem ist »im Besitz der Herrlichkeit Gottes. (Sein) Lichtglanz ist gleich einem überaus kostbaren Stein ... leuchtend wie ein Kristall« (Offb 21,1.11).

Von solchen idealisierten Ur- und Endzuständen war schon ausführlich die Rede, sodass wir uns an dieser Stelle auf ergänzende Aspekte beschränken wollen. Auch der »Himmel« ist ein überall anzutreffendes Element in den Jenseitsvorstellungen der Menschheit.

Die monotheistischen Traditionen

Ein jüdisches Gebet nimmt ausdrücklich das Stichwort »Sehnsucht« auf, wenn es um die nachtodliche Zukunft der Seele geht. Es wendet sich an Gott: »Du bist allgütig und hast nicht umsonst die Sehnsucht nach einem besseren Leben in meine Brust gesenkt, wenn du sie nicht befriedigen wolltest« (Sefer, 1*).

Im Übrigen wird der letztendlichen Unsagbarkeit all dessen insofern Rechnung getragen, als auch hier in Bildern – in der Fachsprache heißt das Metaphern – gesprochen wird. Beim jüdischen Begräbnis wird das Schicksal der »Frommen« beschworen, »deren Geist aber zum Himmel emporgestiegen (ist), wo der Ewige ihn in Obhut hält und ihn mit dem Abglanz himmlischen Glanzes beseligt (was das konkret bedeutet, wird nicht weiter ausgeführt, Anm. d. Verf.) ... Sie (die Frommen) jauchzen auf ihrem Lager« (ebd., 3*). Der Grund des Jauchzens wird in einem ebenso symbolreichen Gebet dargelegt, das sich an Gott richtet: »Lass mich kennen ... der Freude Fülle vor deinem Antlitz, die ewige Seligkeit in deiner Rechten« (ebd., 28) im »neuen Leben in jener Welt, in der eine ununterbrochene Sabbatstille gefeiert wird« (ebd., 49). Hier wird eine vertraute, aber zeitlich beschränkte Erfahrung von Heilsein als endloser Zustand nach dem irdischen Leben in die Ewigkeit projiziert.

Bei alledem ist klar: Diese Freuden und Seligkeiten sind reine Gnadenerweise Gottes, um die schon zu Lebzeiten gebetet wird: Ich rufe »des Ewigen Namen an: ›Ach Ewiger, rette meine Seele!‹ Gnädig ist der Ewige und gerecht, unser Gott, erbarmungsvoll« (ebd., 41).

Wenn das Schlimmste an der Höllenstrafe die ewige Gottferne ist, so heißt ewige Seligkeit in erster Linie und vor allem: bei Gott sein. So wünscht sich Paulus im Zweiten Testament in seinem Brief an die Christen in Philippi eigentlich den Tod: »Ich habe das Verlangen, aufzubrechen und mit Christus zu sein, denn das wäre weitaus das Bessere; das Verweilen im Fleisch aber ist notwendiger um euretwillen« (Phil 1,23 f.). Der Grund dieser Sehnsucht gründet in der Hoffnung: »Denn wenn wir glauben, dass Jesus gestorben und auferstanden ist, so wird Gott auch die in Gemeinschaft mit Jesus Entschlafenen mit ihm führen« (1 Thess 4,14). Auch hier also ist es die göttliche Gnade, auf die der Apostel baut.

Genau auf diesen Glauben, auf dieses Vertrauen gründet auch Jesus seine Verheißung: »Wahrlich, wahrlich, ich sage euch: Wer glaubt, hat ewiges Leben« (Joh 6,47). Dem zu seiner Seite Mitgekreuzigten, der Reue zeigt, sagt er zu: »Wahrlich, ich sage dir: Heute noch wirst du mit mir im Paradiese sein« (Lk 23,43) – gewährte Gemeinschaft mit dem Gottessohn als endgültiges Ziel auch hier.

An diese göttliche Gnade appellieren denn auch zahlreiche Gebete in der katholischen Totenmesse: »Gott, dir ist es eigen, allzeit Erbarmen und Schonung zu üben. Dich bitten wir für die Seele deines Dieners / deiner Dienerin (Name), die du aus dieser Welt hast scheiden lassen ... Befiehl deinen heiligen Engeln, dass sie sie aufnehmen und ins himmlische Heimatland geleiten. Auf dich hat sie gehofft ... lass sie die ewigen Freuden besitzen« (»Sonntagsmessbuch«, 1064).

Diese Linie wird im nachkonziliaren Bewusstsein weitergeführt, es werden aber auch neue Akzente gesetzt, Vertrauen und Hoffnung vertieft. So ist jetzt die Rede vom »Glauben, dass der Tod nicht das Letzte, sondern vielmehr der Anfang eines neuen Lebens ist. Dieses neue Leben bei Gott bedeutet Glück, Erfüllung und Frieden. (Im Folgenden wird auf Tod und Auferweckung Christi verwiesen, Anm. d. Verf.) Er, Christus, ist Garant der Zusage Gottes, ... dass auch wir ewiges Leben haben werden« (»Werkbuch«, 59 f.).

Ein Blick in das »Islamische Totenbuch« macht deutlich, dass die schon mehrmals als Fehlentwicklung angeprangerte Verschiebung in der christlichen, vor allem katholischen (vorkonziliaren) Volkspredigt vom verheißenen Heil zur Drohung mit Gericht und Hölle auch im Islam sehr ausgeprägt zu beobachten ist. Die Schilderungen des Himmels nehmen über fünf Kapitel 14 Seiten ein und damit nicht einmal halb so viel wie die Darstellungen der Hölle ...

Bei den Beschreibungen des islamischen Paradieses sind der Fantasie ebenfalls keine Grenzen gesetzt. Es gibt da »acht goldene, mit Edelsteinen verzierte Höfe ... der erste ist der der Propheten ... (und) Märtyrer ... Der zweite ist der der Betenden« (usw. »Das islamische Totenbuch«, 192). Daneben ist es auch aufgeteilt in sieben Gärten aus weißen Perlen, aus rotem Hyazinth, aus weißem Silber (usw., vgl. ebd., 192 f.). Und alles hat fantastische und unvorstellbare Ausmaße. An Lustbarkeiten gibt es »Ströme mit Wein, eine Lust für die Trinkenden«, dies ausdrücklich für »diejenigen, die fromme Werke übten und sich von den Todsünden und Übertretungen fernhielten« (ebd., 193/195). Hier nehmen auch die Huris, die schon erwähnten Paradiesjungfrauen, breiten Raum ein: »Gott hat sie aus vier Dingen geschaffen: aus Moschus, Kampfer, Ambra und Safran« (ebd., 199) – dies gemäß dem Koran, wo es heißt, dass Gott jedem, der im Ramadan das Fasten eingehalten hat, »im Paradies eine dunkelhäutige Jungfrau in einem Zelt aus einer weißen ausgehöhlten Perle zur Gattin« gibt (ebd., 200, nach Sure 55,72, 534). Diese Huri ist, obwohl sie und der Verstorbene sehr regen Sexualverkehr zusammen pflegen – wenn man alle Angaben zusammenzählt, kommt man auf mehrmals täglich –, jedes Mal aufs Neue wieder Jungfrau. Auch werden die beiden einander niemals überdrüssig. Des Weiteren wird betont, dass es hier keinen Schlaf gibt, »denn der Schlaf ist der Bruder des Todes« (»Das islamische Totenbuch«, 203), und den haben die Gerechten ja bereits hinter sich.

Der Buddhismus

Im Buddhismus ist der Himmel, der Bereich der Götter, wie wir schon sahen, eine der sechs Welten, in die Menschen mit entsprechendem Karma inkarnieren können. Es ist eine Welt höchster Glückseligkeit, erfüllt von Ruhe und Frieden – aber zeitlich begrenzt durch Sterben und Tod.

Tulku Thondup, ein zeitgenössischer tibetischer Lehrer, der schon mehrmals zitiert wurde, folgt in seinen Schilderungen des Himmels strikt der zentralen buddhistischen Lehre, dass, wie die Hölle, auch der Himmel eine Erfahrung im jeweiligen menschlichen Bewusstsein ist. Diese richtet sich unfehlbar nach den Denkmustern und Bewusstseinshaltungen, die im zu Ende gegangenen Leben verwirklicht wurden – auch das ein Aspekt von Karma. »Wenn unser Geist (im Leben) friedlich und freudig ist, ... (gilt:) Zum Zeitpunkt des Todes, wenn wir von den Begrenzungen des materiellen Körpers ... und Umwelteinflüssen entbunden werden, können wir die Freiheit erlangen, Frieden und Freude zu genießen, das Wahre Wesen unseres Geistes ... (Es werden) im Moment des Todes alle auftretenden Phänomene als eine Welt von Frieden, Freude und Erleuchtung erscheinen« (Thondup, 27). Die geistige Einstellung während des Lebens in der vergangenen Inkarnation ist ausschlaggebend: »Wenn in unserem Geist friedliche, freudige und soziale Gedanken und Handlungen vorgeherrscht haben und wenn wir positive Wahrnehmungen hatten ... dann wird die Welt, die sich uns als künftiger Geburtsort zeigt, eine positive Welt voller Frieden und Freude sein, wie etwa das Glückselige Reine Land« (ebd., 262).

An dieser Stelle müsste im Rahmen der Betrachtungen buddhistischer Lehren auch vom *Nirvana* die Rede sein, diesem geheimnisvollen Endziel allen Mühens und Strebens der buddhistischen Gläubigen – somit wäre es das Nirvana, das letztlich dem »Himmel« in den monotheistischen Religionen entspräche. Der Begriff selbst ist dem Hinduismus entliehen und bedeutet so viel wie »verwehen« oder »verlöschen«. Buddhistische Lehrer jedoch sind sich bewusst, dass »Nirvana« schlichtweg eine unbeschreibliche Wirklichkeit ist – alles, was unsere Existenz hier in der Materie (Samsara als Gegenbegriff zu Nirvana) bestimmt, fällt weg: Zeit und Raum, Verstandes-Denken, Ich-Bewusstsein, Dualität ... Es ist also nur möglich zu sagen, was Nirvana *nicht* ist.

Die Meister verweisen denn auch in diesem Zusammenhang darauf, dass Buddha selbst mit seinen Schülern oft lange geschwiegen habe – und dies sei seine Belehrung über das Nirvana gewesen. So stoßen wir auch in den von uns beigezogenen buddhistischen Schriften wohl ständig auf den letzten Schritt, um dieses endgültige Ziel zu erreichen: Erleuchtung, Befreiung, Erwachen. Über den Zustand selbst aber schweigen sich die Texte völlig aus.

Das alte Ägypten

Der »Himmel« für die Ägypter, das Reich des Osiris, in das zu gelangen die Seligen Toten das Vergnügen haben, trägt einen Namen: Rasetjau. Dazu belehrt uns Erik Hornung: Der Tote »verschafft sich ... Zugang nach Rasetjau, dem seligen Osiris-Reich, wo die ›begnadeten Verklärten‹ ein und aus gehen und ihre Opfernahrung erhalten« (Hornung 2004, 32). In Spruch 118,1–3 des Totenbuches spricht der Selige Tote: »Ich bin einer, der in Rasetjau geboren wurde, Verklärtheit wurde mir gegeben von den Würdenträgern, als Reinheit des Osiris« (ebd., 227). Der Tote spricht Osiris direkt an: »Ich bin zu dir gekommen, Osiris, damit ich dich anbete ... sei gegrüßt, Osiris, und erhebe dich ... dass du mächtig bist in Rasetjau« (Spruch 119,2; 4 f.; 7, ebd., 228). Auch hier wird der glückseligen Schlemmerei gefrönt: »Dann soll mir ein Kuchen gegeben werden, ein Krug Bier und ein Laib Brot, wie diesen Verklärten, die ein und aus gehen in Rasetjau« (Spruch 126,17–19, ebd., 246) – dies in Gesellschaft von Osiris: Der Selige Tote »kann nicht nochmals sterben, sondern er speist zur Seite von Osiris allezeit« (Spruch 135, Nachschrift, ebd., 262). Selbst der Feuersee, den wir schon kennenlernten als ein Ort der Marter für die »Feinde«, wandelt sich für die Seligen Toten in sein Gegenteil: »Sein Wasser spendet den Seligen Toten Kühle und frische Nahrung« (ders. 2002, 44). Von den beglückenden Begegnungen der Seligen Toten mit dem jede Nacht vorbeiziehenden Sonnengott Re, der ihnen sein Licht und seine Gaben verteilt, war schon ausführlich die Rede.

Auch für die Ägypter ist dieser Zustand für die Ewigkeit. Im Totenbuch spricht der Tote, wenn er Re in der Unterwelt preist: »Ich habe das Reich der Ewigkeit erreicht und mich mit dem Reich der ewigen Dauer vereint. Du aber bist es, der mir dies zugewiesen hat, du mein Herr« (Spruch 15,20–22, ders. 2004, 58). Hier wird er selbst von den Göttern willkommen geheißen: »Die Götter sprechen zu dir (dem Seligen Toten): ›Willkommen!‹ Zieh doch dahin, dass du deinen Besitz erblickst in deinem Haus der Ewigkeit« (Spruch 170, 48–50, ebd., 350).

Von den *Maya* sind offensichtlich keine Vorstellungen von einem Himmel überliefert. Die Toten verharren in einem, wie es scheint, nicht sehr vitalen Zwischenzustand, bis der Weihrauch, den die Menschen auf der Erde opfern, sie wieder belebt und sie sich zur nächsten Inkarnation rüsten. Analog zum ewigen Kreislauf der Natur ist auch dieser Zyklus ewig und findet offenbar nicht in einem irgendwie gearteten Himmel oder Nirvana irgendwann einmal ein Ende.

Inspirationen für unsere Praxis

In einem der ägyptischen Sprüche, die wir hörten, ist es der Sonnengott Re, der dem betenden Seligen Toten das ewige Reich zugewiesen hat. Hier klingt ein Element an, das verbreitet ist: Trotz des Gerichtes – das grundsätzlich durchaus die Unschuld des Angeklagten feststellen könnte, worauf dieser die ewige Glückseligkeit ja eigentlich »verdient« hätte – wird fast überall betont, dass das tatsächliche Eingehen-Dürfen in diese seligen Orte immer auch ein göttlicher Gnadenerweis ist. Vielleicht klingt da die menschliche Grunderfahrung der Gebrochenheit erneut an, von der wir im Zusammenhang mit der Schuldfrage gesprochen haben: Auch der Mensch, der sich ehrlich um einen ethischen Lebenswandel bemüht, steht in dieser Gebrochenheit. Niemand wird wirklich mit »reiner Weste« dastehen, sodass welcher Gott auch immer letztlich in jedem Fall »ein Auge zudrücken« muss, wenn er die ewige Seligkeit gewährt.

Der göttliche Gnadenerlass also ist ein wichtiges Thema, das vielerorts aufscheint. Ich habe für mich das Bild entworfen, dass die verschiedenen Religionen und Glaubenslehren allesamt Musikinstrumente sind, die zusammen ein »Orchester« bilden. Und nur zusammen als Orchester können sie »Gott spielen«; Gott wäre also sozusagen die »Symphonie«, die das Orchester erklingen lässt. Das heißt, für die wahre Gotteserkenntnis (bei allen Einschränkungen, die dabei angebracht werden müssen!) kann auf keine der Religionen verzichtet werden. Dieses Bild des Orchesters besagt weiter, dass jedes der Instrumente seinen ganz eigenen Klang hat beziehungsweise einen der vielen Aspekte Gottes besonders klar zum Ausdruck bringt. Wenn ich mich nun frage, was denn der besondere Klang des »Instrumentes Christentum« ist, in anderen Worten, welches der spezifische Beitrag der christlichen Botschaft zur Gotteserkenntnis ist, so scheint mir, dass es genau um diesen Punkt geht: die göttliche Gnade. Denn wenn auch dieser Aspekt in vielen Lehren präsent ist, wir sahen es soeben, von so zentraler Bedeutung wie in der biblischen Lehre des Zweiten Testamentes, genauer in der Heilslehre von Jesus, scheint er mir nirgendwo sonst zu sein. Das ist wirklich das Herausragende in der Botschaft, die Jesus von allen anderen Gottesboten und Offenbarern und Propheten abhebt: Sein Gott ist ein Gott der bedingungslosen und grenzenlosen Liebe zu den Menschen. Da verfehlen rigide christliche Strömungen ihren Verkündigungsauftrag bis heute.

Göttliche Gnade, einzig in der buddhistischen Tradition ist dieses Element kaum präsent, weil es hier in erster Linie das Karma ist, das den weiteren Weg des Bewusstseins bestimmt, und es einen Gott, der gnädig sein könnte, ja gar nicht gibt.

So ist es mir denn ein Bedürfnis, nicht nur in der Auseinandersetzung mit den allzu einseitigen christlichen und muslimischen Strafpredigern, sondern ebenso im Gespräch mit rigiden Formen der Reinkarnationslehre, bei denen wirklich jedes Quäntchen Karma erbarmungslos bis zum bitteren Ende abgetragen werden muss, ein Bedürfnis, die göttliche Gnade ins Gespräch einzubringen. Meine christlichen Wurzeln legen mir ein solches Vertrauen nahe – was keinesfalls heißen kann, dass ich nicht trotzdem die Verantwortung für mein Leben voll zu übernehmen habe.

Auf einen ganz anderen Aspekt von »Himmel«, nämlich auf die Mystiker, welche diesen in sich selbst erfahren, werden wir im zweiten Teil dieses Buches näher eingehen.

Die allermeisten von uns westlichen Menschen des 21. Jahrhunderts jedoch kümmern sich in der Regel kaum oder gar nicht um all diese Fragen und kommen in dieser Hinsicht oft völlig unvorbereitet ins Sterben. So bleibt uns denn noch ein weiteres Stichwort, dem wir unsere Aufmerksamkeit schenken müssen: das Fegefeuer.

Das Fegefeuer

Als Kinder wurde uns vor dem Fegefeuer fast genauso viel Angst eingepflanzt wie vor der Hölle; Strafe und Rache waren auch hier die Leitmotive. Als ein schreckliches Feuer ähnlich der Hölle wurde es uns einst beschrieben, aber – jetzt muss ich ironisch werden – immerhin war es vielleicht fünf Grad weniger heiß als die Hölle. Doch, und das ist das Entscheidende – und jetzt bin ich wieder ernst –, irgendwann, viele Hundert Jahre wurden uns in Aussicht gestellt, kommt es an ein Ende. Dann, nach Abbüßen der Strafe, wird die ewige Glückseligkeit bei Gott doch noch gewährt.

Um solche traumatisierende Erfahrungen aus der religiösen Erziehung von damals hinter sich zu lassen, blenden heute viele Menschen auch das Fegefeuer ganz einfach aus. Jedoch, wenn wir uns von den geschilderten, wenig hilfreichen Vorstellungen befreien, offenbart sich das »Fegefeuer« als ein überaus konstruktives Konzept, das wesentliche Dimensionen zu eröffnen vermag. In Latein heißt es »purgatorium«, was »Ort der Reinigung« bedeutet. Auch darunter dürfen wir uns nicht ein alle Schuld verzehrendes, diese aber auch bestrafendes Feuer vorstellen. Vielmehr deutet »Reinigung« darauf hin, dass es um Prozesse geht, um Entwicklung und Erkenntnis.

In manchen Fällen mag »Fegefeuer« ein schmerzliches Bewusstwerden am Lebensende bedeuten, etwa die Einsicht, den Lebenssinn der Liebe weit verfehlt zu haben – ein Prozess, der vielleicht schon in der Gestalt eines schweren Sterbens seinen Anfang nimmt.

So ist für mich das Fegefeuer zur Antwort jener Glaubensformen geworden, die nur an ein einziges Leben in der Materie glauben, in erster Linie also der monotheistischen Lehren, eine Antwort an die Reinkarnationstheorie. Diese geht davon aus, dass die gesamte geistige Entwicklung nur in der Materie geleistet werden kann und muss. Das Fegefeuer eröffnet die Perspektive, dass es nach einem einzigen

Leben auch in der geistigen Welt Möglichkeiten der Entwicklung und Reifung gibt.

Ein Hauptargument, das Reinkarnationsgläubige gegen den Ein-Leben-Glauben oft ins Feld führen, sind sterbende Kinder, ganz besonders die Säuglinge, die, kaum sind sie geboren, schon wieder sterben. Das bedeutet in dieser Argumentationslinie, dass diese gar nicht die Chance haben, die nötigen geistigen Schritte zu tun, und damit ebenso dringend wie »logisch« auf weitere Inkarnationen in der Materie angewiesen sind. Das ist natürlich eine Blume im Strauß, die ihre innere Logik hat. Eine andere Blume – und in dieser Hinsicht möchte ich die besonders Eifrigen unter den Reinkarnationsgläubigen nicht nur um Toleranz, sondern nachdrücklich auch um geistige Beweglichkeit bitten! –, eine andere Blume erkennt, dass auch Menschen, die lange auf dieser Erde leben und denen somit viel Zeit gewährt wird, nach all diesen langen Jahrzehnten immer noch Unerledigtes zurücklassen beziehungsweise solches in ihrem Bewusstsein in die geistige Welt mitnehmen. Ich habe eine 100-jährige Frau, die von unglaublicher geistiger Klarheit war, in ihr Sterben begleitet. Sie war lebenssatt und erleichtert, dass es nun zu Ende ging. Aber auch in ihrem Leben gab es noch nicht getane Schritte; der Unterschied zu den sterbenden Säuglingen ist also letztlich bloß ein quantitativer.

Geistiges Wachstum

Genau hier setzt die Fegefeuerlehre hilfreich ein. Sie eröffnet einen geistigen Raum, in dem diese in der Materie nicht vollzogenen Schritte noch getan werden können. Selbstredend geschieht dies nicht unter den schrecklichen Bedingungen von Feuerqualen und Gluthitze. Vielmehr wird das Bewusstsein liebevoll angeleitet, zuerst das Unerledigte überhaupt zu erkennen und anzuerkennen – »Gericht!« –, worauf Wege eröffnet werden, diese Mängel auszugleichen, Schritte geistiger Entwicklung und Reifung noch zu vollziehen.

Ausdrücklich thematisiert und als solches benannt wird das Fegefeuer nur in der katholischen Lehre, und auch hier ist es relativ jung. Es geht auf einen Lehrentscheid von Papst Benedikt XII. im Jahre 1336 zurück. Des Weiteren muss klar festgehalten werden, dass die biblische Basis dafür äußerst dürftig ist. So wird etwa auf Lk 12,59 verwiesen, wo von einem Übeltäter die Rede ist, der in den Kerker geworfen und dem angedroht wird: »Du wirst von dort nicht herauskommen, bis du auch den letzten Heller bezahlt hast« – doch ist der inhaltliche Zusammenhang dieses Jesus-Wortes ein völlig anderer, und man tut ihm reichlich Gewalt an, wenn man es zur Begründung der Fegefeuerlehre heranzieht. Nicht viel ergiebiger ist es bei Paulus in 1 Kor 3,15. Hier geht es um einen Menschen, der zwar nicht völlig schlecht ist, aber doch Übles getan hat, und von dem es heißt: »Er selbst wird zwar gerettet werden, jedoch so wie durch Feuer hindurch.« Auch hier ist der Zusammenhang ein anderer.

Eng verbunden mit der Idee des Fegefeuers – es wird auch von »zeitlichen Strafen« gesprochen – ist in der traditionellen katholischen Tradition auch hier die Fürbitte für die Verstorbenen: Gott möge sie aus den Qualen dieser Reinigungsstätte erlösen. Dies wiederum hat ein wenig bekanntes Vorbild in der jüdischen Geschichte aus der Spätzeit, als ein Mann namens Judas der Makkabäer ein Führer Israels war. Von ihm wird berichtet: »Er veranstaltete das Sühneopfer für die Verstorbenen, um sie von ihrer Sünde zu erlösen« (2 Makk 12,45).

Ausdrücklich formuliert also ist die Fegefeuerlehre einzig in der katholischen Theologie, inhaltliche Entsprechungen dagegen haben wir vielerorts angetroffen. Im Blick auf die jüdische Tradition wurde bereits darauf verwiesen im Zusammenhang mit der Frage, ob Gott allgerecht oder allgütig sei. Für die zeitgenössische rabbinische Belehrung gilt: »Es ist ein Grundsatz der Religion Israels: Es gibt keine ewige Verdammnis, sondern der Sünder muss für seine Sünden Strafe leiden, und wenn er dafür gelitten hat, nimmt ihn Gott wieder in Gnade auf« (Sefer, 121). Das würde, abgesehen von der Ablehnung der ewigen Strafe, in jedem katholischen Katechismus als Erläuterung zum Stichwort Fegefeuer durchgehen.

Auch im Islam klingt die »Idee Fegefeuer« an, ohne ausdrücklich so genannt zu werden. Wir sahen, dass es wohl auch gläubige Moslems gibt, die aufgrund ihres Lebenswandels zu einer Höllenstrafe verurteilt werden. Aber irgendwann einmal ist die Strafe abgeleistet und sie werden in die ewige Seligkeit eingehen – genau wie es die Fegefeuerlehre auch sagt.

Für die Ägypter erübrigt sich eine solche »Kategorie Fegefeuer«, da die »Toten« einen zweiten Tod sterben, aus dem es von seinem Wesen her keine Wiederkehr geben kann. Für die Buddhisten schließlich ist die Hölle einer der sechs möglichen Orte der Reinkarnation. Da ist die zeitliche Begrenztheit schon in der Anlage vorgegeben. Die Hölle der Buddhisten hat also wesentlich auch Fegefeuer-Charakter.

Bedenkenswert ist in diesem Zusammenhang noch einmal die Aussage im Ersten Testament der Bibel, »dass man mit dem gestraft wird, mit dem man sündigt« (Weish 11,16), und deren Analogien im Koran und den tibetischen Höllenlehren (verschiedene Stufen von Höllen für verschiedene Arten begangener Untaten). Wenn wir einmal von »sündigen« und »gestraft werden« abstrahieren und stattdessen ohne Moral und Urteil von nicht getanen Schritten oder unerledigten Geschäften sprechen, öffnen sich hilfreiche Perspektiven: Das »Fegefeuer« gewährt genau da die Chance des geistigen Wachsens, wo noch Defizite bestehen, wo etwa noch destruktive Emotionen wie Wut und Hass störend wirken oder wo noch keine Versöhnung stattgefunden hat etc. Diese noch wunden Bereiche der Seele sollen geheilt werden. Somit ist die Lehre des Fegefeuers letztlich überaus aufbauend, versöhnend und heilend. Aber um dies erkennen zu können, müssen wir auch hier die zur Angstmacherei degenerierten überlieferten Formen übersteigen und nach der tiefen Bedeutung, nach dem Archetypus fragen.

Exkurs: Gedanken zur Reinkarnation

Es sei mir an dieser Stelle ein persönlicher Hinweis gestattet, um falsche Eindrücke zu vermeiden: Die Lehre der Reinkarnation ist für mich eine Quelle wertvoller Inspiration, für die ich dankbar bin und die mir immer wieder hilft, sowohl in meinem eigenen Leben wie auch in dem von meinen Mitmenschen vorgefallene Ereignisse und Erfahrungen in größere Zusammenhänge sinnvoll einzuordnen. Aber sie lässt auch Fragen offen. Die für mich dringlichste: Wenn die lange Reihe von Inkarnationen die geistige Entwicklung der Menschen voranbringen soll – wieso sind denn *so wenig Fortschritte* ersichtlich? Wieso regieren noch immer Macht und Geld die Welt? Wieso werden die hoch technisierten Kriege immer brutaler und grausamer? Wo bleibt die Kraft der Liebe, um deren Entfaltung es doch eigentlich gehen sollte, wenn die Seelen sich seit so vielen Jahrtausenden reinkarnieren.

Die Reinkarnationslehre ist – wie alles andere auch – eine Blume im Strauß, für mich eine wertvolle Blume. Mein Widerstand, der mehrfach angeklungen ist, richtet sich keineswegs gegen diese Lehre als solche, sondern gegen den Unfehlbarkeitsanspruch und Dogmatismus, mit denen eifrige Anhänger ihren Glauben vertreten. Dabei erkennen sie gelegentlich sehr pauschal in »der Kirche« ihren großen Widersacher und polemisieren heftig gegen diesen. Ich weise auch Ansprüche zurück, mit denen oft sämtliche großen Kulturen vereinnahmt werden in dem Sinne, dass diese »selbstverständlich« alle die Reinkarnation gelehrt hätten oder bis heute lehrten – im Zusammenhang mit dem alten Ägypten habe ich darauf verwiesen. Nicht jedes Mal, wenn ein Wort eines alten Textes im Deutschen mit »wiedergeboren« oder »wiederauferstanden« übersetzt wird, ist das gemeint, was die klassische Reinkarnationslehre vertritt. Auch der gelegentlich vehement vorgebrachten Behauptung, die Bibel sei überhaupt nur mit dem Element der Reinkarnation richtig zu verstehen, muss entgegengetreten werden.

Eine »christliche Reinkarnationslehre« – ist das möglich? Einige Autoren vertreten diese These, und wenn sie sachlich und ohne Polemik argumentieren, müssen wir sie als Gesprächspartner unbedingt ernst nehmen. Ein solcher Dialog wäre durchaus spannend. Er würde aber den Rahmen dieser Studie sprengen und bleibt somit weiteren Untersuchungen vorbehalten. Ich trage auch einen Gedanken in mir, wie die beiden Perspektiven durchaus miteinander versöhnt werden können. Da harrt meiner noch eine Herausforderung.

Inspirationen für unsere Praxis

Die Lehre vom Fegefeuer erweist sich bei tieferem Betrachten als sehr human. Sie fängt unsere Erfahrung von Gebrochenheit hilfreich auf. Sie entlastet uns Menschen vom Druck zur Vollkommenheit; wir dürfen Fehler machen – als Menschen können wir gar nicht anders, als Fehler zu machen, »condition humaine«! Das Fegefeuer eröffnet einen Raum, in dem diese menschliche Grundbedingtheit in den weiteren Weg des Reifens in der geistigen Welt integriert werden kann.

Wohl müssen wir die Schritte unseres geistigen Weges, die noch offen sind, tun. Für die einen geschieht dies im Fegefeuer, für andere in einer nächsten Inkarnation, je nach Blume. In jedem Fall aber ist uns so viel Zeit gewährt, wie wir brauchen. Denn wir sind geliebt. In der Sprache des biblischen Schöpfungsberichtes heißt das, wir sind nach Gottes Ebenbild geschaffen (vgl. Gen 1,27). In jedem Menschen lebt der göttliche Kern, beziehungsweise ist dieser Kern unser Wahres Wesen. Diesen Kern zu verwirklichen ist unsere Aufgabe. Aber wir müssen diese nicht unter der Fuchtel eines zornig-strafenden Gottes oder eines unerbittlich-zwanghaften Karmas lösen, sondern wir dürfen unseren Weg ernsthaft, aber nicht angstvoll und verbissen, vielmehr vertrauensvoll und zuversichtlich gehen.

Gedenke des Sterbens und lebe dein Leben

Wir kommen zum Schluss unserer Einblicke in bedeutende religiöse Traditionen. Ein Gedanke, der schon angeklungen ist, bedarf noch der Vertiefung: *Memento mori – gedenke des Sterbens!* Dies ist die klassische Formulierung in der katholischen Tradition, aber wir begegneten diesem Anliegen vielerorts.

Der Gedanke an den Tod weckt unvermeidlich die Frage nach dem Sinn des Lebens. In den monotheistischen Religionen mündet dieser Aufruf in erster Linie in die Ermahnung, ein tugendhaftes Leben zu führen und Gottes zu gedenken. So schildert das »Islamische Totenbuch« (vgl. 73 f.), wie das Grab in unser Leben hinein»ruft« und uns zur Lektüre des Korans, zum Lobpreis Gottes und zu guten Werken anspornt.

In der rabbinischen Belehrung lesen wir: »Der Mensch denke immer an den Todestag und spreche zu sich selbst: Mein Herz, mein Herz, weißt du nicht, dass du nur erschaffen wurdest, um wieder zum Staube zurückzukehren? Warum willst du denn dein Ende nicht bedenken?« (Sefer, 139). Das Ziel dieser dringlichen Frage ist auch hier, den Menschen dazu zu bringen, so zu leben, dass er am Ende der Tage im Gericht bestehen wird.

Unser uns schon bekannter katholischer Bußprediger setzt in seinem Überschwang noch eins drauf. In der Barockzeit, die unter anderem durch Lebensfreude und Genuss geprägt war, hielten die Prediger es offenbar für besonders dringlich, immer wieder den Mahnfinger drohend zu erheben. So empfiehlt auch unser Gewährsmann nachdrücklich, die Gasthäuser zu meiden, »wo man nur lachet, scherzet, isset, trincket, spilt«. Vielmehr soll man Trauerhäuser aufsuchen, da, wo Menschen einen Toten zu beklagen haben. Hier »wird der Mensch erinnert seines letzten Endes und Sterbestündels, und weil er noch bey Leben ist, dencket er nach, wie es etwan künfftig mit ihm gehen werde«. Auch der Besuch des Friedhofs wird nahegelegt: »Wo kan sich einer besser seines letzten Endes und Sterbestündels erinnern, als wann man auff einen Freydhoff gehet, wo man die Todten Gräber vor der Nasen hat.« Die Gedanken, die einem an solchen Orten kommen, sind hilfreich: »Und solcher Gedancken gebähret alsdann vil Gutes in uns. O wie wäre es manchem so vil nutzer, wann er an einem Sonn- oder Feyertag, da er der Weil hat, in eine Kirch oder auf einen Freydhoff gienge, als dass er gehet in ein Gast- oder Würtshauß!« (»Discursen«, 6 f.). So preist er denn sein Buch an, da es als »gehörige taugliche Weegzehrung ... taugen« wird. Allerdings soll es nicht erst in der Sterbestunde beherzigt werden, »dann da wäre es zu spat, sondern jetziger Zeit, da du gesund bist, fleissig lisest oder predigen hörest« (ebd., 12). Dies alles auch hier mit dem Ziel, im Leben »in dem Dienst unseres Gottes sorgfältig und embsig« zu sein (ebd., 313).

Gemäß ihrer anderen Perspektive im Blick auf die Erfahrungen in Sterben und Tod gehen auch die Empfehlungen bei den Buddhisten in eine entsprechende Richtung: Wir erfahren im Sterben das, was wir in unser Bewusstsein als Wahrheit aufgenommen haben, kulturelle Prägungen und vieles mehr. Tulku Thondup (50 f.) erinnert seine Schüler daran: »Tatsächlich erzeugt alles, was wir denken und fühlen, entsprechend positive oder negative Prägungen in unserem Bewusstsein.« So empfiehlt er »selbstlose, friedliche und freudige ... (und warnt vor) negativen Gedanken ... Vieles dieser Art wird für uns aber erst dann sichtbar werden, wenn wir unseren grobstofflichen Körper verlassen und in den Bardo gelangen«. Besonderen Nachdruck legt er auf die Empfehlung der Praxis der Meditation.

Die Schulung des Geistes heißt für Buddhisten immer auch, die Vergänglichkeit des materiellen Lebens samt aller Anhaftungen (materielle Dinge, aber auch Emotionen sowie dogmatische Glaubenssätze usw.) zu erkennen. »Wenn wir die Gewissheit des Todes und die vergängliche Natur geistiger Objekte verstehen, werden alle damit verbundenen, ungesunden geistigen Gewohnheiten abgeschwächt werden. Unser Geist wird offener, anstatt an Dingen festzuhalten ... ruhig anstatt rastlos ... bewusst anstatt unwissend«, und so wird dieser Geist bereit, in ruhiger Bewusstheit den so wichtigen Schritt in den Bardo zu vollziehen (ebd., 61).

Auch Sigmund Freud (1856–1939), dessen Lehren zur Psychoanalyse im Allgemeinen gewiss nicht als besonders mystisch imponieren, spricht von diesen Zusammenhängen. Er bedient sich dazu einer lateinischen Formel, deren prägnante Dichte auf Deutsch nur mit einem ganzen Satz wiedergegeben werden kann: »Si vis vitam, para mortem«, in etwa: »Wenn du ein erfülltes Leben haben willst, bereite dich auf deinen Tod vor.«

Einen weiteren Aspekt in diesem Zusammenhang beleuchtet der protestantische Mystiker Jakob Böhme (1575–1624): »Du musst manchen Tod zuvor sterben, wenn dir der letzte glücken soll.« Damit spielt er auf das an, was heute im Volksmund durchaus wieder ins Bewusstsein kommt: die vielen »kleinen Tode«, die wir im Laufe unseres Lebens zu bewältigen haben, Verlusterfahrungen: Liebe Mitmenschen sterben, materielle Verluste, Pläne zerschlagen sich, Hoffnungen werden enttäuscht – die Liste ist lang. Richtig verstanden ist die bewusste Annahme und Verarbeitung solcher »kleinen Tode« – ein Prozess, an dessen Ende wieder die frohe Zuversicht stehen soll! – tatsächlich eine Hilfe, gut zu sterben, aber auch gut zu leben!

Allerdings kommen mir solche Hinweise auf diese »kleinen Tode«, die mir in meiner Seminartätigkeit recht häufig begegnen, nicht selten auch als einigermaßen oberflächlich vor. Manchmal scheint mir, sie sollen vor allem der Angstabwehr dienen, etwa in der Art: »Wenn wir den Tod schon so oft erlebt und auch einigermaßen gut überlebt haben, wird der letzte wohl auch nicht so schlimm sein.«

Nun, »schlimm« ist der große Tod gewiss nicht, besonders wenn wir uns ernsthaft damit auseinandergesetzt und uns so vorbereitet haben. Aber ich höre in dieser Aussage oft auch eine Bagatellisierung des Todes mitschwingen – und das kann nicht gemeint sein; auch der Todesangst müssen wir uns stellen. Der Tod ist ein gewaltiges Ereignis, faszinierend und erschreckend, bedrohlich (es geht buchstäblich

»ans Lebendige«) und tröstlich, und wir tun uns bestimmt einen guten Dienst, wenn wir in großer Bewusstheit auf ihn zugehen.

Doch genau diese Bewusstheit erlangen wir nicht auf ein Fingerschnippen hin, da ist lange und treue Vorbereitung nötig. Gewiss sind die »kleinen Tode« ein Feld dieser Vorbereitung, aber es braucht mehr. Und da komme ich erneut auf das, was mir immer ganz besonders am Herzen liegt: die zuverlässige und anhaltende spirituelle Praxis.

Es geht mir aber noch um etwas anderes, und hier muss ich unserem eifrigen barocken Bußprediger widersprechen: Gehen wir auch ins Wirtshaus! Will sagen: Leben wir auch Freude, Genuss und Fülle. Wir haben den Leib nicht mitbekommen auf unseren Erdenweg, nur um ihn abzutöten. Er bietet uns einzigartige Möglichkeiten zu erfüllender Lust und Freude, die wir ausschöpfen sollen. Allerdings: Heute droht weit weniger die Gefahr, solches zu verdrängen, als vielmehr jene, es zu verabsolutieren, den Eitelkeiten und Genussangeboten dieser Welt zu verfallen. Und da stimme ich dem barocken Warner wieder zu: Gehen wir *auch* »in die Kirche« und »auf den Friedhof«, nicht in jedem Fall im konkret-materiellen Sinne, sondern im geistigen: Schaffen wir *in uns* »Kirche und Friedhof«, Räume der Besinnung – ich entschuldige mich für die Wiederholung, aber es ist unendlich wichtig –, Räume, in denen wir nach dem Sinn des Lebens und nach ethischen Werten fragen. Oder, wie ich es in meinen Referaten gerne formuliere: Leben wir so, dass der Tod, wann immer er kommt, uns in dem Bewusstsein antrifft, ein sinnvolles und erfülltes Leben gelebt zu haben. Das ist nicht eine Frage der Anzahl der Jahre, die wir gelebt haben, sondern der geistigen Bewusstheit, die wir in unseren gelebten Jahren entwickelt haben.

Damit wollen wir, liebe Leserin, lieber Leser, unseren Blick in die alten geistigen Traditionen zu seinem Abschluss kommen lassen. Viele Hinweise haben wir erhalten, anregende und verstörende, ängstigende und ermutigende, tröstende und herausfordernde, noch immer aktuelle und überlebte – und es ist nun jeder und jedem von uns überlassen, was wir damit anfangen wollen.

Als Nächstes lade ich Sie ein, eine weitere, überaus ergiebige Quelle von Anregungen und Antworten auf unsere Frage »Wohin geht die Seele?« zu untersuchen. Wir wenden uns den Menschen zu, die uns von ihren Nahtod-Erfahrungen erzählen. Sie haben uns überaus Bedeutsames und Inspirierendes zu berichten.

2 ERKENNTNISSE
AUS ERFAHRUNG

Die Nahtod-Erfahrungen

Bei der Befragung unserer zweiten wichtigen Erkenntnisquelle werden wir auf eindrückliche Parallelen zu bereits Vernommenem stoßen. Ich werde mich bemühen, Wiederholungen möglichst zu vermeiden, beziehungsweise, wenn sie zum Verstehen nötig sind, so kurz wie möglich zu halten und ergänzende Aspekte ins Zentrum zu rücken.

Visionen von »Orten«

Viele Berichte von Nahtod-Erfahrenen legen die Vorstellung nahe, dass die Seele nach dem Verlassen des Körpers »irgendwohin« geht, und dies ist in vielen Fällen offensichtlich zunächst einmal sehr »real«, das heißt materiell zu verstehen.

Oft begegnen wir in den Schilderungen »Orten«, an denen sich die Erfahrenen wiederfanden, zum Beispiel auf herrlichen Wiesen mit prachtvollen Blumen oder in wunderbaren Wäldern und leuchtenden Städten, also an Orten, die uns aus unserer Lebenserfahrung vertraut sind. Allerdings handelt es sich – und hier beginnen schon die Schwierigkeiten, das Erlebte in Worte zu fassen – eben doch nicht um Plätze wie hier in unserer Welt, nicht in grobstofflicher Form, sondern »irgendwie« durchdrungen von Licht. Die Blumen leuchten herrlich in allen Farben, »wie das Paradies«, so eine Erfahrene – also offenbar doch nicht einfach unsere Veilchen und Rosen; die Häuser erscheinen, wie nicht aus rohen Steinen gebaut, sondern wie »Städte aus Kristall, Städte aus Licht« (Rommer, 174).

Auch Bilder, über die Erfahrene versuchen, das Geschaute darzustellen – was einigen offenbar leichter fällt, als es in Worten zu beschreiben –, auch sie zeigen oft wunderbare Wiesen mit Blumen und Bäumen. Mit besonderem Nachdruck wurde ich einmal auf ein Tor hingewiesen, das eine Erfahrene mitten in einer solchen üppig-farbigen Wiese hingemalt hatte. Dieses Tor hatte allerdings keinerlei Funktion. Zu allen Seiten war die genau gleiche Wiese dargestellt und es führte auch kein Weg zu ihm hin oder von ihm weg.

Oft wird aus solchen Zeugnissen der Schluss gezogen, dass es »drüben« ja gar nicht so sehr anders sei als hier bei uns, nur eben viel schöner, harmonischer, friedvoller, lichtdurchdrungen.

Ein anderes Bewusstsein

Für diese Menschen haben ihre Erfahrungen, die sie in solcher Weise beschreiben oder in Bildern malen, tief greifende Bedeutung. Sie sind für sie ein überaus kostbarer Schatz, und als solchen respektiere und wertschätze ich diese Erfahrungen. Gleichwohl denke ich, dass wir damit noch nicht in sehr tiefe Tiefen dieser anderen Wirklichkeit vorgestoßen sind.

Sterben heißt (für meine Blume im Strauß!), dass sich unser Bewusstsein zunächst vom Körper trennt, sich dann aber überhaupt aus der materiellen Dimension unserer Existenz herauslösen muss. Und in der heutigen Zeit, in der das materialistische Denken und Verstehen unsere Wahrnehmung von Existenz und Wirklichkeit weitestgehend dominiert und bestimmt, sind sich viele Sterbende – auch im Nahtod-Bereich – dieses Umstandes nicht bewusst. Für sie bedeutet denken und verstehen in materiellen Begriffen und Vorstellungen denken und wahrnehmen. Dabei reicht offensichtlich in vielen Fällen ein erster kurzer Blick in die andere Welt noch nicht aus, um schon in tiefere Dimensionen vordringen zu können und die Ebene der Materie tatsächlich zu verlassen. Diese schönen, auch berührenden Schilderungen und Bilder des »Jenseits« verbleiben im Rahmen des materialistischen Weltverständnisses, es sind Schilderungen und Bilder von materieverhafteten Menschen. Doch bitte ich ausdrücklich, diese Analyse als reine *Feststellung*, die zu verstehen versucht, aufzufassen, *nicht* als *Wertung!* Es steht mir nicht zu, solche Erfahrungen, die für die Betroffenen tiefe Bedeutung haben, zu bewerten oder gar abzuwerten.

Die Vorstellung eines »Ortes«, der sich in konkreten Einzelheiten erfahren und beschreiben lässt, gehört zur Erlebenswelt unserer materiellen Existenz, welche von den Dimensionen von Raum und Zeit geprägt ist. Und genau diese Dimensionen werden wir im Sterben überwinden – davon war schon die Rede. So möchte ich denn die Vorstellung des Jenseits als eines wie auch immer gearteten Ortes übersteigen und weiterentwickeln. Dies führt mich dazu, das »Jenseits« als anderen, *höheren Bewusstseinszustand* zu verstehen. Tatsächlich enthalten die Berichte der Erfahrenen zahlreiche Elemente, die sich vor diesem Hintergrund besser deuten und verstehen lassen.

Bewusstseinserweiterungen

Viele Erfahrene berichten, wie sie erlebten, dass sich ihr Bewusstsein in ungeahnter Weise erweitert habe, wie ihnen Zusammenhänge über das Leben – sowohl das Leben im Allgemeinen wie auch ihr individuelles Leben im Besonderen – plötzlich verständlich waren. Auf viele Fragen, auch solche, die durchaus die materielle Welt betreffen und die sie oft seit Langem beschäftigten – der Mikro- oder Makrokosmos, die Geschichte der Menschheit, technische Funktionen und vieles mehr –, erhielten sie plötzlich klare und verständliche Antworten.

Ein Mann schilderte es so: »Sobald ich mit dem Licht eins wurde, hatte ich keine Fragen mehr. Beinahe sofort wusste ich die Antworten auf alle Probleme, die mich mein ganzes Leben lang beschäftigt hatten. Ich hatte den Eindruck, als würde ich eine Quelle universalen Wissens anzapfen. Ich schien buchstäblich alles zu verstehen, aber die meisten Antworten sind jetzt leider wieder verborgen. Aber ich habe einige quälende Informationsfetzen und vage Erinnerungen, genug, um so richtig frustriert zu sein« (ebd., 173).

Die Intensität dieses Erkennens wird durch den Umstand verstärkt, dass berichtet wird, wie viele ganz unterschiedliche Gedankengänge gleichzeitig verfolgt werden konnten und dabei jeder einzelne »gestochen scharf« blieb, wie eine Frau sich ausdrückte. Unsere gewohnte Abfolge der Zeit kann offenbar nach dem Austreten aus dem Körper sehr schnell überwunden werden. Eine Erlebende, die in ihrem alltäglichen Leben vielleicht keine allzu hohen geistigen Ansprüche stellt, meinte treuherzig, dass sie zu sich selbst gesagt habe: »Wenn du in deinem normalen Leben so intelligent wärst, das wäre wunderbar.«

Es bleibt aber nicht bei der Einsicht in Zusammenhänge innerhalb der materiellen Wirklichkeit, in ihre tiefen Strukturen ebenso wie in kausale Bedingtheiten in den Abläufen (Ursache – Wirkung). Als noch viel eindrücklicher wird beschrieben, wie auch hinter all den Manifestationen des Lebens in dieser Welt, wie sie im oft beschriebenen »Lebensfilm« geschaut werden, eine tiefe Sinnhaftigkeit erkannt wird. In Bezug auf das eigene individuelle Leben ist dabei besonders bedeutsam, dass sich gerade auch für die schwierigen, schmerz- und leidvollen Lebensphasen dieser Sinn mit absoluter Gewissheit gezeigt hat. In den großen Zusammenhängen, die bei Nahtod-Erfahrungen verstanden werden, erweist sich jede einzelne Lebensepisode als unbedingt dazugehörig und innerhalb des ganzen Lebens als sinnhaft. Selbst kleinste und längst »vergessene« Einzelheiten sind präsent und werden in ihrer Bedeutung für das Ganze erkannt. Eine im wahrsten Sinne des Wortes undenkbare (wir können sie denkend nicht verstehen) Erweiterung des Bewusstseins also ist eine Qualität des »Ortes«, an den die Seele »geht«.

Allgemeine Verbundenheit

Ein weiterer Aspekt dieser Bewusstseinserweiterung im Sterben und Tod ist eindrücklich und für die Erlebenden folgenschwer: Das duale Denken wird überwunden, das Denken, das die Welt aufteilt in »Ich« und »Nicht-Ich«.

Dieses duale Denken – und Empfinden –, das unsere Erfahrung der Welt überaus dominant prägt und bestimmt, ist die Ursache von unendlich vielen Problemen und Auseinandersetzungen, deren Zeugen wir ständig werden, sowohl im Geschehen der großen weiten Welt wie auch in unserem persönlichen Umfeld. Nicht nur Zeugen werden wir, nein, wir beteiligen uns auch selbst aktiv und oft eifrig an diesem Gerangel. Alles Machtstreben, alle Habgier, alles Besser-Machen und Besser-sein-Wollen, aber auch aller Krieg, alle Unterdrückung bis hin zu Folter und Missbrauch in ihren vielen Formen sind nur möglich, weil wir alle in diesem dualen Weltverständnis befangen sind. Und dieses wird im Sterben aufgehoben.

Abgelöst wird es vom genauen Gegenteil, von der Erfahrung der allgemeinen Verbundenheit: Im Grunde genommen sind wir alle eins. Während es einerseits für uns noch in der Materie Weilenden sehr schwierig ist, an dieser Erfahrung *teilzuhaben*, sie logisch zu *erklären*, fällt andererseits sogar unserem kleinen Verstand leicht: Wir alle haben (besser: sind) eine Seele, die in einem Körper inkarniert ist. Wir alle tragen tief in uns den göttlichen Kern und dieser stellt letztlich unser wahres Selbst dar. Weiter ist diese tiefste Ebene unserer Existenz immer die eine und selbe göttliche Kraft, der letzte Sinnhorizont unserer Existenz, die große Weltseele, die alles belebt, was existiert, der eine Gott – die verschiedenen Formeln zeigen erneut, wie schwierig es ist, diese letzte Dimension der Existenz in Worten zu benennen, daher einmal mehr: Blumenstrauß.

Dieses eine Letzte, Größte, Absolute belebt nicht nur alles, was existiert. Da es der letzte Seinsgrund von allem ist (damit ist vielleicht die Gesamtheit des Straußes benannt), verbindet es, wenn wir uns um eine tiefe Wahrnehmung der Wirklichkeit bemühen, die auf das letzte Wesentliche ausgerichtet ist, auch alle und alles, was existiert, miteinander.

Diese überaus bedeutsame Erfahrung formulieren die Erlebenden in der Regel in sehr einfachen Worten: »Ich kam zu dem Ort, wo ich nicht länger als Einzelwesen existierte« (ebd., 161). Und der Kommentar der Forscherin Barbara Rommer lautet: »Fast jeder, der eine dieser (Nahtod-)Erfahrungen gemacht hat, sagt, dass wir alle miteinander verbunden sind, nicht nur miteinander, sondern auch mit dem höchsten Wesen« (ebd., 220).

Die Folgen dieser Erfahrung, wenn es uns – auch uns Menschen ohne Nahtod-Erfahrung – wirklich gelänge, sie in unser Leben zu integrieren, wären wahrhaft dramatisch. Niemand könnte mehr einen Mitmenschen, überhaupt ein Mitgeschöpf, verletzen oder quälen oder missbrauchen, ihm irgendwelchen Schaden zufügen. Vielmehr wären wir geleitet von einem tiefen Ja im Herzen zu unserer Mitschöpfung, von einem Wohlwollen, das die Förderung der anderen ebenso anstrebt wie die eigene. Das fremde Wohlergehen wäre ein ebenso zentrales Anliegen wie das eigene – man ist versucht zu sagen, dass wahrhaft paradiesische Zustände herrschen würden.

Warum nun dies alles: Aus der Erfahrung dieser allgemeinen Verbundenheit erwächst von allein die Einsicht, dass alles Leid und aller Schaden, den ich anderen zufüge, ich mir letztlich selbst antue. Das heißt, selbst der Egoismus würde verwandelt. Unser alltäglicher Egoismus sucht den eigenen Vorteil in der Regel zulasten und auf Kosten anderer. Dieser transformierte Egoismus würde eine überaus wohltuende Wirkung entfalten, da er Wohlergehen und aufbauende Entwicklung für alle anderen ebenso anstrebt wie für sich selbst.

Nachwirkungen

Ein Mensch, dem so tiefe Einsichten gewährt wurden, ein Mensch, der solche Dimensionen des Lebens schauend erfahren durfte, ein solcher Mensch kann in der Regel nicht mehr weiterleben wie bisher. Das leuchtet unmittelbar ein. So betonen denn viele Erfahrene, dass sie sich hinterher tief verwandelt erleben. Und sie werden oft auch von ihren Mitmenschen so wahrgenommen: verändert bis hinein in ihren konkreten Alltag. Es stellt sich dabei die Frage, wie solche Nachwirkungen konkret zum Ausdruck kommen.

Als Erstes fällt auf, dass viele gelassener durch ihr weiteres Leben gehen. Schicksalsschläge ereignen sich weiterhin, sie können auch nach wie vor leidvoll sein. Aber vor dem Hintergrund der erfahrenen Einblicke in tiefe Sinnzusammenhänge fühlt sich alles weniger bedrohlich an. Ein Grundvertrauen ins Leben hat sich gebildet, das sie solche Leiderfahrungen besser akzeptieren lässt.

An mir selbst beobachte ich, wie ich seit meinen Außerkörper-Erfahrungen mit meinen Ängsten umgehe. Nicht dass ich keine Ängste mehr kennen würde, auch Existenzängste stellen sich gelegentlich weiterhin ein: Als selbstständig Erwerbender erfahre ich, dass mein Einkommen ganz schöne Sprünge machen kann – auch nach unten. Seit meiner Erfahrung aber finde ich bald zur Gelassenheit: Im Tiefsten, im Wesentlichen kann mir nichts zustoßen, kann mir nichts und niemand etwas anhaben. Aus dieser Gewissheit wächst jeweils schnell das Vertrauen, dass auch diese Phase für mein Lebensganzes ihren Sinn hat. An diesen Sinn glaube ich, auch wenn er sich der Vernunft lange nicht erschließt. Es gibt ihn, dessen bin ich gewiss.

»Göttliche Vorsehung« oder »geistige Führung« sind Deutungen, die den Erfahrenen helfen, künftig in schwierigen Lebenssituationen das Vertrauen nicht zu verlieren, vielmehr mit einem »Vertrauen in das Leben« als solches den Widrigkeiten standzuhalten. Diese Menschen leben vermehrt aus einer inneren Ruhe. Oder in den Worten einer Erfahrenen: »Du kommst zurück mit einem Gefühl der Stärke. Du weißt Dinge, die niemand sonst weiß. Die innere Ruhe ist unglaublich. Sie ist wie das Auge des Sturms. Du hast einen solchen Frieden in dir und du fürchtest nichts und niemanden« (ebd., 95).

Liebe

Allen voran ist es die Grundangst an sich im menschlichen Leben, die »Mutter aller Ängste«, wie sie in der Psychologie gerne bezeichnet wird, nämlich die Angst vor dem Tod, die weitgehend wegfällt. Ein in Vietnam schwer verwundeter amerikanischer Soldat nach seiner Nahtod-Erfahrung: »Der Tod beunruhigt mich nicht mehr« (ebd., 137). Oder aus dem Bericht eines 46-Jährigen: »Mein Herzstillstand hat mir die Furcht vor dem Sterben genommen. Ich würde sagen, wenn das alles ist, dann ist das ja gar nicht so schlecht« (ebd., 127).

Barbara Rommer stellt fest, dass über 70 Prozent aller Erfahrenen eine deutlich geringere Todesangst haben als vor der Erfahrung, und bezeichnet diesen Umstand als »die statistisch gesehen bedeutsamste Veränderung« im weiteren Leben der Erfahrenen (ebd., 133). Sie haben erlebt, dass sie, dass ihre Seele nach dem Tod weiterexistiert.

Damit einher geht eine erhöhte Wertschätzung des Lebens – in den Worten von Rommer: »Fast jeder von einer Nahtod-Erfahrung Betroffene hat einen größeren Respekt und mehr Ehrfurcht vor dem Leben ... Alle bestätigen, dass das Leben in der Tat sehr kostbar ist« (ebd., 200).

Das Überwinden tiefer Lebensängste, die so viele von uns in sich tragen, und die Einsicht in den hohen Wert des Lebens eröffnen auch einen Raum für das, was die Erlebenden einzig mit dem oft abgegriffenen, aber durch nichts zu ersetzenden Begriff »Liebe« zu beschreiben vermögen.

Eine Erfahrene hatte eine schwere Kindheit durchlebt, sie war unter anderem von ihrem Vater sexuell missbraucht worden. Dies führte sie dazu, sich als junge Erwachsene als Atheistin »voller Wut« zu bezeichnen. In ihrer Verzweiflung unternahm sie einen Suizidversuch mit einer Überdosis an Schlafmitteln. Dabei ereignete sich ihre Nahtod-Erfahrung. Hinterher erzählte sie: »Ich habe neue Werte. Ich habe eine Drehung um 180 Grad gemacht. Ich hasse niemanden mehr. Ich liebe jeden. Jetzt bin ich eine liebende, gebende Person ... Ich habe selbst meinem Vater vergeben.« Sie führt diese »Drehung um 360 Grad« auf ihr Eintauchen in eine ihr bis dahin völlig unbekannte Dimension zurück: »Da war solch ein Frieden und solche Ruhe, und die Liebe strömte nur so aus ... Ich erlebte das höchste Gefühl von Liebe, das ich je hatte ... Du kommst zurück als jemand, der Gutes tut. Du kommst zurück voller Liebe, die du verschenken kannst. Du willst Liebe verströmen – überall« (ebd., 94 f.).

Verantwortung

Dieses Verströmen von Liebe verstehen viele ausdrücklich als ihre neue Lebensaufgabe, die ihrem Leben einen ganz neuen Sinn verleiht. Ein aidskranker Lehrer, der 53-jährig während einer schweren gesundheitlichen Krise eine Nahtod-Erfahrung hatte, berichtete, dass er wörtlich den Auftrag erhielt: »Das ist deine Aufgabe, kehr zurück und unterrichte, liebe die Menschen und sei einfach du selbst« (ebd., 99). Eine Frau schilderte dieselbe Erfahrung so, dass es fortan darum gehe: »Lernen, Liebe zu geben und Liebe zu empfangen, ist alles, was zählt auf Erden« (ebd., 104).

Barbara Rommer zieht aus ihren vielen Begegnungen mit Erfahrenen in dieser Hinsicht das Fazit: »Fast jeder kehrt von der anderen Seite mit der Überzeugung zurück, dass der Hauptgrund, warum wir hier sind, das Erlernen und Praktizieren bedingungsloser Liebe für unsere Mitmenschen ist. Die meisten lernen, die Mitmenschen so zu akzeptieren, wie sie sind ... Fast jeder erlernt die göttliche Kunst des Verzeihens« (ebd., 191).

Selbst Berufswechsel sind nicht selten. Rommer weist darauf hin: »In vielen Fällen hat das Erlebnis solch tiefe Spuren hinterlassen, dass die Betroffenen mit einer Arbeit, die nichts anderes bringt außer einer vollen Lohntüte, nicht mehr zufrieden sind.« Sie wenden sich Aufgaben zu, die es ihnen ermöglichen, »zu wachsen und im Leben anderer Menschen wirklich etwas zu bewirken ... das durch die Nahtod-Erfahrung Gelernte mit anderen zu teilen« (ebd., 192). Oft fällt auch ein »Nachlassen des Interesses an der suchthaften Beschäftigung mit materiellen Dingen« auf (ebd., 157).

Ein weiteres Element gesellt sich dieser fundamentalen Umorientierung vielfach bei: Die Menschen erkennen die Notwendigkeit, die Verantwortung für ihr Leben selbst zu übernehmen.

Eine Frau erlebte in einem Suizid-Versuch eine schreckhafte Nahtod-Erfahrung, in der sie fürchterliche Höllenvisionen hatte: »Als ich erwachte, fühlte ich mich total verängstigt, doch gleichzeitig voll neuer Hoffnung ... Ich tue jetzt viel mehr für mich. Ich war sehr von meiner Familie abhängig. Diese Erfahrung hat mein Leben vollständig verändert. Jetzt bin ich froh, dass mir das passiert ist.« Und Rommer ergänzt: »Jetzt weiß sie, dass sie für alle ihre Entscheide verantwortlich ist ... Jetzt übernimmt sie die volle Verantwortung für ihre Entscheidungen« (ebd., 103).

Tragfähige Beziehungen

Solche Erfahrungen und die daraus sich ergebenden Folgen für das weitere Leben verdienen zweifellos die Bezeichnung *umwälzend*. Eine 22-Jährige, die an ihren Problemen schwer trug und an den Folgen einer Operation in den klinischen Tod fiel, meinte hinterher: »Soweit es meinen Reifeprozess angeht, war das der Wendepunkt« (ebd., 76). Wo bisher Angst und Be- und Verurteilen die dominierenden Lebenshaltungen waren, bestimmten fortan Vertrauen, Liebe und Gelassenheit das Leben. So versteht sich von selbst, dass rigide

Regeln, die oft das Leben bisher bestimmten, großer Spontaneität weichen. Dies kann andererseits für ihr mitmenschliches Umfeld zu einer großen Herausforderung werden: Die vertraute Persönlichkeitsstruktur ist nicht mehr dieselbe. Und wenn Menschen spontaner werden, sind sie auch unberechenbarer.

So kommt es denn sehr wohl vor, dass Beziehungen, vor allem wenn sie bisher auf klaren und festen Strukturen gegründet waren, diese Veränderungen nicht zu integrieren imstande sind und zerbrechen. Alte Freundschaften lösen sich auf, das soziale Beziehungsnetz erfährt erhebliche Veränderungen. Aber auch die Erfahrenen selbst fühlen sich oft ihrem bisherigen Beziehungsnetz entfremdet. Ein Mann machte nach seiner Nahtod-Erfahrung eine tiefe Zäsur in seinem Leben: »Ich zog mich nach 13 Jahren aus meiner Ehe zurück. Ich konnte nicht erklären, wohin ich gehen wollte, aber ich war mir sicher, es konnte nicht länger das übliche Berufsleben sein oder dasselbe soziale Umfeld« (ebd., 182). Andererseits werden tragfähige zwischenmenschliche Beziehungen auch enorm bereichert und es entstehen neue.

Lernschritte mit tief greifenden Folgen

Die Tatsache, dass eine Nahtod-Erfahrung tiefe Umbrüche in der Biografie der Erlebenden mit sich bringen kann, wird in einem Zusammenhang ganz besonders in den Vordergrund gerückt, wo wir ihn spontan wohl nicht erwarten würden: bei den erschreckenden Nahtod-Erfahrungen. Barbara Rommer fand bei ihren Forschungen bis zum Zeitpunkt der Veröffentlichung ihrer Untersuchung (in den USA im Jahre 2000) etwa 300 Menschen, die ihre Nahtod-Erfahrung erschreckend erfuhren. Aufgrund ihrer Erkenntnisse stellt Rommer die These auf, dass von allen bezeugten Nahtod-Erfahrungen 17,7 Prozent erschreckend seien, eine Zahl, die unter Fachleuten umstritten ist. Rommer führt für diese Form der Erfahrungen die Bezeichnung (in deutscher Übersetzung) »nicht positiv erlebte Nahtod-Erfahrung« ein und kommt dafür zum Kürzel NPE-NTE, das sie konsequent verwendet.

Erschreckende Nahtod-Erfahrungen

Wir hörten schon, dass nach ihrem Verständnis jede Nahtod-Erfahrung ein Segen ist in dem Sinne, als sie den Erlebenden Impulse gibt, spirituell zu wachsen, was ausdrücklich auch für die erschreckenden Nahtod-Erfahrungen gilt. So mag sie auch nicht, wie im Volksmund üblich, von »negativen« Nahtod-Erfahrungen sprechen. »Die NPE-NTE ist ein spiritueller Weckruf, der den Menschen dazu bringt, innezuhalten, zurückzuschauen und vergangene Entscheidungen zu überdenken … Die NPE-NTE wird zur Wegkreuzung auf dem Lebensweg dieses Menschen und veranlasst ihn, seine Gangart oder seine Richtung zu ändern. Ich betrachte das als die absolute Lernerfahrung« (ebd., 17). Die geistige Entwicklung nach einer NPE-NTE könne sogar schneller vonstatten gehen als nach einer lichtvollen (vgl. ebd., 19), »ein phänomenaler Lernschub … eine intensive Selbstüberprüfung … Seelenwachstum« seien die Folge (ebd., 45).

Ende des letzten Jahrhunderts formulierte die amerikanische Psychologin Phyllis Atwater (vgl. Looser 2001, 96 ff.) eine Hypothese, die sie aber ausdrücklich als vorläufig und weiterer Erforschung bedürftig formulierte, dass es nämlich oft Menschen mit einer rigiden, fundamentalistischen Glaubenshaltung seien, die dazu neigten, die Nahtod-Situation als erschreckend zu erfahren. Rommer greift auf diese These zurück, vertieft und differenziert sie aber: »Ich glaube auch, dass eine negative Programmierung in der Kindheit oder auch eine nicht so positive oder ängstliche Geisteshaltung kurz vor der Nahtod-Erfahrung dazu beiträgt, dass sie nicht positiv erlebt wird« (Rommer, 18). Mit Nachdruck betont sie, dass »der Gemütszustand zum Zeitpunkt des Todes eine ganz wichtige Rolle spielt, was man auf der anderen Seite erlebt« (ebd., 88). Oder mit Anspielung auf rigide Glaubenshaltungen meint sie: »NPE-NTE machen auch jene, die erwarten, gerichtet zu werden ... man hat ihnen beigebracht, dass sie mit dem Fegefeuer rechnen müssen, wenn sie ›es verdienen‹« (ebd., 89). Ich möchte anfügen, dass es bei dieser Art Glaubensvermittlung wesentlich dazugehört, bei den Gläubigen das Gefühl entstehen zu lassen, dass sie sich noch so sehr bemühen können, all ihr Bestreben reiche niemals aus, der »verdienten Strafe« zu entgehen – davon war schon die Rede im Zusammenhang mit den Themen Gericht und Hölle. Dass Rommer die NPE-NTE grundsätzlich als hilfreichen Impuls wahrnimmt, geht auch aus ihrer Aussage hervor, »dass jeder von uns möglicherweise eine NPE-NTE benötigt, wenn wir unsere Lebensentscheidungen neu bewerten oder unsere Denkfehler berichtigen müssen« (ebd., 122). Oder noch präziser: »Unser ureigenes Bewusstsein, unsere Essenz, unsere Seele ... projiziert, was wir zu erfahren *nötig haben* (sic) ... und es wird uns Hilfe zuteil« (ebd., 218).

Als weitere Prädisposition für eine NPE-NTE nennt sie überhöhte Erwartungen an uns Menschen, sei es durch die Gesellschaft, sei es durch uns selbst. So können Anforderungen entstehen, an denen wir notwendigerweise scheitern müssen und die daher Gefühle des Versagens in uns wecken und damit bei entsprechender Geisteshaltung die Erwartung, bestraft zu werden (vgl. ebd., 49).

Entwicklungen im Glaubensleben

Kehren wir zurück zum Themenbereich der Folgen der Nahtod-Erfahrungen für das weitere Leben der Erfahrenen. Der Zusammenhang zwischen der Glaubenshaltung und der Nahtod-Erfahrungen wirkt auch im umgekehrten Sinn: Oft beeinflusst eine Nahtod-Erfahrung den Glauben der Betroffenen fundamental.

Kaum jemand ist nachher noch Atheist. Auch wird der Glaube viel authentischer und lebendiger. Festgefügte Formeln, die von irgendeiner Autorität propagiert und als alleingültige Wahrheit verkündet werden, haben fortan geringe Chancen, akzeptiert zu werden. Der Glaube wird persönlicher, man glaubt nicht mehr, was autoritär verkündet wird, sondern was selbst erfahren wurde. Das bedeutet konkret, dass rigide dogmatische Lehrgebäude in Zweifel gezogen und abgelehnt werden.

Das bringt natürlich oftmals eine Distanzierung von den institutionellen Kirchen. So äußerte sich der in Vietnam verwundete Soldat nach seiner Nahtod-Erfahrung: »Jetzt habe ich nicht mehr das Gefühl, dass ich in die Kirche gehen muss, denn ich glaube, meine Kirche ist ständig in mir« (ebd., 137). Ein anderer Mann: »Ich ging nicht weiter in die Baptistenkirche. Nicht, weil ich sie nicht mochte, sondern weil das, wofür eine Kirche und insbesondere diese Religion stand, für mich keine Bedeutung mehr hatte« (ebd., 182).

Barbara Rommer zieht nach ihren vielen Begegnungen mit Erfahrenen den Schluss: Über 60 Prozent »haben einen intensiveren Glauben an ein Leben nach dem Tod als vorher«. Und »obwohl sich ihr Interesse an ›organisierter Religion‹ verringert hat, (sind) sie religiöser und spiritueller geworden. Bei fast jedem hat sich der Glaube an Gott verstärkt ... Sie sagen aus, dass sie jetzt nicht nur wissen, dass Gott existiert, sondern auch, dass er ein liebender, gütiger, nicht strafender Gott ist« (ebd., 133 f.).

Nicht selten vernimmt man von Erfahrenen auch Klagen, dass sie sich von kirchlichen Seelsorgern nicht verstanden und ernst genommen fühlen. Wie wir schon sahen, gründet dieses Problem letztlich darin, dass die traditionellen Glaubenslehren in der Regel über keine Denk-Kategorie verfügen, die die Nahtod-Erfahrung zu integrieren vermag – eine Schwierigkeit, die in den verschiedensten Kirchen und Glaubensgemeinschaften festzustellen ist.

Körperliche und psychische Heilung

Ein letzter Aspekt von eindrücklichen und nachhaltigen Folgen im weiteren Leben der Erfahrenen muss noch angesprochen werden: Immer wieder berichten sie, wie sie von körperlichen ebenso wie von psychischen Leiden genesen aus der Erfahrung zurückkommen.

Der schon erwähnte 53-jährige Aidspatient geriet infolge seiner HIV-Infektion in eine äußerst prekäre medizinische Situation: »Ich bekam ... ein toxisches Leberversagen, wurde vollständig gelb und wurde ins Krankenhaus eingeliefert ... Dann brach plötzlich meine Leber- und Nierenfunktion zusammen. Die Ärzte gaben zu, dass sie nicht mehr weiterwussten und wie sie mir noch helfen könnten.« Er fiel in den klinischen Tod, verließ seinen Körper und machte wunderbare Erfahrungen. Weiter berichtete er: »Und dann war ich wieder in meinem Krankenhausbett. Der Arzt sagte zu mir: ›Sie sollten gar nicht mehr am Leben sein, wir Ärzte haben gar nichts für Sie tun können.‹« Dennoch: »Meine Nieren funktionierten wieder zu 100 Prozent ... und auch meine Leber erholte sich nach und nach« (ebd., 99 f.).

Eine 40-jährige Frau litt an einem Gebärmutterkrebs, weshalb das Organ operativ entfernt wurde. Da aber der Krebs bereits Metastasen gebildet hatte, war ihre Lage aussichtslos. Die Ärzte »sagten meiner Familie, ich hätte noch höchstens drei Monate zu leben«. Infolge einer Komplikation fiel sie in den klinischen Tod und hatte eine lichterfüllte Nahtod-Erfahrung. Eine spätere Nachuntersuchung ihres Krebsleidens ergab: »Ich war plötzlich vom Krebs geheilt – und das konnte nur eine Folge der ... Nahtod-Erfahrung gewesen sein« (ebd., 142 f.).

Auch psychische Leiden können in der Nahtod-Erfahrung augenblicklich geheilt werden. Eine 47-jährige Frau wurde mit einem schweren Herzanfall ins Krankenhaus gebracht und fiel bald in den klinischen Tod. Sie trug schwer an einem Jugendtrauma, als sie von einem älteren Bruder sexuell missbraucht worden war. Jahrelang versuchte sie alle möglichen Therapie-Arten, aber nichts konnte ihr helfen, »sich von überwältigenden Schuld- und Schamgefühlen zu befreien«. In der Nahtod-Erfahrung zeigte sich ihr statt des Lebensfilmes nur ein einziges Ereignis aus ihrem Leben: der sexuelle Missbrauch. »Das Höchste Wesen, das diese Rückblickserfahrung möglich gemacht hatte, sprach ... liebevoll nur einen einzigen Satz: ›Mein Kind, es war *nicht deine* Schuld! (sic)‹. Dieser einzige Satz ... bewirkte, was all die Jahre der Therapie nicht ausgerichtet hatten. Er befreite sie von ihrer Furcht, befreite sie von ihrer Schuld, befreite sie von ihrer Scham, badete sie in bedingungsloser Liebe und gab ihr ihre Selbstachtung zurück. Sie war augenblicklich geheilt« (ebd., 208 f.).

In verschiedenster Hinsicht also hinterlassen die Nahtod-Erfahrungen Spuren im weiteren Leben der Erfahrenen – durchwegs im Sinne einer konstruktiven, heilsamen Entwicklung. Barbara Rommer fasst zusammen: »Weniger Angst vor dem Tod, eine wiedererwachte und gewachsene Ehrfurcht vor dem Leben, intensivere Gefühle für Familie und Freunde, eine erhöhte Spiritualität, einen stärkeren Wissensdurst ... nach Weisheit, weniger Interesse an materiellen Dingen und die Erkenntnis ..., dass der wichtigste Grund für unser Hiersein der ist, bedingungslose Liebe für jeden Mitmenschen zu lernen und zu praktizieren« (ebd., 217), zu ergänzen wäre Heilung an Leib und Seele.

Wie »wahr« sind solche Erfahrungen?

An dieser Stelle wollen wir einen Moment innehalten und auf die Zweifel zurückkommen, die in der Einleitung schon angesprochen wurden, Zweifel, ob denn all das wirklich »wahr« sei oder nicht vielmehr Illusion und Halluzination, hervorgerufen durch Vorgänge im Gehirn, die naturwissenschaftlich sehr wohl erklärbar seien. Solche Zweifel reichen weit über Naturforschung und Dogmatik hinaus und nagen an vielen Menschen »wie du und ich«. Ich werde in meinen Lehrveranstaltungen immer wieder damit konfrontiert.

Um bei diesem Thema nicht ins Uferlose abzugleiten, beschränken wir uns auf ein paar wenige, von wissenschaftlichen Zweiflern immer wieder vorgebrachte Argumente.

Außersinnliche Wahrnehmungen (ASW) während der Nahtod-Erfahrung

Stets aufs Neue entbrennen Auseinandersetzungen hinsichtlich der sogenannten außersinnlichen Wahrnehmungen, von denen Erfahrene berichten, Wahrnehmungen also, die nicht über die klassischen fünf Sinne gemacht werden können. Aus den USA wird von einer Frau berichtet, die Tausende von Meilen von zu Hause entfernt einen Verkehrsunfall erlitt, bei dem sie in den klinischen Tod fiel. Hinterher erzählte sie, dass sie, als sie ihren Körper verlassen hatte, an ihre Lieben zu Hause gedacht habe und augenblicklich dort gewesen sei. Sie schilderte, was ihre Familie gerade tat. Eine nachträgliche Überprüfung ergab, dass die Familie zur Zeit des Unfalles tatsächlich genau mit dem beschäftigt war, was sie erzählte.

Der schon kurz vorgestellte Kardiologe Pim van Lommel, der an dieser Stelle ein wichtiger Gewährsmann für uns ist, schildert ein Ereignis aus einem Operationssaal, das in seiner Eindrücklichkeit ebenso wie wegen seiner ausführlichen und lückenlosen Dokumentation in der Literatur oft zitiert wird.

Eine 35-jährige Frau musste sich einer schweren und risikoreichen Gehirnoperation unterziehen. Verschiedene begleitende Maßnahmen sollten ihre Überlebenschancen erhöhen. So wurde ihre Körpertemperatur auf zehn Grad heruntergekühlt, was einen sogenannten »hypothermischen Herzstillstand« bewirkte, der ihre Atmung zum Erliegen brachte. Auch waren als Folge davon sämtliche Gehirnfunktionen ausgefallen. Ihr EEG, das während der ganzen Operation permanent aufgezeichnet wurde, wies nur noch gerade Linien auf. Um einen lebensnotwendigen minimalen Kreislauf aufrechtzuerhalten, wurde sie an eine Herz-Lungen-Maschine angeschlossen. Zudem wurden ihr die Augen verklebt. Der Operateur schilderte: »Wir hatten vor, ihr Gehirn völlig stillzulegen«, sodass sie eine Stunde lang klinisch tot war. In diesem Zustand hatte sie eine Nahtod-Erfahrung und schilderte hinterher sehr detailliert und völlig korrekt die Situation im Operationssaal, die anwesenden Menschen, die sie nicht kannte, was diese sprachen, wie zum Beispiel eine Komplikation auftrat und wie diese behoben wurde. Sie beschrieb auch die verwendeten Geräte, die ihr völlig fremd waren, sehr präzise – ihre Schilderungen wurden vom Operationsteam als absolut zutreffend bestätigt (vgl. van Lommel, 181–189, Zitat: 183).

Aus solchen Vorfällen ziehen »dogmatische« Naturwissenschaftler den Schluss, dass die Nahtod-Erfahrungen durch Sauerstoffmangel im Gehirn ausgelöst werden. Dagegen macht van Lommel geltend, dass ein solcher Mangel ganz im Gegenteil »eine Bewusstlosigkeit ... nach sich zieht« (ebd., 178), die Erfahrenen aber berichten gerade von einem um ein Vielfaches erhöhten Bewusstsein. Weiter wird von »fundamentalistischer« Seite geltend gemacht, dass eben gleichwohl noch Reste von sinnlicher Wahrnehmung möglich sein müssten, von »Resterinnern und Fantasien mit Zufallstreffern« ist die Rede, so etwa die britische Forscherin Susan Blackmore und viele andere (ebd., 135 f.). Doch: Erstens waren in diesem Fall die Augen der Erlebenden verklebt und zweitens müssten solche Wahrnehmungen als Gehirnaktivität im EEG nachweisbar sein, was aber, da nach allen Regeln der Kunst gemessen, ausgeschlossen werden muss. Für van Lommel lässt sich nur der Schluss ziehen, »dass Sauerstoffmangel für sich genommen keine ausreichende Erklärung für das Erfahren eines erweiterten Bewusstseins sein konnte« (ebd., 188). Mein polemisches Lästermaul möchte ergänzen: Manchmal wundere ich mich schon, mit wie wenig Exaktem Vertreter der exakten Wissenschaften sich zufriedengeben, wenn es darum geht, die dogmatischen Grundlagen ihres materialistischen Weltbildes vor Infragestellungen zu schützen.

Das eindrückliche Geschehen dieser Operation ereignete sich

1991. Seit Ende des ersten Jahrzehnts unseres Jahrhunderts sind neue Studien im Gange, denen sich mehrere Kliniken in verschiedenen Ländern angeschlossen haben. Die Fäden laufen beim jungen anglo-amerikanischen Internisten Sam Parnia zusammen. Der angestrebte Nachweis, dass Nahtod-Erfahrungen doch »echt«, das heißt naturwissenschaftlich nachweisbar sind, soll auf folgendem Wege erbracht werden (vgl. ebd., 166 ff.): Über den Betten in Intensiv-Stationen und Operationssälen, in denen also potenzielle Nahtod-Erfahrung-Kandidaten liegen, werden von einem Computer zufällig entstandene Bilder projiziert, allerdings so, dass sie nur von oben, von der Decke aus, gesehen werden können. Da Nahtod-Erfahrene immer wieder berichten, wie sie ihre Sterbeszene von oben beobachteten, wird verlangt, dass sie auch diese Bilder beschreiben können, ansonsten die »Wahrheit« der Erfahrungen weiterhin in Abrede gestellt wird. Dies ist ein typisches Beispiel dafür, wie allein die »dogmatisch« festgelegte Konzeption von Wirklichkeit akzeptiert ist, wenn es um die Festlegung von »Wahrheit« geht. Solche »wissenschaftliche« Kriterien gehen ganz einfach an der Realität der Nahtod-Erfahrung vorbei.

In diesem Zusammenhang stellt van Lommel auch den von Stanislav Grof (3) in den Vordergrund gerückten Parallelen von Nahtod-Erfahrungen zu Erfahrungen unter LSD-Einfluss entgegen, dass solche LSD-Erfahrungen tatsächlich »gar nicht oder nur teilweise mit charakteristischen Elementen einer Nahtod-Erfahrung übereinstimmen«. Vor allem gebe es keine objektiv verifizierbaren Wahrnehmungen außerhalb des Körpers (ebd., 131). Wir werden im Zusammenhang mit der Frage der Halluzinationen auf diesen Aspekt zurückkommen.

Alle diese Argumente zur Widerlegung der »Wahrheit« der Nahtod-Erfahrungen beruhen tatsächlich weit weniger auf überzeugenden Interpretationen von Beobachtungen (wie es die Naturwissenschaften ohne jeden Selbstzweifel für sich in Anspruch nehmen), sondern dienen vielmehr der nicht eingestandenen Absicht, das materialistische Weltbild nicht infrage stellen zu müssen.

Für mich dagegen ist klar, dass Nahtod-Erfahrungen ernst genommen werden müssen. Mehrere Gründe gibt es, die für mich hinreichend sind, sie für »wahr« zu halten. Da sind zum einen die schon ausführlich geschilderten lang anhaltenden und tief greifenden Folgen für das weitere Leben der Erfahrenen; weiter die eindrücklichen Parallelen der Nahtod-Erfahrungen zu mystischen Erfahrungen und schließlich die absolute Gewissheit der Erfahrenen selbst, »Realität« erlebt zu haben, zwei Bereiche, denen nunmehr unsere Aufmerksamkeit gilt.

Die Mystik und der Tod

Damit wenden wir uns einem Themenfeld zu, das schon angeklungen ist und das für sich allein Stoff für viele Bücher gäbe. Ich kann daher an dieser Stelle nur andeuten, was für unseren Fragezusammenhang wichtig ist. Das Wort »Mystiker« leitet sich her vom griechischen »*mystikòs*«, was geheimnisvoll heißt, und bezieht sich in erster Linie auf Gott. Anders als Dogmatiker jedoch denken die Mystiker nicht über Gott und sein Wesen nach, sondern sie *erfahren* ihn. Konkret geht es um die Erfahrung einer göttlichen oder absoluten Wirklichkeit – wir befinden uns damit im Herzen unserer Frage »Wohin geht die Seele?«. Ein Wesensmerkmal der Mystik besteht darin, dass sie alle Aufmerksamkeit von der äußeren Welt und Vorgängen im Außen abzieht und sich ganz nach innen richtet. Sie erkennt also Gott weder in irgendeinem fernen Himmel noch in einem kirchlichen Lehrsatz (daher die Spannungen zu den institutionellen Kirchen!), sondern tief im eigenen Innern. Augustinus (359–430), der überragende Kirchenlehrer des frühen Mittelalters, spricht von »Gott als innerstes Inneres« des Menschen.

Das Ziel des mystischen Weges ist in einer klassischen Sprache die *unio mystica*, die »geheimnisvolle Vereinigung«, nämlich der menschlichen Seele mit Gott. Johannes Tauler (ca. 1300–1361), ein

Schüler des schon erwähnten Meister Eckhart, schildert seine Erfahrungen mit den Worten, dass die Seele dabei zu dem wird, »was sie ihrem Wesen nach ist: ein Tempel Gottes, in dem Gott in Wahrheit wohnt«. Die Schüler der Mystik »suchen in allem nach Gott und dringen durch alle Schickungen, seien es gute oder böse, zu Gott. Sie ... blicken bei alledem auf Gott, suchen ihn allein und (sind) ... ihres Einsseins mit dem lebendigen Gott in ihnen gewiss« (Tauler, 50 f.).

Den Weg zu dieser Erfahrung der Einheit mit Gott beschreibt Tauler in drei Schritten: Zuerst ist der Suchende erfüllt von Freude über die vielen göttlichen Zeichen in der Natur. Dann stürzt er in Bedrängnis und Not. Er ist überwältigt von Zweifeln, da er »nicht weiß, ob er je auf dem richtigen Weg gewesen ist, ob es einen Gott für ihn gebe oder nicht«. Er empfindet diesen Zustand durchaus als »höllisch«. Hier denken wir an einen anderen großen Mystiker, Johannes vom Kreuz, der 200 Jahre später von der »dunklen Nacht der Seele« spricht, durch die der Suchende zu gehen hat (vgl. Looser 2001, 113 ff.). Dann aber, nach der Zerstörung all dessen, was der Mensch bisher für wichtig gehalten hat, was ihm bisher Halt gegeben hat, erfährt er, so wieder Johannes Tauler, dass er »eins (wird) mit Gott«; Tauler spricht davon, dass der Mensch »vergottet« wird.

In eigenen Worten: Mystiker lassen alle materiellen ebenso wie intellektuellen Sicherheiten los und geben sich gänzlich dieser letzten, transzendenten Wirklichkeit hin, die sie nicht beschreiben, sondern »nur« erfahren können, tief in ihrem Innersten.

Diese Erfahrung von Einheit mit dem Transzendenten in den tiefen Schichten der eigenen Seele bezeugen Mystiker der verschiedensten spirituellen Traditionen. Sie sind es denn auch, die im interreligiösen Dialog nicht in Rechthabereien und Streitereien verfallen, sondern sich verstehen. Für sie zählen nicht Dogmatik oder eine »einzig richtige Lehre«, sondern ihre Erfahrung. Sie bemühen sich auch gar nicht, Gott irgendwie zu definieren, weil sie in ihren Visionen so Großes erfahren, dass ihnen bewusst ist, dass es sich niemals adäquat in Worten einfangen lässt.

Augustinus nennt den Ort, wo er diese Einheit erfährt, »Herz« und spricht über das Ringen um dieses »Letzte« in seinem bekannten Satz: »Unruhig ist unser Herz, bis es ruhet, o Gott, in dir.« Die Erfahrung dieser tiefsten Einheit im Herzen bringt die Ruhe, die andere Erleuchtung nennen oder auch »Himmel«. Für die Mystiker ist der Himmel nicht irgendein Ort, an den sie gelangen möchten, sondern eine tiefe eigene Erfahrung.

Diese Vereinigung mit Gott kann endgültig erst im Tod erreicht werden. So nehmen viele Mystiker diesen in ganz eigener Weise wahr: Ein inniges, sehnsüchtig-liebevolles Verhältnis zum Tod wird erkennbar. Die Literatur zum Thema »ars moriendi«, der wir im ersten Teil bereits begegneten, war zu ihren Anfängen im hohen Mittelalter von ganz anderer Qualität als in ihrer Spätzeit im Barock. Stellvertretend für viele steht die deutsche Mystikerin Gertrud von Helfta, die im 13. Jahrhundert lebte. Aus ihrer Feder sind uns Zeilen überliefert, die tatsächlich eine Ode an den Tod darstellen (zitiert nach Kutter, 47): »O liebster Tod, du mein glücklichstes Los. In dir möge ein Nest für sich finden meine Seele, o Tod. O Tod, gebärend des ewigen Lebens Früchte: einhüllen mögen mich ganz und gar deine lebensvollen Fluten. O Tod, fortwährendes Leben: hoffen möge ich immer unter deinen Fittichen ... O Tod, aus dem das Leben tropft, in mir möge für immerdar glühen dein lebendig machender überaus süßer Funke.« Wir werden bei der Analyse der Nahtod-Erfahrungen bald eindrückliche Anklänge an die Mystik erkennen.

Ist das »Realität«?

Die Erlebenden wurden schon unzählige Male daraufhin angesprochen, ob das, was sie erlebt haben, denn nicht ein Traum in der Phase tiefer Bewusstlosigkeit hätte sein können oder eine Halluzination im Zustand des Schockes. Den Vergleich mit Träumen können alle ziehen und in großer Übereinstimmung verneinen die Erfahrenen diesen Erklärungsversuch, viele von ihnen überaus vehement. Van Lommels Einwand gegen diese Mutmaßung bringt auch hier die wissenschaftliche Perspektive ein und macht geltend, dass Träume in der Regel während der sogenannten REM-Phase des Schlafes (rapid eye movement = rasche Augenbewegungen) stattfinden, mithin in einer Phase erhöhter Gehirnaktivität, während Nahtod-Erfahrungen sich oft gerade dann ereignen, wenn das Gehirn völlig inaktiv (hirntot) ist. Zudem weist er darauf hin, dass die meisten Träume im Laufe der Zeit wieder in Vergessenheit geraten, während die Nahtod-Erfahrungen oft für den Rest des Lebens in aller Klarheit erinnert werden (vgl. van Lommel, 139 f.).

Weiter gibt es Erlebende, die früher in ihrem Leben Schock und Halluzination erfahren hatten. Sie weisen den Vergleich zur Erklärung ihrer Nahtod-Erfahrungen ebenfalls entschieden zurück. Auch dazu der wissenschaftliche Kommentar von van Lommel: »Halluzinationen sind sinnliche Wahrnehmungen, die zwar subjektiv als sehr real erlebt werden, die jedoch objektiv mit der Wirklichkeit nicht übereinstimmen ... (Für eine Halluzination gibt) es keine Grundlage in der objektiven Realität« (ebd., 47, vgl. 121 f. / 138 f.).

Die Erfahrenen selbst machen ganz im Gegenteil geltend, dass die Qualität des Erlebens in der Nahtod-Erfahrung völlig anders sei als in Traum und Halluzination, viel klarer, viel logischer. Sie betonen, dass sie, wenn sie aus einem Traum erwachen, sehr schnell realisieren, dass sie geträumt haben. Auch das Begreifen, halluziniert zu haben, stellt sich hinterher in der Regel ein (außer in Fällen ausgesprochener Krankhaftigkeit, die hier aber ausgeklammert werden dürfen).

Die Rückkehr aus der Nahtod-Erfahrung sei völlig anders: ein tiefes Bewusstsein, in einer anderen Existenz-Dimension gewesen zu sein und etwas absolut Wesentliches erlebt zu haben. Die Erinnerungen an die Erfahrung sind meistens auch nach Jahrzehnten noch sehr wach und klar und das Bewusstsein besteht weiter, dass dies ein Ereignis bleibender und hoher Bedeutung für das ganze Leben ist. All das trifft bei Träumen oder Halluzinationen in aller Regel nicht zu.

Viele halten sogar dafür, dass das, was sie erlebt haben, realer sei, ja dass dies die eigentliche Realität sei und nicht das, was wir hier im materiellen Leben erfahren.

Lassen wir eine Zeugin stellvertretend für viele sprechen: Sie litt an Schlafapnoe, das heißt, ihr Atem setzte während des Schlafes immer wieder für einige Zeit aus, ein Leiden, das nicht ganz selten ist und für die Betroffenen ein reales Risiko darstellt. Während eines solchen spontanen nächtlichen Atemstillstandes fiel sie als 26-Jährige in den klinischen Tod und erlebte, wie sie (ihr Bewusstsein) sich aus dem Körper erhob und den Raum durch das Fenster verließ. Weiter wörtlich: »Als ich aus dem Fenster ging und draußen war, schaute ich auf den Körper auf dem Bett zurück. Es war so, als wäre ich Realität und der Körper auf dem Bett unwirklich ... Das da draußen war so vibrierend und lebendig und allumfassend. Es war einfach so total! Aber was ich bei meinem Blick durch das Fenster sah, war ... wie eine leere Bühne« (Rommer, 177).

Was gibt uns als Beobachter oder Forscher das Recht, solche Erzählungen in Zweifel zu ziehen, bloß weil wir eine solche Erfahrung selbst nicht kennen und keine naturwissenschaftliche Erklärung dafür finden können? Wir glauben ja derselben Person ohne Weiteres, wenn sie von der schönen Aussicht schwärmt, die sie während einer Bergwanderung genossen hat. Der Unterschied für uns ist, dass wir die Erfahrung der Sicht in die Berge auch kennen, die Nahtod-Erfahrung aber nicht. Jedoch, wir glauben sehr wohl den Schilderungen jener Menschen, die den Mount Everest bestiegen haben, obwohl wir selbst nie dort waren. Die grundsätzliche Zurückweisung solcher Berichte steht wahrlich auf tönernen Füßen. So pflichte ich denn Barbara Rommer vorbehaltlos bei, wenn sie dafür plädiert, dass die Deutungshoheit der Erfahrung einzig bei den Erfahrenden selbst liegt, »denn er (der Erfahrene) war da – und Sie (Beobachter und Zweifler) nicht« (ebd., 221).

Natürlich gäbe es noch viel zu sagen zu diesen hartnäckig hochgehaltenen Zweifeln, schließlich werden ganze Bücher darüber geschrieben. Wir aber wollen dem holländischen Arzt van Lommel dankbar sein für seine Widerlegungen aus naturwissenschaftlicher Sicht. Sein Fazit nach dem ausführlichen Ausblick in die Gehirnforschung ist ernüchternd: »Die Bewusstseinsforschung in den modernen Neurowissenschaften beruht auf unangefochtenen, aber höchst zweifelhaften Grundlagen« (van Lommel, 199). Wir begegnen also bei diesem Autor einem wohltuenden Abbau von naturwissenschaftlichen Mythen und Dogmen. Ob seine eigene Spur in die Quantenphysik zu größerer Klarheit führt, ist angesichts der Vorläufigkeit ihrer Ergebnisse noch völlig unsicher. Die amerikanischen Gehirnforscher Newberg und Waldmann (419 f., Anm. 114) – sie messen der Spiritualität und auch Gott in ihren Forschungen große Bedeutung bei und sind damit zweifellos Ausnahmen in ihrer Gilde – bringen auch hier grundsätzliche Zweifel an: »Bisher stützen sich deren Forschungsarbeiten nur auf Theorien. Selbst wenn sie Beweise finden würden, wäre es unmöglich festzustellen, ob und wie derartige Eigenschaften … etwas, das außerhalb unseres … Gehirns existiert, beeinflussen können.«

Wir aber wollen nunmehr zurückkehren zu weiteren faszinierenden Erfahrungen, von denen die Erlebenden uns aus ihren Nahtod-Erfahrungen berichten.

Begegnungen während Nahtod-Erfahrungen

Wir hören Schilderungen von überaus eindrücklichen Begegnungen sehr unterschiedlicher Art und Qualität, mit immer neuen Aspekten, allen voran von Begegnungen mit einem wunderbaren Licht – wir erinnern uns an entsprechende Hinweise in zahlreichen religiös-spirituellen Traditionen.

Lichterfahrungen

Ein Rechtsanwalt – also gewiss kein (pseudo-)esoterischer Schwärmer – erzählte: »Ich erreichte das Ende (des Tunnels) äußerst schnell und war plötzlich in einem Meer aus hellem Licht, leicht goldenem, weißem Licht ... das in jede meiner Poren und Atome drang ... Dieses Licht hüllt dich ein und durchdringt und tränkt jedes subatomare Teilchen. Du bist ein Teil davon und es ist ein Teil von dir.« Weiter offenbart dieses Licht eine ganz besondere Qualität: »Ganz plötzlich spürte ich diese vollkommen überwältigende Liebe, totales Mitgefühl und vollkommenes Verständnis ... Es war Liebe, wie ich sie nie auf Erden empfangen habe.« Und so kommt er wie von selbst dazu, den wahren Charakter dieses liebevollen Lichts zu erkennen: »Für mich war das Meer des Lichts Gott, der Schöpfer ... in dem Licht fühlte ich mich zu Hause, da wo ich hingehöre« (Rommer, 172–174).

In die gleiche Richtung weist die Schilderung einer 22-jährigen Frau anlässlich eines Autounfalles: »Ich erinnere mich, dass ich ... das Licht spürte, fast als würde es mich rufen. Ich drehte mich um und ging geradewegs in das Licht hinein. Ich fühlte mich lebenssprühend, lebendig, richtig lebendig.« Dann erkannte auch sie die tieferen Eigenschaften dieses Lichtes: »Es war reine, pure Liebe. Da war Weisheit, Bewusstsein« (ebd., 207).

Auch die Frau mit Schlafapnoe, von der wir schon hörten, begegnete diesem Licht. »Die Leuchtkraft des Lichts ist von einer Art und Beschaffenheit, wie es sie hier nicht gibt. Die Schwingung war stärker. Es war vollkommene Liebe. Es hat mich vollkommen durchdrungen« (ebd., 177).

Begegnung mit dem eigenen Leben

Dieses weitere Element von Begegnungen in der Nahtod-Erfahrung ist durchaus bekannt: die sogenannte Lebensrückschau, oft wird sie auch Lebensfilm genannt. Dazu der schon zitierte Rechtsanwalt: »Ich hatte eine dreidimensionale Lebensrückschau ... Manchmal war ich Zuschauer und manchmal war ich Akteur. Zwei Geistführer postierten sich neben mich. Ich durchlebte mein eigenes Leben, jede Emotion, jedes Geräusch, jedes Bild, jeden Geruch, jede Nuance, die Gefühle der Leute, meine eigenen Gefühle, die Menschen, die mich verletzt haben, und wie ich mich da fühlte, die Menschen, denen ich wehgetan hatte, und wie sie sich fühlten ... Ich dachte wirklich, dass ich mein Leben ziemlich verkorkst habe. Ich habe viele ungenutzte Talente, dass ich dachte, ich hätte mein Leben vergeudet ... Diese Geistführer jedoch waren sehr einfühlsam ... Dann sah ich etwas, für das ich mich schämte, aber sie sagten: ›Das ist nicht so schlimm, du hattest deine Gründe.‹ Es war ein echtes Vergeben. Sie haben mich nicht verurteilt ... Zum Ende der Rückschau kam ich zum Schluss, dass die wichtigsten Dinge im Leben Anstand, Liebe, Hilfsbereitschaft sind« (ebd., 173 f.).

Immer wieder betonen die Erlebenden, dass diese Rückschau auf das vergangene Leben in einer liebevollen Atmosphäre stattfindet. Das kann ich aus meiner eigenen Erfahrung bestätigen. Als ich eingeladen wurde, auf mein Leben zurückzuschauen, fühlte ich mich von einer so überwältigenden Liebe geborgen und getragen, dass mir klar war: Es darf aus meinem Leben ans Licht kommen, was will, ich könnte Schänder und Mörder sein – ich würde nicht verurteilt, sondern liebevoll bejaht. *Ich selbst* jedoch würde Scham empfinden für mein jetzt geschautes liebloses Verhalten – das dürfte ein Aspekt des schon geschilderten »Fegefeuers« sein.

Begegnung mit Wesenheiten

Ein Mann, der durch einen Suizidversuch in den klinischen Tod gefallen war, erzählte: »Dann hörte ich eine Stimme und ich wusste, es war Gott. Es war seltsam. Die Stimme war nicht wirklich autoritär, sie war irgendwie friedvoll und ruhig« (ebd., 68).

Manche Erfahrene berichten von vielerlei Begegnungen mit Wesenheiten, die sie in der anderen Dimension hatten. Am bekanntesten ist wohl, dass verstorbene Verwandte, zu denen man eine liebevolle Beziehung hatte, oder auch Menschen, denen man freundschaftlich verbunden war, erscheinen, in der Regel, um einen freudvoll und herzlich zu begrüßen und in der geistigen Welt willkommen zu heißen. Oder es erscheinen Geistführer, die nicht persönlich erkannt und auch sonst nicht irgendwie zugeordnet werden können. Nicht selten aber begegnen die Erlebenden klar erkannten Wesenheiten, die sie auch identifizieren können: Engeln, sehr präzise etwa dem Erzengel Michael, der Jungfrau Maria oder Jesus oder eben gar Gott selbst oder im Rahmen von NPE-NTE auch dem Teufel oder schwarzen Todesengeln.

Die junge Frau, die von ihrem Vater missbraucht worden war, hatte insgesamt drei Nahtod-Erfahrungen, die erste anlässlich ihres schon erwähnten Suizidversuches. Das war zunächst eine NPE-NTE: »Ich sah den Teufel. Der Boden öffnete sich und er kam heraus. Er sah mich an mit diesen glühenden Augen. Er trug einen Ring mit einem Ziegenkopf. Ich sah ihn an und sagte: ›Du kriegst mich nicht. Du gehst zurück in deine Hölle!‹« Darauf änderte sich die Situation und sie erfuhr die grenzenlose Liebe, wovon schon die Rede war (ebd., 93).

Ihre zweite Nahtod-Erfahrung, auch diese als NPE, erlitt sie nach einem Arbeitsunfall: »Plötzlich war ich in einer römischen Orgie der satanischen Art. Ich sah den Teufel. Er kommunizierte mit mir und vergewaltigte mich.« In der Folge änderte sich die Szene, blieb aber NPE: »Und ich sah diesen schwarzen Todesengel. Es war ein Mann in einem schwarzen Gewand mit Kapuze.«

Ihre dritte Nahtod-Erfahrung schließlich, während einer schweren Krankheit, war lichtvoll: »Als ich zu dem anderen Ende (des Tunnels) kam, sah ich tatsächlich Jesus. Er lächelte und stand mit weit geöffneten Armen da, als wollte er mich umarmen ... Er trug ein weißes Gewand und da war eine Art blaue Aura um seinen Kopf. Er hatte einen Bart. Er hatte die wunderschönsten blauen Augen ... Er war ungefähr sechsunddreißig, so wie am Kreuz. Er war nicht sonderlich groß, ungefähr 1,78 ... Er trug keine Sandalen ... Er hatte braunes, schulterlanges Haar mit einer Art goldener Strähnen ... Seine Hände hatten immer noch die Wundmale vom Kreuz. Er hatte immer noch die Stichwunde an der Seite und Licht ging durch sie hindurch ... Und als ich nach unten sah, konnte ich in seinen Füßen die Löcher der Nägel sehen« (ebd., 93 f.).

Eine 29-jährige Frau begegnete in ihrer NPE-NTE im Rahmen eines Suizidversuches zuerst ihrem Großvater, der ein Jahr zuvor gestorben war. »Er war in einer mürrischen Stimmung, so wie immer ... Bei meinem Großvater stand ein Mann. Er sah aus wie Jesus Christus, mit langen Haaren, einem Schnurr- und einem Vollbart. Er war einfach gekleidet und trug Sandalen ... Ich wusste, dass er böse mit mir war ... Im Grunde waren sie wie die Gestapo« (ebd., 115).

Auch eine 65-jährige Frau mit viel Meditationserfahrung, die im Verlauf weniger Stunden zwei Schlaganfälle erlitten hatte, begegnete Jesus: »Er war der schönste Mann der Welt. Er hatte eine olivfarbene Gesichtshaut und rosige Wangen ... Er hatte wunderschönes, lang wallendes, kastanienbraunes Haar, keinen Bart ... Er war von Kopf bis Fuß in ein weißes Gewand gehüllt« (ebd., 138 f.).

Eher überraschend mag der Umstand sein, dass auch Menschen jüdischen Glaubens, die erklärtermaßen bisher keinen ausdrücklichen Bezug zum Christentum hatten, in ihrer Nahtod-Erfahrung Jesus begegnen. Ein 46-jähriger jüdischer Mann über Jesus in seiner Begegnung: »Er strahlte, strahlte! Er leuchtete! Er hatte schöne Haare, lang, braun, sie gingen eben bis zur Schulter. Er hatte einen Bart und einen Schnurrbart und trug ein weißes ... Gewand und dunkelbraune Sandalen. Seine Hände hatten lange, spitz zulaufende Finger wie ein Klavierspieler ... Er war nicht wirklich groß, aber gut gebaut, wirklich stark, so wie halt ein Zimmermann sein würde« (ebd., 126).

Eine jüdische Frau, Enkelin eines Rabbiners, jedoch mit einem Katholiken verheiratet, erlebte ihre Nahtod-Erfahrung während Komplikationen in der Schwangerschaft: »Ich sah einen Mann in einem langen Gewand ... Er hielt einen Holzstock in der Hand. Es war Jesus! Er war sehr groß, um die zwei Meter, und hatte einen Bart« (ebd., 128).

Andere deuten, wie wir schon sahen, ihre Erfahrung als Begegnung direkt mit Gott. Ein Mann, Mitglied der baptistischen Zion-Kirche, Ende zwanzig, erlebte in einer schweren Depression eine NPE-NTE: »Da war plötzlich dieser unglaubliche Stuhl aus Marmor und Gott saß darauf! Er hatte das bärtige Gesicht eines weisen Mannes, einen langen, fließenden, weißen Vollbart mit vielen Haaren. Schauer durchfuhren meinen Körper ... Der Herr war sehr böse mit mir, weil ich den Glauben verloren hatte.« Darauf erlebte er den Rückblick auf sein Leben, den er offenbar als nicht sehr schmeichelhaft empfand: »Gott beurteilte mich in dieser Lebensrückschau. Er demütigte mich auf die Knie.« Der Erlebende erkannte, dass es diesmal kein Entfliehen gab, er musste sich stellen. Nach der Verarbeitung des Schreckens dieser NPE-NTE begann er, sich den Herausforderungen des Lebens zu stellen und bewusst Verantwortung zu übernehmen – sein Fazit: »Der große Meister gab mir einen Klaps auf den Hintern« (ebd., 112 f.).

Eine gewisse reflektierte Distanz lässt eine Frau erkennen, die bei einem schweren Autounfall in den klinischen Tod fiel: »Ich war plötzlich oben bei Gott ... Gott hatte seinen Arm um mich gelegt ... es war, als würde ein Vater sein Kind halten. Ich sah sein Gewand, sein Haar und seinen Bart ... Er war ein alter, großer Mann, wie ein Weiser, ein Typ wie Moses. Ich denke, er war die Interpretation dessen, wie ich mir vorstellte, wie Gott aussehen würde ... Er ist geduldig, ruhig, liebevoll, bewundernswert, streng und bestimmt. Von ihm ging ein Licht aus, eine Helligkeit. Er hatte ... Liebe und Schönheit in seinen Augen« (ebd., 201).

Ein differenziertes Bemühen, das Erlebte erfassen und verstehen zu können, wird auch im Bericht einer Frau Mitte zwanzig erkennbar, die an einer schweren Blutkrankheit litt: »Dann war da plötzlich dieses andere Wesen und ich hatte den Eindruck, dass es mehr Autorität besaß. Es war eine starke Persönlichkeit und ich könnte verstehen, wenn manche, hätten sie dieses Wesen gesehen, sagen würden, sie wären in der Gegenwart Jesu Christi gewesen. Manche würden vielleicht auch Moses sehen.« Später begegnete sie einem weiteren Wesen mit sehr starker Ausstrahlung. »Es war aber auch nicht etwas, das wie Gott war, obgleich ich verstehen kann, wenn Leute darin Gott sehen würden. Ich glaube, dass Gott als spirituelles Wesen dieser Person sehr ähnlich sein könnte, genau wie Jesus Christus oder Moses oder sogar Martin Luther King. Es war unkörperlich« (ebd., 164).

Auch von Begegnungen mit Engeln und Lichtwesen wird berichtet. Die schon erwähnte 22-Jährige bei ihrem Autounfall: Sie begegnete mehreren Wesen, die sie als Engel identifizierte, in einem von ihnen erkannte sie Michael. »Da hatte ich bemerkt, dass Michael Flügel hatte. Auch zwei der anderen hatten Flügel« (ebd., 204).

Eine andere junge Frau: »Ich sah Geistwesen, die irgendwie transparent waren. Sie hatten keine feste Gestalt, es waren nur Umrisse. Es waren quasi Menschen aus Cellophan ... aber man konnte ein Gesicht erkennen und alles andere ... Man sah durch sie hindurch. Sie waren alle in weißen Gewändern und sie sahen aus wie Engel. Sie hatten zwar keine Flügel, aber es waren Engel.« Einige erkannte sie als bereits verstorbene Menschen aus ihrem Leben (ebd., 94).

Eine 21-jährigen Frau ereilte der klinische Tod, als sie während eines Raubüberfalls niedergeschlagen wurde: »Drei Engel trugen mich durch den Tunnel zu dem Licht am anderen Ende ... Die Engel waren gigantisch, riesig, wahrscheinlich 4,5 Meter groß.« Später begegnete sie auch Jesus: »Jesus sah aus wie du und ich, bis auf die Tatsache, dass er leuchtete … Er hatte ein weißes Gewand an. Ich konnte sein Gesicht sehen. Sein Haar war pures Licht. Er war Licht« (ebd., 213).

Eine ganz besondere Engel-Begegnung hatte der schon vorgestellte 53-jährige aidskranke Lehrer: »Und dann war ich wieder an einem anderen Ort, sehr friedvoll. Ich hatte sieben Jahre lang einen Geliebten, der an Aids starb. Zum Zeitpunkt seines Todes sah er sehr krank und sehr ausgezehrt aus. Und hier war er wieder – und jetzt war er ein Engel. Er hatte sehr lange, blonde Haare … Wir sprachen sogar über gemeinsame Freunde, wie es ihnen geht« (ebd., 99 f.).

Zum Abschluss noch einmal ein jüdischer Mann, der erklärtermaßen bis zu seiner Nahtod-Erfahrung »nicht gottverbunden« war, mit einer sehr differenzierten Deutung seiner Erfahrung: »Mein höheres Selbst ist das Wesen, als das ich erschaffen wurde. Ich glaube daran, dass es höhere Wesen gibt, und das gibt dem, wer wir sind, eine weitere Dimension … Später erkannte ich dann, dass meine höhere Macht in mir selbst liegt« (ebd., 145).

Neben diesen Wesenheiten, die durchaus personhaft wahrgenommen werden und mit denen auch ein direkter Austausch auf einer Ebene von Ich zu Du stattfindet, soll im Folgenden von Erfahrungen berichtet werden, die auch dem Bereich »Begegnungen« zuzuordnen sind.

Begegnung mit einem verurteilenden Gericht

Die 29-jährige Frau, die sich selbst als Atheistin definierte und bei ihrem Suizidversuch in einer NPE-NTE die Präsenz ihres Großvaters und Jesu »wie die Gestapo« empfand, erzählte weiter: »Da, wo ich war, war es kalt und dunkel. Und in diesem Moment begann ich alles zu sehen, was ich jemals verkehrt gemacht hatte. Ich stand vor Gericht … Ich sah Dinge, die vor Ewigkeiten passiert waren … Es war so, als würden die mich richten. Jede Notlüge und jede kleine Mogelei und alle diese Dinge schienen aufzutauchen. Es war so, als würde alles Böse ... zum Vorschein kommen ... Ehrlich, ich fühlte mich in der Hölle. Ich fühlte mich beurteilt in Bezug auf absolut alles, was ich je getan habe« (ebd., 115).

Diese Form von Gericht, in der man von einer Instanz, die einem gegenübersteht, beurteilt wird, ist offenbar eher selten. Einem weiteren solchen Beispiel begegneten wir bei jenem depressiven Mann, der hinterher erkannte, »der große Meister« habe ihm »einen Klaps auf den Hintern« gegeben.

In der Regel aber betonen die Erlebenden ganz im Gegenteil, dass sie selbst es waren, die ihre negative Beurteilung vorgenommen hatten. Dazu ein Beispiel: Ein Mann, der als Folge eines geplatzten Hirnaneurysma in den klinischen Tod gefallen war, erzählt: »Ich wurde als Katholik erzogen und man hatte mir beigebracht, dass Gott die Menschen richtet. Das stimmt nicht. Man ist sein eigener Richter. Man ist der härteste, unbarmherzigste Richter, wenn man sich selbst richten muss« (ebd., 189).

Auch eine junge Frau erkannte tiefere Zusammenhänge. Sie »wurde im Glauben einer Pfingstlergemeinde erzogen und wuchs auf ›mit der Erwartung, irgendwann gerichtet zu werden‹«. Durch ein Trauma erlebte sie eine NPE-NTE, in der sie auf ihr Leben blicken musste. »Ich fühlte eine Menge Schuld, eine Menge Scham und eine Menge Verurteilung. Es war alles Selbstverurteilung, aber ich weiß jetzt, dass dies durch meine frühere Programmierung hervorgerufen wurde ... Meine Erkenntnis ist, dass wir das Leben durch die Brille unserer Konditionierung und Programmierung erleben« (ebd., 113 f.).

Auf einen weiteren besonderen Aspekt dieser urteilenden Konfrontation mit dem eigenen Leben macht die junge Frau aufmerksam, die einen schweren Verkehrsunfall erlitten hatte: »Das Nächste, an was ich mich erinnere, war ein Vorfall, in dem meine Schwester eine Rolle spielt. Ganz plötzlich schien ich in die Haut meiner Schwester geschlüpft zu sein. Ich fühlte plötzlich, wie böse und verletzt sie damals wegen unseres Streites war. Ich sah auch ein paar Situationen mit meiner Mutter und es war jeweils so, als würde ich in die Haut dieser Menschen schlüpfen, und fühlte mich buchstäblich durch mich selbst verletzt« (ebd., 204 f.) – die Aufhebung des dualen Denkens, das die Welt in Ich und Nicht-Ich unterscheidet, von der schon die Rede war.

Die Frau schließlich, die als Kind von ihrem Vater missbraucht worden war, wurde im Interview von Barbara Rommer gefragt, ob sie sich gerichtet oder verurteilt gefühlt hätte. Ihre Antwort: »Nein, ich denke, die Hölle ist hier auf Erden. Wissen Sie, wir werden nicht gemessen an dem Schlimmen, das wir tun, sondern an dem Guten« (ebd., 96).

Begegnung mit der Hölle

Auch hier gilt es zu bedenken: Wer ins Gericht kommt, muss wohl oder übel darauf gefasst sein, verurteilt zu werden – allenfalls durch sich selbst –, und dann droht in diesem religiös geprägten Kontext die Hölle, wir hörten schon mehrere Anspielungen darauf. Eindrücklich ist, wie auch eine solche Konfrontation mit der Hölle sich im Nachhinein als »verkleideter Segen« erweisen kann.

Eine junge Frau, in ihren eigenen Worten »in einer richtig reichen jüdischen Familie« aufgewachsen, mit einem überstrengen Vater, der sie »brutal« schlug, flüchtete aus dieser Situation in eine Welt mit Drogen. In diesem Zusammenhang erlebte sie mehrere NPENTE. Hinterher empfand sie genau das als den entscheidenden, hilfreichen Anstoß. »Für mich ist die Hölle … ein Gefühl und ein Zustand der Gottesferne, und das tun wir uns selbst an. Ich bin jetzt der Meinung, wenn man an die Hölle glaubt, dann wird man auch da landen. Obwohl es fast vollkommen dunkel war, fühlte ich mich sicher dort, wo ich war, aber die Botschaft war, dass ich raus musste (aus den Drogen, Anm. d. Verf.), weil ich da nicht hingehörte. Ich bekam also genau das, was ich brauchte, und ich glaube, so funktioniert das« (ebd., 72). Sie machte einen Entzug und wurde clean.

Auffallend häufig erscheint in der Studie von Rommer die Hölle bei NPE-NTE im Rahmen eines Suizidversuches. Ein Rettungssanitäter hatte sich versehentlich mit einer Nadel gestochen, mit der er zuvor einen Verwundeten behandelt hatte – und wurde dadurch HIV-positiv. Er war 36 Jahre alt und flüchtete sich in seiner Verzweiflung in einen Suizidversuch. »Ich empfand es so, als wäre ich in der Hölle, obwohl ich keine kleinen Teufel mit Dreizackgabeln oder Flammen sah. Es war schrecklich, in der Dunkelheit gefangen zu sein.« Plötzlich lösten sich die Schreckensbilder auf, er wurde ruhig und kehrte in seinen Körper zurück. Hinterher deutete er seine Erfahrung: »Es war so, als wäre mir der Wille zum Leben gegeben worden. Gott hatte mir gezeigt, wenn du Selbstmord begehst, kommst du in die Hölle.« Später erkannte er, »dass seine Vorstellungen von der Hölle genau so waren, wie es ihm passiert ist. Er ist in einem katholischen Elternhaus aufgewachsen, wohl wissend, dass ›Selbstmord falsch ist‹. Seine Erfahrung hat dies bestätigt.« Noch eine für ihn segensreiche Erkenntnis gewann er aus dieser Höllenerfahrung: »Ich weiß, Gott hat einen Plan für mich. Ich soll anderen Menschen mit HIV helfen« (ebd., 68 f.).

Auf eine weitere »verkleidet segensreiche« Erkenntnis trifft man im Zusammenhang von NPE-NTE bei Suizidversuchen oft: Der Suizid löst keine Probleme. Eine Frau, Mitte zwanzig, wurde mit ihrer Depression nicht mehr fertig und öffnete den Gashahn. »Urplötzlich war ich an diesem dunklen Ort. Schwärze, totale Schwärze. Kein Licht – nur ein schwarzes Nichts. Mir war klar, dass ich tot war, aber der Kummer und das Leid waren noch immer da. Alle Seelenschmerzen hatte ich mitgenommen.« Später wurde es ihr ein Anliegen, die Menschen von solch illusorischen Hoffnungen abzubringen: »Ich möchte allen sagen, die sich in ähnlicher Verfassung befinden ... Wenn du meinst, du kannst dem durch Selbstmord entgehen ... dann irrst du dich ... Es gibt auf diesem Weg kein Entrinnen ... Du musst deinen Weg finden und dich hindurcharbeiten.« Rückblickend glaubte sie, dass »die NPE-NTE nicht nötig gewesen wäre, wenn sie sich wegen ihrer Depression rechtzeitig einer Therapie unterzogen hätte« (ebd., 80 f.).

Eine Krankenpflegerin unternahm in einem Anfall von Verzweiflung einen Suizidversuch durch eine Medikamenten-Überdosis. »Ich erinnere mich nur an den reinen Terror ... Als Katholiken haben wir natürlich gelernt, dass wir uns nicht das Leben nehmen dürfen, denn das bedeutet ja, dass man den Glauben an Gott verloren hat ... Es war so schrecklich, ich war in der Hölle ... Als ich erwachte, fühlte ich mich total verängstigt, doch gleichzeitig voll neuer Hoffnung. Selbstmord kann nie die Lösung sein ... Das will Gott nicht. Ich glaube fest an Gott ... Ich habe die Hölle gesehen!« Sie ist eine der Erlebenden, die ihr Leben nach der Nahtod-Erfahrung völlig umgekrempelt hatte und dazu meinte: »Jetzt bin ich froh, dass mir dies passiert ist« (ebd., 102 f.).

An dieser Stelle muss ich mich beeilen, einer möglichen falschen Schlussfolgerung zuvorzukommen, dass nämlich die Nahtod-Erfahrungen im Rahmen eines Suizid-Geschehens eher die Tendenz haben, zu einer NPE-NTE zu werden. Hier liegt denn auch ein Vorbehalt, den ich gegenüber der Studie von Barbara Rommer habe. Wiederholt lässt sie durchblicken, dass sie dem Suizid gegenüber eine ablehnende Einstellung hat, die mir nicht frei von ethischen Urteilen zu sein scheint (vgl. ebd., 103; 208). So ist sie möglicherweise geneigt, vor allem solche Beispiele in ihre Studie aufzunehmen, die diese Haltung bestätigen.

Ich selbst möchte mich jeder Stellungnahme, ganz besonders einer wertenden, enthalten. Was mich bei einem Suizid am meisten erschüttert, ist die seelische Not, die diesem Geschehen in aller Regel vorausgeht. Unterstützt in dieser Haltung fühle ich mich durch die Tatsache, dass ich sowohl aus Zeugnissen von Menschen, die mir selbst direkt von ihren Nahtod-Erfahrungen in einem Suizid-Kontext berichtet haben, wie auch aus zahlreichen solchen Beispielen in der Literatur weiß, dass viele Menschen, die bei einem Suizidversuch eine Nahtod-Erfahrung hatten, diese ebenso licht- und liebe- und hoffnungsvoll erlebten, wie die große Mehrzahl der anderen Nahtod-Erfahrenen auch.

Suizid ist ein anspruchsvolles Thema, und ich bemühe mich in den zahlreichen Diskussionen, die ich dazu zu führen habe, um einen nicht moralischen und nicht wertenden Kontext.

Begegnungen: eindrücklich – und des Fragens würdig

Eindrücklich sind sie, die Schilderungen der Begegnungen in einer Nahtod-Erfahrung. Sie stimmen uns nachdenklich, machen uns vielleicht auch misstrauisch und die schon einmal bedachte Frage, ob das alles denn »wahr« sei, stellt sich hier auf einer anderen Ebene erneut.

Ein Teil der Zweifel rührt daher, dass die Geistwesen recht widersprüchlich beschrieben werden. So möchten wir etwa fragen: Hat nun Jesus einen Bart oder nicht? Hat er »die wunderschönsten blauen Augen« und Hände wie »ein Klavierspieler«, ist er »der schönste Mann der Welt« oder sieht er doch eher aus »wie du und ich« oder ist er gar einer »wie die Gestapo«? Ist er »nicht wirklich groß, etwa 1,78«, oder »um die zwei Meter«? Haben Engel Flügel oder doch keine?

Für Verunsicherung sorgt weiter der Umstand, dass die Schilderungen allzu oft unübersehbare Ähnlichkeiten mit bekannten Darstellungen aus der Kunst aufweisen, von der hohen Kunst bis hin zum pietistischen Kitsch – der Ziegenkopfring und die glühenden Augen des Teufels sowie Erlebnisse im Gericht weisen in diese Richtung, ebenso die »Wundmale« an Jesu Körper, also die Löcher der Nägel an seinen Händen und Füßen sowie der Einstich in der Brust.

Als hilfreich dürften sich jene Überlegungen und Erfahrungen erweisen, die eine gewisse reflektierte Distanz verraten, etwa der Mann, der das Meer aus Licht als Gott *deutet,* oder die Frau, die erklärend sinniert: »Ich denke, er war die Interpretation dessen, wie ich mir vorstellte, wie Gott aussehen würde.«

Wir sollten uns unbedingt davor hüten, aus solchen Schilderungen direkt auf eine *physisch wahrnehmbare, materielle Realität* etwa von Jesus oder Engeln und Teufeln zu schließen. Ganz besonders gilt diese Warnung mit Blick auf Gott selbst. Das Bild des alten weisen

Mannes mit wallendem Bart entspricht doch allzu sehr einem verbreiteten Klischee – besonders eindrücklich dargestellt von Michelangelo in der Sixtinischen Kapelle in Rom. Gott als geistiges Wesen dürfen wir uns gewiss nicht in dieser Weise vorstellen. Gleichwohl haben die Menschen »Wahrheit«, haben etwas »Wirkliches« erfahren. Wir sollten dieses »Wirkliche« aber bloß nicht vorschnell auf der materiellen Ebene (miss-)verstehen wollen.

Wertvolle Hilfe in unserem Bemühen um die »Wahrheit« erhalten wir, wenn wir das Thema Nahtod-Erfahrung in unserer westlichen Welt fürs Erste einmal verlassen und unseren Blick weiten und nach Osten richten, wo wir auf bemerkenswerte Parallelen stoßen.

Die geistigen Wesenheiten in der tibetischen Tradition

Für die folgenden Seiten muss ich Sie, liebe Leserin, lieber Leser, um Aufmerksamkeit und Konzentration bitten. Wir werden anspruchsvolle Denkwege miteinander zu gehen haben und es wird nicht ganz einfach, aber für unser Verstehen sehr hilfreich sein.

Das Totenbuch

In den Lehren des tibetischen Totenbuches treffen wir auf eindrückliche Analogien zu den erörterten Erscheinungen in den Nahtod-Erfahrungen. Hier wird auch gleich ein Schlüssel zum tieferen Verstehen angeboten, ein Schlüssel, der seinerseits erstaunliche Parallelen aufweist zu den Erklärungsversuchen, mit denen die Nahtod-Erfahrenen ihre Erlebnisse zu deuten versuchten. Natürlich ist auch dies »bloß« eine Blume im Strauß, aber eine überaus konstruktive für das Verständnis.

Vom tibetischen Totenbuch war schon im ersten Teil unserer Studie ausführlich die Rede. Wenn es hier erneut Beachtung finden soll, so deshalb, weil es in seiner Art in der Weltliteratur einzigartig ist und weil es, bei allem dogmatischen und mythologischen Überbau, den wir zu durchdringen haben, Perlen der Weisheit enthält, die viel zu einem tieferen Verstehen in unserer Frage »Wohin geht die Seele?« beitragen können.

Wir haben schon festgestellt, dass der Buddhismus kein Gottesglaube ist. Gleichwohl erscheinen dem Bewusstsein der Verstorbenen auf deren Weg durch die geistige Welt – durch den Zwischenzustand, den Bardo – zahlreiche sowohl »friedliche und wissenshaltende« wie auch »zornige und bluttrinkende« Gottheiten. Vielleicht ist allein schon bemerkenswert, dass nicht von Göttern die Rede ist, sondern von Gottheiten, was den Weg zu ihrem Verständnis erleichtert.

Erinnern wir uns: Für Buddhisten ist das letzte und eigentliche Ziel des menschlichen Wanderns durch unsere Welt im Laufe unzähliger Inkarnationen die Erleuchtung. So ist es denn auch die Absicht des Lamas, der den Verstorbenen die Abschnitte des jeweiligen Tages aus dem Totenbuch vorliest, dass diese die Erleuchtung erlangen mögen – genauso wie auch alle übrigen buddhistischen Belehrungen letztlich diesem großen Ziel dienen. Erleuchtete haben das Ziel erreicht und sind aus dem »Rad der Wiedergeburt« befreit. Es wird auch von »Erwachen« gesprochen: Das Durchschauen, dass unser Ich ebenso wie die materielle Welt um uns herum nichts als Illusionen sind, befreit den Geist aus aller Verstrickung, das heißt, er erwacht zu seinem Wahren Wesen, das nunmehr als Buddhaschaft bezeichnet wird, sodass Erleuchtung auch umschrieben wird mit »vollkommene Buddhaschaft erreichen«.

Dazu will der vorlesende Lama dem Bewusstsein der Verstorbenen verhelfen. Da jeder Mensch die Qualität eines Buddhas im Keime in sich trägt (wir sahen es bereits), wird er jetzt entsprechend stets mit einem Ehrentitel angesprochen: »O Edelgeborener« (Evans-Wentz) oder »Sohn (Tochter) der Edlen« (Dargyay). Die Lesung soll, wie erwähnt, im Idealfall sofort nach dem letzten Ausatmen beginnen, und zwar mit den Worten: »O Edelgeborener, da das, was man Tod nennt, dir jetzt widerfährt, entscheide dich dahin (nimm diese geistige Haltung ein, Anm. d. Verf.): ›So ist dies jetzt die Todesstunde. Indem ich aus diesem Tod Nutzen ziehe, will ich so handeln ... auf dass ich vollkommene Buddhaschaft erreiche, indem ich mich entscheide zu Liebe und Barmherzigkeit ... und indem ich meine ganze Anstrengung auf die einzige Vervollkommnung (Erleuchtung, Anm. d. Verf.) richte‹« (Evans-Wentz, 169).

Die drei ersten Tage im Bardo sind geprägt durch die Begegnung mit dem großen Licht. Ab dem vierten Tag ändert sich die Situation völlig und dem Bewusstsein erscheinen während sieben Tagen die friedlichen Gottheiten, darauf während weiteren sieben Tagen die zornigen.

Als erste der friedlichen und wissenshaltenden Gottheiten erscheint der Buddha Vairocana: »Sohn/Tochter der Edlen ... der ganze Himmel erstrahlt in hellblauer Farbe. Zu dieser Zeit geht dir die Vision des Erhabenen Vairocana auf. Er sitzt im Seligen Gefilde der Mitte ... auf dem Löwenthron, ist von weißer Farbe ... und umfängt die göttliche Mutter (seine Gemahlin, Anm. d. Verf.) ... Es geht vor dir das hellblaue Licht, das die Urweisheit ist, klar, durchsichtig, leuchtend und strahlend auf. Aus den Herzen des göttlichen Vairocana und der göttlichen Mutter trifft es dich ... unmittelbar ... Dies ist Vairocanas Licht des Mitleids« (Dargyay, 103 f.).

Zur Gestalt des Vairocana erläutert Evans-Wentz: »Vairocana bedeutet wörtlich ›der Strahlende‹. Die Bezeichnung ›der Erhabene‹ qualifiziert ihn als einen Buddha, das heißt einen Erleuchteten« (Evans-Wentz, 181, Anm. 16).

Nach dem Reigen der 42 wissenshaltenden Gottheiten folgen die 58 »flammenumschienenen, zornigen, bluttrinkenden Gottheiten« (ebd., 208). Während die Wissenshaltenden als Erhabene und damit als Buddhas identifiziert werden, wird für ihre erschreckenden Gegenparte die Bezeichnung Heruka verwendet. Ein Heruka ist also in moderner Sprache ausgedrückt sozusagen die polare Ergänzung in der Erscheinung der Buddhas. Wiederholt wird darauf hingewiesen, dass die Buddhas und die Herukas eigentlich dieselben Wesenheiten, wir würden heute vielleicht sagen: dieselben Energien, sind, welche polare Erscheinungsformen haben.

Der Lama liest am 13. Tag: »O Edelgeborener, höre gesammelt zu ... aus dem Osten deines Gehirns scheint auf dich die weiße Kerimma, einen Menschenleichnam als Keule in der Rechten und eine mit Blut gefüllte menschliche Schädelschale in der Linken ... aus dem Südosten die rote Pukkase, die Därme in der Rechten hält und sie mit der Linken zu ihrem Mund führt ... aus dem Nordwesten die Gelblich-Weiße Tsandhali, die einen Kopf von einem Leichnam abreißt, deren Rechte ein Herz hält und deren Linke den Leichnam zum Mund führt, den sie dann isst« (ebd., 218 f.).

Eindrücklich springen die prinzipiellen Parallelen ins Auge zwischen dem, was Menschen heute aus ihren Nahtod-Erfahrungen berichten, und den Schilderungen von Visionen in der geistigen Welt in einem Text, der 1200 Jahre alt ist. Der große Unterschied liegt darin, dass im ersten Fall die Erfahrenen direkt ihre Erlebnisse schildern, während wir im zweiten eine Belehrung über die Erscheinungen im Zwischenzustand vor uns haben. Doch ist diese im Verständnis der Tibeter keinesfalls bloß graue Theorie. Vielmehr wird gesagt, dass hoch entwickelte Lamas noch während ihres Lebens in der Materie sich geistig in den Nachtod-Zustand versetzen und so erfahren können, was alle Menschen nach dem körperlichen Tod erwartet – nicht Theorie also, sondern letztlich Erfahrung auch hier.

Mehrtägige Jenseitsreisen

Die Weisheit des tibetischen Totenbuches wird seit mehr als tausend Jahren weitgehend unverändert überliefert. Daneben öffnet sich in der tibetischen Kultur ein weiteres Fenster, das Einblicke in die geistige Welt gewährt. Menschen, tiefgläubige, wie es heißt, oder auch Meister und Meisterinnen, verlassen in tiefer Meditation oder auch in schwerer Krankheit bis hin zu dem Zustand, den wir heute klinischen Tod nennen, ihren Körper, treten ein in die Welt des Geistes und bleiben dort für mehrere Tage, bis zu zwei Wochen, um anschließend in die Materie zurückzukehren. Oft sind inzwischen bei den Hinterbliebenen bereits die Abschiedszeremonien im Gang. Ein so ausgezeichneter Mensch wird ein/eine Delog genannt.

Der schon vorgestellte zeitgenössische tibetische Lehrer Tulku Thondup geht in seinem Buch »Friedliches Sterben – glückliche Wiedergeburt« ausführlich darauf ein. Er beruft sich auf Zeugnisse solcher Delogs aus dem 19. und 20. Jahrhundert, also aus der Zeit, als im Westen die Nahtod-Forschung einsetzte. Diese Erfahrungen sind derart durchdrungen und bestimmt vom Leben und Glauben des tibetischen Buddhismus, dass vieles ohne profunde Kenntnisse dieser Kultur nicht verständlich ist. Ich werde mich daher mit wenigen, für unsere Fragestellung relevanten Zitaten begnügen und beginne mit einem Mann, ein »allseits bekannter Meister«, der 1932 als 74-Jähriger schwer erkrankte und seinen Körper verließ. Dabei erlebte er: »Bald kam aus Richtung Süden die weiße Schutzgottheit ... auf weißen Wolken reitend herangeschwebt. Er war in weiße Seidenkleider gewandet und sein Haar war zu einem Knoten hochgebunden. Über der Schulter trug er einen weißen Seidenbeutel ... Dann kam der zornige, dunkle Dämon mit schwarzer Hautfarbe auf einem Wirbelsturm herangeritten. Er war in ein dunkles Gewand gekleidet und hatte loses, flatterndes Haar. Er trug einen schwarzen Beutel über seiner Schulter« (Thondup, 106 f.).

Abgesehen von den kulturbedingten Besonderheiten in der Beschreibung der Erscheinungen in den Delog-Berichten lassen sich große Übereinstimmungen mit unseren westlichen Nahtod-Erfahrungen feststellen: Landschaften, viele Berge (im Bergland Tibet!), prächtige Schlösser und Paläste. Von besonderer Bedeutung sind Begegnungen mit Lamas, Meistern, sogar mit Buddhas. Sie erteilen

Belehrungen mit dem Auftrag, diese nach der Rückkehr in die materielle Welt an die Menschen weiterzugeben zur Verbesserung von deren spiritueller Praxis, damit sie so eine gute nächste Reinkarnation finden werden. Auch Delogs also berichten von Begegnungen mit höchsten Wesenheiten. Für tibetische Buddhisten ist es Padmasambhava, der legendäre erste Lehrer des Buddhismus in Tibet, der die Buddhas, die Erleuchteten, die Meister überragt. Sie nennen ihn Guru Rinpoche, was beides Titel für hohe Lehrer sind und damit vielleicht so etwas wie »höchster Meister« bedeutet.

Eine weise Frau, Dawa Dölma, hatte 1924 als 14-Jährige eine Delog-Erfahrung im Rahmen einer schweren Erkrankung. Dabei trat sie in einen »unvorstellbar schönen Palast ein, der so aussah, als bestehe er aus rotem Kristall. Es war ein unermessliches Schloss, so weit und so hoch, dass seine Ausmaße jenseits der Vorstellungskraft lagen ... mit einer unerschöpflichen Fülle von Reichtum und unvorstellbaren Bergen von Opfergaben gefüllt. (Sie erblickte) in der Mitte der Halle einen riesengroßen Thron, der höher als ein dreistöckiges Gebäude erschien. Von dem Thron strahlten Lichter in alle Richtungen aus. Auf dem Thron erblickte sie die großartige Präsenz von Guru Rinpoche, Padmasambhava, die Verkörperung von Weisheit, Mitgefühl und der Macht aller erleuchteten Wesen ... Als sie Guru Rinpoche erblickte, hörten alle ihre begrifflichen Gedanken spontan auf. Sie erreichte Sicherheit in einem Geisteszustand des Einsseins, der unbeschreiblich, unvorstellbar und unsäglich war« (ebd., 217 f.). Offensichtlich wird hier eine Art Erleuchtungs-Erfahrung geschildert, für welche, was uns vertraut ist, es keine zutreffenden Worte mehr gibt. Nach diesem erhebenden Erleben wandte sich Guru Rinpoche an die junge Frau: »Voller Mitgefühl sagte er: ›Mit der Bewusstheit über das Leiden in den sechs Daseinsbereichen (die sechs Welten, in die unerleuchtete Seelen reinkarnieren können, Anm. d. Verf.) musst du bald in die menschliche Welt zurückkehren. Erzähle den Menschen, was du gesehen hast, und bitte sie inständig, Tugendhaftigkeit anzustreben.‹ Schweren Herzens und tränenüberströmt nahm Dawa Dölma Abschied von Guru Rinpoches Präsenz« (ebd., 218).

Eine andere weise Frau und große Lehrerin, Shugseb Jetsün Lochen (1865–1953), begegnete in ihrer Delog-Erfahrung dem polaren Gegensatz dazu: Sie erblickte »eine riesige, erschreckende Festung aus Eisen. Darin saß auf einem Thron, der aus einem Leichnam, Sonne, Mond und Lotos bestand, der Große Dharma-König (Yama, dem wir bereits begegneten, Anm. d. Verf.). Seine Gestalt war zornvoll, sein Gewand war ebenfalls zornvoll und er hatte eine dunkelviolette Hautfarbe. Er befand sich mitten in einem glühenden Sturm von Feuer und Strömen von Blut. Er ... brüllte die zornvollen Laute: a-ra-li!« Jetsün erwies dem Dharma-König Verehrung und sprach Gebete. Dann hatte sie als erfahrene Meisterin die große Erkenntnis: »Als sie die Augen in hingebungsvoller Konzentration schloss ... begriff sie, dass alle diese Erscheinungen bloß die Manifestationskraft der ursprünglichen Bewusstheit ihres eigenen Geistes waren.« Nunmehr erhielt sie vom Dharma-König die Belehrung: »Weißt du denn nicht, dass die Hölle nur eine Widerspiegelung deiner eigenen geistigen Eigenschaften ist? Ich habe die glühenden Eisenböden und die lodernden Flammen der Hölle nicht erschaffen. Sie sind die Produkte der Wut und der Anhaftungen (hier in etwa: durch dogmatische Glaubenssätze erzeugte Furcht, davon war schon die Rede, Anm. d. Verf.) deines eigenen Geistes. Jedes der Leiden in den Höllenbereichen wird von seiner eigenen unbefreiten geistigen Emotion erzeugt, wie etwa von der Wut. Für einen befreiten Geist (einen auf dem Weg Fortgeschrittenen oder bereits Erleuchteten, Anm. d. Verf.) ist die Hölle das Reine Land von höchster Freude« (ebd., 229 f.).

Die Hölle und alle anderen Schrecklichkeiten sind also bloß real für einen »unbefreiten Geist«, der noch in seinen destruktiven Emotionen befangen ist (»anhaftet«) und somit all das Geschaute nicht als Projektion seines eigenen Verstandes, der durch ebendiese Anhaftungen noch verdunkelt ist, erkennt und es daher als Realität außerhalb seiner selbst missversteht.

Zum Abschluss dieser Schilderung von Delog-Erfahrungen sei noch erwähnt, dass auch hier von Begegnungen mit vorverstorbenen Menschen berichtet wird, Angehörigen und Freunden, nicht nur aus dem eigenen Lebensumfeld, sondern auch aus jenem von (noch auf der Erde) lebenden Freunden. Für diese werden den Erlebenden auch Botschaften mitgegeben. Implizit heißt das, dass die eherne Regel einer Wiedergeburt nach 49 Tagen, wie sie im Totenbuch noch zentral ist, seither offenbar pragmatisch aufgeweicht worden ist.

Und ganz zum Schluss noch eine beinahe anekdotische Geschichte: Ein Mann, Schüler des 14. Karmapa im 19. Jahrhundert, hatte als 55-Jähriger eine Delog-Erfahrung im Zusammenhang mit einer schweren Krankheit. Neben vielen anderen Begebenheiten schilderte er, wie er in der geistigen Welt einen Tempel betrat und dort viele Menschen versammelt fand, darunter auch solche, die er in seinem Leben gekannt hatte. Besonders aufgefallen ist mir der Hinweis, dass einige der Anwesenden sozusagen irrtümlich hier waren, »weil (sie) ... von den Herren der Toten versehentlich aus der menschlichen Welt hierhergebracht worden waren« (ebd., 191). Da sich im Text keinerlei Kommentar zu diesen Missgeschicken findet, verzichte auch ich darauf, dafür eine gescheite Erklärung zu basteln, und erlaube mir ganz einfach, amüsiert zu schmunzeln: Da haben die Herren der Toten offensichtlich versehentlich Menschen in der materiellen Welt sterben lassen und »ins Jenseits befördert«, obwohl – dieser Schluss legt sich logisch nahe – ihre Zeit in der Materie noch gar nicht abgelaufen war. Sie waren also übereifrig in ihrem »Geschäft«, diese Herren der Toten, sie schossen sozusagen »über das Ziel hinaus«. Auch dieses hoch entwickelte geistige Betriebssystem hat offenbar seine Tücken und ist vor fehlerhaften Schaltungen nicht gefeit ...

Diese für viele von uns zunächst wohl befremdenden Schilderungen werfen ernste Fragen auf, geben aber auch für unser Thema bedeutsame Verstehenshilfen.

Begegnung mit inneren Bildern

Auch Tulku Thondup, der Autor dieser Studie, sinniert darüber nach, wieso Menschen aus dem tibetischen Kulturkreis ihre Jenseitserfahrungen in einer anderen Gestalt haben als die westlichen Nahtod-Erfahrenen. Als erste Verstehenshilfe zeigt er folgenden aufschlussreichen Zusammenhang auf: Er schildert zunächst die über tausend Jahre alte Theorie des körperlichen Sterbens, wie die Tibeter es verstehen (vgl. ebd., 86 ff.), dass nämlich die einzelnen Elemente des Körpers sich ineinander auflösen. Anschließend referiert er das Zeugnis einer Delog, die als Beginn ihrer Jenseitsreise die Erfahrung exakt dieser Vorgänge in ihrem Körper schildert (vgl. ebd., 94 f.). Thondup betont nachdrücklich, dass diese Frau bestimmt nicht die Schilderung ihrer Erfahrung der Lehre entsprechend manipuliert habe. Vielmehr gibt er zu bedenken, »dass das Gebiet, welches sich während des Bardo vor uns entfaltet, eine Widerspiegelung unserer Gewohnheiten und Emotionen ist. Was auch immer wir nach dem Tod sehen und erleben, stimmt mit der Art und Weise überein, auf die unsere Kultur und unser Glaubenssystem unser Denken geformt haben« (ebd., 33), eine Verstehenshilfe, die schon angeklungen ist.

Auch Evans-Wentz erklärt in seinen Kommentaren zu den Visionen im Bardo: »Was er (der Verstorbene) gedacht und was er getan hat, wird gegenständlich: Gedankenformen, die er sich bewusst vorgestellt hat und denen erlaubt war, (im Bewusstsein des Verstorbenen, Anm. d. Verf.) Wurzeln zu schlagen, zu wachsen und zu blühen und Früchte zu tragen – nun ziehen sie vorüber in einem feierlichen und gewaltigen Panorama als der Bewusstseinsgehalt seiner Persönlichkeit« (Evans-Wentz, 105). Diese Deutungen aus tibetischer Quelle stehen in auffälliger Übereinstimmung mit jenen westlicher Forscherinnen, die wir schon gehört haben.

Einen weiteren, daraus sich ergebenden Aspekt zeigt Evans-Wentz auf: Der Verstorbene »sollte … immer im Gedächtnis behalten, dass dieser Traktat (das Totenbuch) im Wesentlichen esoterisch ist und in den meisten Teilen ... allegorisch und symbolisch für *psychische Erfahrungen* im Nachtodzustand« (ebd., 181, Anm. 14, Hervorhebung d. Verf.). Mit »esoterisch« ist hier gemeint, dass das Geschilderte nicht im wörtlichen Sinne als materielle Realität zu verstehen ist, sondern symbolisch auf eine tiefere Ebene von innerer Wirklichkeit verweist.

Im Blick besonders auf die zornigen Gottheiten fügt er an: »Furcht, Schrecken und Schauer ... des Verstorbenen beim Erblicken der Gottheiten steigen nur beim gewöhnlichen Gläubigen (auf), der ... vor dem Tod nicht eine zureichende Übung in Yoga gehabt hat, die ihn befähigen würde, den Bardo ... als solchen zu erkennen (als innerpsychisches Geschehen, Anm. d. Verf.) und ihm zu entkommen (Erleuchtung zu erlangen, Anm. d. Verf.). Denn der Yoga-Eingeweihte ... weiß, dass alle schemenhaften Erscheinungen ... unwirklich und machtlos sind« (ebd., 208, Anm. 106). Weiter ergänzt er: »Jede Gottheit symbolisiert irgendeinen bestimmten karmischen Impuls oder Trieb, der im Bardo-Bewusstsein des Verstorbenen als eine Halluzination erscheint« (ebd., 217, Anm. 122).

Ähnlich sehen es die Dargyays, wenn sie im einleitenden Kommentar zu den zornigen Gottheiten ausführen: »In Parallele zu den fünf Buddhas (als wissenshaltende Gottheiten, Anm. d. Verf.) steigen nun die fünf Herukas auf. Diese sind nicht neue Wesenheiten, sondern nur eine andere Art der Offenbarung derselben Mächte, die in den lichterfüllten Buddhas sich kundtaten.« Und zu den mythologischen Wurzeln dieser Herukas: Das »sind erdgebundene Geister, die der präbuddhistischen, bäuerlichen Schicht der tibetischen Kultur (Bön, Anm. d. Verf.) zuzuordnen sind« (Dargyay, 128). Im selben Sinne wie Evans-Wentz betonen auch sie: »So konkret die Herukas und ihre Begleiter geschildert werden mögen, stets muss man sich vergegenwärtigen, dass sie nur Symbole sind, Schaubilder, die ein an sich unaussprechliches Urerlebnis formulieren wollen« (ebd., 129).

Konsequenterweise muss aber natürlich von den friedlichen Gottheiten dasselbe gesagt werden. So heißt es denn auch im Text, der den Verstorbenen vorgelesen wird: »Diese ... göttlichen Scharen ... treten aus deinem Herzen hervor. Und da sie dir erscheinen, steigen sie dir als die wahre Schau deiner selbst auf! Deshalb erkenne sie als solche! O Sohn der Edlen, diese seligen Gefilde existieren nicht an einem anderen Ort, sondern ausschließlich im Raum deines Herzens ... Auch diese göttlichen Wesen kommen nicht von irgendwo anders her, sondern sind seit Ewigkeit das ureigene Wirken deiner eigenen Geistnatur. Deshalb erkenne sie doch als so beschaffen« (ebd., 118). Mit seiner Lehre der Archetypen hat C.G. Jung ein abstraktes westlich-wissenschaftliches Gegenstück zu den bildhaften Schilderungen des Totenbuches geschaffen.

So kann sich denn der Text des Totenbuches nicht genugtun damit, vor allem während des Erscheinens der zornigen Gottheiten, die Seele der Verstorbenen zu ermahnen: »Fürchte dich nicht, erschrick nicht. Lass dich nicht einschüchtern. Erkenne dies als die Verkörperung deines eigenen Geistes« (Evans-Wentz, 215 f. und oft). Im genau gleichen Wortlaut kehrt diese Ermahnung immer wieder. Und was entscheidend wichtig ist: Genau dieses Erkennen bringt die Erleuchtung: Alles nach außen Projizierte wieder zurücknehmen und als Projektion erkennen, ist für Buddhisten die alles entscheidende Erkenntnis: »Zugleich mit Erkenntnis wird Befreiung über dich kommen. Indem du sie (alle diese Gottheiten, Anm. d. Verf.) als Schutzgottheiten erkennst, wirst du in Vereinigung in sie eingehen (Projektionen zurücknehmen, Anm. d. Verf.) und Buddhaschaft erreichen« (ebd., 217). Auch dieser so wichtige Hinweis kehrt in fast authentischen Worten oftmals wieder.

Hilfreich für ein tieferes Verständnis sind auch die Formulierungen, in denen die Dargyays die Belehrungen an die Verstorbenen auf Deutsch wiedergeben: »Wenn du also nicht zur Einsicht gelangt bist (die bluttrinkenden Gottheiten nicht als deine eigenen Projektionen erkannt hast, Anm. d. Verf.), dann wirst du alle Scharen der Bluttrinker als den Todesgott Yama erblicken und vor den Göttern der Bluttrinker Angst haben, Furcht und Schrecken empfinden, von Sinnen kommen. Deine eigenen Erscheinungen werden dir zu einem Teufel, Mara, und du musst weiter in der Wandelwelt (Welt der Materie, »Samsara«, Anm. d. Verf.) umherirren. Hast du jedoch keine Furcht oder Angst, dann brauchst du nicht in der Wandelwelt umherirren (wirst du Erleuchtung erlangen, Anm. d. Verf.).«

»Sohn der Edlen ... erkenne doch, dass alle Phänomene, die du wahrnimmst, auch wenn dich Furcht, Angst und Schrecken ankommen, eine Erscheinung deiner selbst sind! Erkenne doch das Licht als die ureigene Ausstrahlung deiner Geistnatur! Wenn du auf diese Weise zur Einsicht gelangst, dann wirst du ohne alle Zweifel zur selben Zeit erleuchtet! In einem einzigen Augenblick wird man Buddha sein« (Dargyay, 146 f.). Die Verstorbenen werden in dieser Weise angehalten, die Ursachen ihrer Angst zu erkennen und diese damit zu überwinden. Gleichzeitig wird aber auch auf die konstruktive Funktion der Angst hingewiesen, nämlich »dass durch die Angst der Tote besonders aufmerksam sei« (ebd., 129).

Bei allem Eifer, den Verstorbenen mithilfe dieser Belehrungen zur Erleuchtung, also zum höchsten Ziel zu verhelfen, bleibt doch auch Pessimismus – oder sollte man besser Realismus sagen: »Obgleich auf diese Weise viele Möglichkeiten zur Befreiung bestehen, so gibt es doch zahlreiche Lebewesen, die durch schlechtes Karma in großer Menge, zahlreiche moralische Befleckungen ... und das mechanisch sich fortsetzende Unwissen aufgerieben werden« (ebd., 139) und damit die Chance zur Befreiung ungenutzt verstreichen lassen und unfehlbar einer neuen Inkarnation entgegenstreben.

Kulturelle Prägung aller Jenseits-Erfahrungen

Wir stehen nunmehr vor der schwierigen Aufgabe, die Zeugnisse der Nahtod-Erfahrenen zu den Belehrungen des tibetischen Totenbuches und den Delog-Erfahrungen in Beziehung zu setzen. Verblüffende Parallelen sind ebenso offensichtlich wie tiefe Unterschiede.

Eine grundlegende Gemeinsamkeit erkenne ich im Umstand, dass beide Traditionen bekunden, dass die Zeit nach dem Tod des Körpers für das Bewusstsein der Verstorbenen ungeheuer reiche, intensive, ebenso tröstende wie aufschreckende Erfahrungen bereithält.

Als besonders wertvoll und hilfreich für ein tieferes Verständnis ist für mich die weitgehende Übereinstimmung der westlichen Forscherinnen Barbara Rommer und Phyllis Atwater mit mehreren östlichen Lehrern, wenn es darum geht, diese sowohl erhebenden wie auch erschreckenden Visionen auf ihre Ursprünge hin zu befragen: Es sind die durch die jeweiligen religiösen Kulturen vermittelten Inhalte und Konzepte der geistlichen und göttlichen, aber auch der teuflischen Dimensionen (der theologische Ausdruck dafür ist *die Dogmatik*) der verschiedenen Religionen. Das in den Erscheinungen Geschaute ist Ausdruck dessen, was die jeweilige religiöse Kultur die Menschen als Wahrheit gelehrt und ihnen verkündet hat. So werden auch die festgestellten Abweichungen und scheinbaren Widersprüche in den verschiedenen Darstellungen unerheblich: Jesus mit oder ohne Bart, Engel mit oder ohne Flügel – es ist in jedem Fall das, was der jeweilige Mensch aus dem Angebot seiner Kultur und Religion aufgenommen und für sich als Wahrheit internalisiert hat. So wird auch erklärbar, dass selbst jüdische Gläubige in ihrer Nahtod-Erfahrung Jesus begegnen. Die hier vorgestellten Menschen jüdischen Glaubens sind allesamt in den USA groß geworden, mithin in einer Kultur, die stark von christlichen, teilweise durchaus fundamentalistischen Inhalten und Symbolen geprägt ist. Oder die von ihrem Vater sexuell missbrauchte Frau wurde in der NPE-NTE auch vom Teufel vergewaltigt. Sie erlebte etwas, das sie kannte und ihr – in diesem Fall schrecklich – vertraut war.

Mit diesem Verständnis klärt sich auch die angebliche Tendenz auf, dass Nahtod-Erfahrungen im Kontext eines Suizides zu Höllenvisionen werden. Dieser – behauptete oder tatsächliche – Zusammenhang darf nicht als objektive moralische Beurteilung des Suizides gedeutet werden, etwa als Wille Gottes. Vielmehr drückt sich auch hier die Geisteshaltung der betroffenen Erlebenden aus, die alle betonen, dass sie im Kontext der katholischen oder sonst in einer strengen christlichen Lehre erzogen wurden. Somit ist es ihr fester Glaube, mithin ihre kulturelle Prägung, die festlegt, dass der Suizid eine schwere Sünde darstellt, die von Gott mit der Hölle bestraft wird. Echte Verstehenshilfe also bekommen wir für diese auf den ersten Blick vielleicht irritierenden Ereignisse.

Im Bedenken der kulturellen Prägung der Inhalte der Jenseits-Erfahrungen sind weitere Erkenntnisse hilfreich. Die Studie von Barbara Rommer wurde in der stark christlich geprägten Kultur der USA vorgenommen. Daher präsentieren sich die Erfahrungen oft in christlichen Symbolen – Umfragen zeigen zum Beispiel immer wieder, dass bis zu 70 Prozent aller Amerikaner an eine Hölle im traditionellen Sinn glauben.

Daher mag ein kurzer Vergleich mit einer zeitgleich in Europa (Schwerpunkt Deutschland) durchgeführten Studie aufschlussreich sein. Der Sozialwissenschaftler Hubert Knoblauch (damals an der Universität Konstanz, seither an die Technische Universität in Berlin berufen) veröffentlichte 1999 sein Werk »Berichte aus dem Jenseits, Mythos und Realität der Nahtod-Erfahrungen«. Er stellt die kulturbedingten Unterschiede so sehr ins Zentrum seiner Analyse, dass er die von mir monierten tiefen Gemeinsamkeiten gar nicht als wesentlich anerkennt und sie als »Mythos« (Untertitel) erheblich relativiert. Er zeigt also eine ganz andere Blume als die meine. Gleichwohl finden wir bei ihm hilfreiche Hinweise. Auch er fand erschreckende

Nahtod-Erfahrungen – besonders gehäuft in der ehemaligen DDR im ersten Jahrzehnt nach der Wende. Die Erlebenden hier jedoch schauten ganz andere Bilder der Bedrohung: Nicht um Teufel und Hölle ging es. Dagegen referiert Knoblauch die Erfahrung einer Frau, die während einer Operation eine Nahtod-Erfahrung hatte: »Sie findet sich zunächst in einem Wasserstrudel wieder und muss darum kämpfen, dass sie nicht untergeht.« Später sieht sie sich in tiefer Dunkelheit, um sich zuletzt in einem fremden Land wiederzufinden, das sie mit Polen identifiziert, wo sie aber niemals war: »Eine Rattenplage bedroht das ganze Land und macht auch ihr Angst« (Knoblauch, 110).

Auch in lichtvollen Erfahrungen erscheinen nicht Jesus oder Engel, sondern zum Beispiel Sarastro, der Hohepriester in Mozarts Oper »Die Zauberflöte«. Eine Frau, die in der Folge eines Autounfalles in den klinischen Tod fiel, erzählte: »Eine große männliche Gestalt in einem weißen Kleid ... Sarastro ähnelte diese Figur ... Er rührte sich nicht und ich lief einfach auf ihn zu und habe ihn angeschaut. Da war eine unglaubliche Helligkeit« (ebd., 108).

In seiner nachfolgenden Analyse verweist jedoch auch Knoblauch auf prägende Veränderungen im Wesen der Erfahrenen als Folge der Nahtod-Erfahrung. Zwar deuten sie ihre Erfahrungen nicht religiös, gleichwohl erleben sie eine Verstärkung von religiösen Gefühlen – selbst »Materialisten« – und Gottesglaube, allerdings weniger zahlreich als bei Rommer. Weiter beobachtete der Autor auch hier eine bewusstere Lebensführung, eine erhöhte Wertschätzung des Lebens und schließlich vermehrte Zuwendung zu den Mitmenschen (vgl. ebd., 143 ff.). In meiner Wahrnehmung all dieser Forschungsergebnisse zeigen sich, im Gegensatz zur Deutung Knoblauchs, wohl in der *konkreten Form* der Erscheinungen kulturell bedingte Unterschiede, *der grundsätzliche Gehalt* jedoch erweist sich als weitgehend identisch.

Grenzen des interkulturellen Vergleichs

Es bleiben auch so noch genug Schwierigkeiten beim interkulturellen Verstehen der verschiedenen Erlebnisse. So mögen sich bei westlichen Suchenden Probleme ergeben bei der Lehre von Reinkarnation und Karma, die in allen buddhistischen Traditionen enthalten ist und niemals infrage gestellt wird, verbunden mit dem Konzept der Erleuchtung als Befreiung aus diesem andauernden Kreislauf von Wiedergeburten. Davon war im ersten Teil dieses Buches schon ausführlicher die Rede.

Genauso herausfordernd für Menschen, die in einer monotheistischen Tradition stehen, ist der Inhalt dieser Erleuchtung: die Erkenntnis, dass sowohl das persönliche Ich mit all seinen Glaubensinhalten wie auch die materielle Welt als ganze eine Illusion seien, die es zu durchschauen gelte. Etwas gar zu salopp und dem Ernst der Sache bestimmt nicht gerecht werdend, aber unser westliches Lebensgefühl sehr wohl treffend mag vielleicht jemand bei uns dagegen einwenden: Wenn einem westlichen Menschen ein Ziegelstein auf den Kopf fällt, wird für die meisten die Erklärung wenig tröstlich sein, dass sowohl »mein« Kopf wie auch der Stein Illusionen sind. Eine Vermittlung dieses Konzeptes in unser westliches Weltverständnis dürfte schwierig sein. Immer wieder höre ich, wenn ich mit Menschen über irgendwelche Fragen unserer Welt diskutiere, wie diese dann, gelegentlich überlegen lächelnd, die Diskussion plötzlich abbrechen mit der Bemerkung, dass ja letztlich »eh alles eine Illusion sei«. Da bin ich mir jeweils gar nicht sicher, ob die Betreffenden sich der Tragweite ihrer Bemerkung auch tatsächlich bewusst sind. »Buddhismus« ist bei uns teilweise auch zu einer Modeströmung verkommen.

Es legt sich mir nahe, den Sanskrit-Begriff »Samsara«, der diese ganze Welt der Illusionen bezeichnet, pragmatisch für uns westliche Menschen so wiederzugeben, dass damit für geistig Suchende die vorletzte und damit nicht entscheidende Ebene der Realität umschrieben ist. Die entscheidende Ebene ist in dieser Perspektive die Transzendenz. Um auf den armen Kerl zurückzukommen, dem der Stein auf den Kopf gefallen ist: Er wird seine Erfahrung des Erschreckens und des Schmerzes als sehr real erleben. Aber seine unsterbliche Seele nimmt durch den Vorfall keinen Schaden; dieser ereignet sich auf der vorletzten Ebene. Ich denke aber bei Weitem nicht, das Problem damit gelöst zu haben. Es kann höchstens ein erster Schritt zum Verständnis des für uns so Fremdartigen sein.

Eine schier unüberbrückbare Kluft zwischen den Kulturen öffnet sich bei der Gottesfrage. Wohl spricht das buddhistisch-tibetische Totenbuch von Gottheiten. Doch wurden wir darauf hingewiesen, dass es eben nicht in sich selbst existierende Götter seien, sondern einerseits Relikte aus der alten Religion der Bön und andererseits Projektionen unseres Verstandes. Für den Buddhismus gilt gerade die Zurücknahme aller Gottesprojektionen, das Durchschauen aller Vorstellungen eines oder mehrerer Götter als Illusion, als der entscheidende Schritt zur Erleuchtung.

Dagegen glaubt eine große Mehrheit der Menschen in den Kulturen mit monotheistischen Glaubenslehren, dass »es Gott gibt«. Für die einen ist es der personale Gott – personal heißt in diesem Zusammenhang, dass Gott ein Ich-Bewusstsein hat wie wir Menschen auch und dass daher der Mensch zu seinem Gott in eine Ich-Du-Beziehung treten kann –, so wie dieser Gott sich in den heiligen Schriften offenbart und den Menschen als liebendes, oft auch als richtendes Gegenüber anbietet. Andere sprechen lieber abstrakter von einer Weltseele, von einem großen Geist, der den Bereich menschlicher Existenz bergend umfasst und für diesen einen Sinn stiftet.

Weiter gehören in dieses monotheistische Verständnis der Wirklichkeit auch Wesenheiten im Zwischenbereich zwischen den Menschen und Gott. Traditionell wird von Engeln gesprochen, aber auch Geistführer oder spirituelle Helfer und Helferinnen werden sie genannt. Hier finden sich aber auch bedrohliche und verführerische Wesenheiten, traditionell der Teufel oder gefallene Engel oder allgemeiner: Wesen, die den Menschen täuschen und vom Pfad der Tugend und des geistigen Wachsens abbringen möchten.

In der Auseinandersetzung mit dem Buddhismus lautet die Frage: Ist Gott oder die Weltseele, sind Engel und Geistführer beziehungsweise Verführer Wesenheiten mit einer eigenständigen Wirklichkeit, einer Existenz in sich selbst – oder sind sie vielmehr alle bloß Projektionen unseres Verstandes, der in einer monotheistischen Religion erzogen und geprägt wurde? Nach meiner Meinung ist in all diesen Fragen die Kluft zwischen der traditionell westlichen und der traditionell östlichen Welt – heute finden ja viele gegenseitige Beeinflussungen statt – nur schwer überbrückbar; wenigstens hat sich meiner Blume noch keine solche Brücke gezeigt. Und diese tiefe Differenz soll auch gar nicht durch ein oberflächliches Harmoniebedürfnis überbrückt werden! Hier kann es nur darum gehen, diese Kluft in gegenseitigem Respekt und in Anerkennung des hohen Wertes der jeweils anderen Traditionen klar zu benennen – und zu akzeptieren.

Inspirationen für unsere Praxis

Gleichwohl bin ich als westlicher Mensch, dessen geistiger Weg seine Wurzeln in der christlichen Lehre hat, überzeugt, dass die Begegnung mit den östlichen Lehren und die Herausforderungen, die sich daraus für meine Suche nach Wahrheit ergeben, von hohem Wert sind. Sie helfen mir, meine eigene Wahrheit immer wieder zu befragen; dies nicht mit dem Ziel, sie einfach hinter mir zu lassen, sondern vielmehr, auf Einseitigkeiten, vielleicht auch auf dogmatische Fixierungen aufmerksam zu werden und damit meine Wahrheit immer klarer und reiner erkennen und formulieren zu können.

Diese konstruktiv-kritischen Anfragen aus dem Osten sehe ich durchaus parallel zur Kritik, die Sigmund Freud vor mehr als hundert Jahren formuliert hat. Freud war keineswegs der einzige, aber einer der prominentesten Kritiker, der dem jüdisch-christlichen Glauben nachwies, dass viele patriarchalisch geprägte Züge einer zeitbedingten autoritären Vaterfigur das Gottesbild geprägt hätten. Diese Hinweise sind sehr wertvoll und bedenkenswert und helfen mit, unsere Gottesvorstellungen zu reinigen und zu klären.

Gleichzeitig will und muss aber mit Nachdruck betont werden, dass mit dieser – durchaus stichhaltigen – Kritik *die Gottesfrage als solche* in keiner Weise bereits erledigt und Gott damit »abgeschafft« ist, wie übereifrige Psychoanalytiker im Gefolge von Freud, aber auch Denker und Denkerinnen anderer Provenienz es gerne hätten.

Wir müssen klar unterscheiden zwischen der *Existenz an sich* eines geglaubten Gottes, einer Weltseele einerseits und den *Bildern*, die wir uns davon machen, andererseits. Diese Bilder weisen offensichtlich auch innerhalb einer einzigen Glaubenstradition erhebliche Unterschiede auf. Das wurde uns durch die widersprüchlichen Visionen in den Nahtod-Erfahrungen der Menschen, von denen wir uns berichten ließen und die alle der jüdisch-christlichen Kultur angehören, mehr als deutlich vor Augen geführt. Und an den *Bildern* sind Zweifel durchaus legitim, zumal solche Zweifel in einer Tradition stehen, die nicht so schnell übergangen werden kann: den alttestamentlichen zehn Geboten, die Moses dem jüdischen Volk überbracht hat. Darin lesen wir: »Du sollst dir kein geschnitztes Bild machen, kein Abbild von dem, was im Himmel droben oder unten auf der Erde oder im Wasser unter der Erde ist« (Ex 20,4).

Dieses sogenannte Bilderverbot richtete sich zunächst direkt gegen heidnische Götzenbilder, zu deren Verehrung sich das alte Volk Israel immer wieder hinreißen ließ. Ich denke aber, wir tun dem biblischen Gebot keine Gewalt an, ganz im Gegenteil, wir radikalisieren seine Weisungen und aktualisieren sie in unsere Zeit hinein, wenn wir dieses Verbot von den »geschnitzten Bildern« ausweiten auf gedankliche Konzepte, die wir in unserem Verstand immer wieder schaffen.

»Geschnitzte Bilder« verleiten bei uns heute niemanden mehr zum »Götzendienst«. Gedankliche Konzepte, also theologische, politisch-ideologische, wirtschaftliche und viele andere »Dogmen« dagegen »verführen« viele Menschen noch heute. Solche rationalen Konzepte unserer Tage (im Rahmen der Wirtschaft zum Beispiel Kapitalismus und Kommunismus) werden von Vordenkern und Eiferern der entsprechenden Interessen-Gruppen vielfach gegen jede Relativierung mit geistiger und physischer Gewalt verteidigt und hochgehalten und durchzusetzen versucht.

Auch hier begegnen wir dem schon vertrauten Dilemma, dass wir ohne Konzepte gar nicht von Gott, von diesen »letzten Dingen« (Eschatologie) sprechen können, wir aber ständig in Gefahr stehen, unsere Konzepte unter der Hand mit der gemeinten Wirklichkeit, hier Gott selbst, in eins zu setzen.

Mit Blick auf die sehr unterschiedlichen Visionen in den Nahtod-Erfahrungen und in den Zeugnissen aus der tibetischen Kultur sind Rommers Hinweise auf kulturelle Prägungen ebenso wie die Ermahnungen des Totenbuches und die Belehrungen des Dharma-Königs an die weise Jetsün hilfreich. Alle diese konkreten Gestalten beziehungsweise Konzepte (Bilder) gilt es, als Projektionen unseres eigenen Bewusstseins zu durchschauen.

Zur Illustration bringe ich hier abschließend erneut eine eigene Erfahrung ein: Vor Jahren nahm ich an einem mehrtägigen Sterberitual meines Sufi-Lehrers Jabrane Sebnat aus Marrakesch teil. Der Höhepunkt bestand in einem dreitägigen Rückzug allein in die Isolation einer Höhle. Wir wurden darauf vorbereitet, dass viele von uns irgendeine Schreckensvision haben würden. Ich hatte zur Einstimmung auf dieses Ritual ein erstes Mal das tibetische Totenbuch gelesen und wurde dabei allmählich ungehalten, dass ich unzählige Male darauf hingewiesen wurde, die zornigen Gottheiten nicht zu fürchten, sondern als eigene Bilder zu durchschauen. In der Höhle wurde mir der Wert dieser Wiederholungen schnell bewusst. Die Schreckensbilder stiegen bei mir sehr bald, schon in den ersten Stunden, auf: Eine übergroße Gestalt erschien in meinen inneren Bildern, viele Meter hoch, größer als die Wolkenkratzer, die mir in den Städten gezeigt wurden. Ihr Gesicht war eine furchterregende, zornerfüllte Fratze. Sie war von einem schwarzen Pelz bedeckt. Mit übergroßen Fäusten und Füßen trampelte sie über das Land und durch die Städte. Dabei zerstampfte sie alles und zertrümmerte mit einem einzigen Faustschlag mehrere Hochhäuser. Ich war ständig *vor* diesem Monster, es bewegte sich auf mich zu, jedoch blieb mein Abstand zu ihm konstant gleich groß, sodass ich mich andauernd bedroht fühlte, aber nie wirklich zu Schaden kam.

Während diese Bilder vor meinem geistigen Auge vorbeizogen, hatte ich ständig die so oft wiederholten und daher gut eingeprägten Ermahnungen des Totenbuches im Bewusstsein – und empfand keinerlei Angst, sondern schaute beinahe belustigt zu, was mein Unbewusstes alles für mich bereithielt.

Beim späteren Reflektieren dieser Erfahrung kam mir spontan »King Kong«, die Filmfigur in Gestalt eines Riesengorillas, in den Sinn. Zu jener Zeit wurden bei uns in den Kinos und im Fernsehen mehrere dieser Filme gezeigt. Kultureller Einfluss also! Schattenhafte Kräfte meiner Seele kleideten sich in dieses mir vertraute Bild. Eigene Projektionen, so war mir stets bewusst, und somit keinerlei Anlass zu Furcht!

Ergebnisse

Lieber Leser, liebe Leserin, vielleicht stehen Sie jetzt unter dem Eindruck, dass all diese Ausführungen und Überlegungen doch etwas lange und kompliziert geraten sind. Oder Sie empfinden, dass die verschiedenen Aussagen teilweise in innerer Spannung zueinander stehen. Das hängt mit der Schwierigkeit zusammen, unser Thema in Worte zu kleiden. Die Komplexität der Frage bedeutet auch, dass wir wohl gar nicht widerspruchsfrei darüber sprechen können. Ich hoffe aber, Sie können mir trotz allem beipflichten, wenn ich nun zum Schluss dieser Betrachtungen zum Erkenntnisweg der Erfahrung feststelle, dass wir wichtige Einsichten gewonnen haben.

Auf dem Weg zu sich selbst

»Wohin geht die Seele?« ist unsere Frage – eine erste Antwort lautet: *Sie kommt zu sich selbst.* Das heißt, wenn wir unseren Körper verlassen, erhalten wir wesentliche Einblicke in tiefe Dimensionen unserer Seele, des göttlichen Kerns in uns, Einblicke, die im hektischen Getriebe und Geschiebe unseres Alltages, im Hetzen und Wetzen nach den täglichen Aufgaben und Verpflichtungen schlichtweg keinen Raum haben. Unser permanentes Mühen und Sorgen um die Dinge der materiellen Welt (ich denke an meinen Versuch, Samsara in unsere Erfahrungswelt zu übersetzen: um die zweitletzten Dinge) lässt aus sich keinen Raum, uns von Zeit zu Zeit auch um die wesentlichen und letzten zu kümmern. Doch genau darum geht es im Sterben!

Aus den so verschiedenartigen Erfahrungsberichten aus den veränderten Bewusstseinszuständen: Nahtod-Erfahrung, Bardo, Delog geht eindeutig hervor, dass in der tiefsten Schicht unseres Seins ein Potenzial schlummert, von dem wir üblicherweise nicht den Hauch einer Ahnung haben. Der Osten sagt dazu: der Buddha in jedem Menschen. Bei uns im Westen sprechen wir von Seele oder Geist oder dem göttlichen Kern, beziehungsweise in christlich-religiöser Sprache von Christus in jedem Menschen.

Die Nahtod- und Delog-Erfahrenen ebenso wie die Mystiker aller Zeiten und Kulturen haben davon wenigstens eine Ahnung erhalten – daher kommen viele in irgendeiner Weise verwandelt aus der Erfahrung zurück.

Das Erleben der unbeschreiblichen Ausweitung unseres Bewusstseins, die Einsicht in tiefe Sinnzusammenhänge unseres Lebens – und keine noch so kleine Einzelheit dieses Lebens fällt aus der geschauten Sinndimension heraus, die Erfahrung mit Archetypen, die unser Wahres Wesen tief in sich trägt: Licht, Spuren des Göttlichen (ich formuliere zurückhaltend), ein Zustand der Glückseligkeit ebenso wie des Erschreckens, geistige Helfer und Führerinnen, aber auch Verführer und Verführerinnen sowie Zerstörer und damit auch von Gericht und Strafe/Hölle (Gesetz der Polarität) – all diese Wahrheiten unseres tiefsten Seins offenbaren sich uns, wenn unser Bewusstsein im Tod die Begrenzung durch die materielle Hülle des Körpers überwindet und hinter sich lässt.

Die Seele kommt zu sich selbst, schauend erfährt sie die Tiefendimensionen ihres Wahren Wesens. Die Seele kommt zu sich selbst und über alles bereits Genannte hinaus öffnet sich ihr eine Ahnung von einer noch weit größeren Dimension hinter allem – dies ist letztlich die Bedeutung dessen, was die Erfahrenen als Licht beschreiben.

Die überragende Bedeutung des Lichts

Wir haben es gehört: Viele Erfahrene erkennen im Licht, das ihnen »auf-geht«, das zentrale Element ihrer Jenseitserfahrung überhaupt. Als Liebe und Geborgenheit umschreiben sie es, viele zögern nicht, es mit Gott in eins zu setzen, also mit dem Letzten schlechthin.

Licht spielt, wir sahen es, in vielen heiligen Schriften und spirituellen Traditionen eine zentrale Rolle. Der polare Gegenpol dazu ist das Dunkel, das genauso erfahren wird: die Höllenvisionen, auch sie in vielen heiligen Schriften bis hin zu den NPE-NTE, von denen wir gehört haben.

Licht spielt auch im tibetischen Totenbuch eine bedeutende Rolle. Jedoch, auch in diesem Punkt folgen die Buddhisten streng ihrer Lehre und erklären dieses Licht als die Strahlung des eigenen Wahren Wesens (in unserer vertrauten Terminologie: der Seele) des Menschen im Bardo-Zustand und fordern, wie wir sahen, diesen in ihren Lesungen auf, dieses Licht als solches zu erkennen und es nicht als eine Wirklichkeit außerhalb ihrer selbst zu projizieren und so fehlzudeuten.

In diesem Zusammenhang verstehe ich mich klar nicht als Buddhist. Für mich ist eine solche letzte Dimension, die uns als Licht erscheint, eine Wirklichkeit, eine Wahrheit. Ich wage aber kaum, darüber irgendetwas Konkretes auszusagen, weil wir dabei unweigerlich in die Falle tappen und sogleich Vorstellungen und Konzepte, im schlimmsten Fall Dogmen entwickeln, die jedoch nur falsch, da in gigantischer Weise unzureichend sein können.

Das Wort »Gott« kommt mir nur schwer über die Lippen und in die Feder, weil dabei unfehlbar bei jedem und jeder, der oder die das Wort liest oder hört, irgendwelche Konzepte aufgerufen werden. In diesem Zusammenhang schließe ich mich gerne einem Freund an, der für dieses letzte Unsagbare den Begriff *Geheimnis* verwendet. Wenn es überhaupt ein Wort sein soll, dann dieses: Geheimnis.

Der Transzendenz-Bezug des Menschen

Damit erreicht für mein Verstehen (meine Blume) das Offenbarwerden der Seele in der Todeserfahrung seine letzte Tiefe: den Transzendenzbezug des Menschen – Transzendenz, diese letzte Dimension jenseits aller Grenzen, die wir als Menschen irgendwie noch erfahren, besser: ahnen können. Jenseits dieser äußersten Grenzen öffnet sich das Letzte, das Unbegrenzte, das Absolute – das Geheimnis.

Viele Menschen, die sich heute mit Meditation, Mystik und anderen Weisheitsschulen beschäftigen, Menschen also, die sich bewusst sind, dass unsere materielle Welt bloß das Vorletzte ist, und die das letzte Unsagbare in ihr Verständnis der Welt und des Menschen zu integrieren bestrebt sind, wissen darum. Wenn es ihnen in ihren spirituellen Übungen gelingt, die engen Grenzen unseres Verstandes, in aller Regel jeweils nur für kurze Augenblicke, zu überwinden, erhalten sie davon eine existenzielle Ahnung – sie erfahren etwas von diesem Letzten und Grenzenlosen, vom Geheimnis, von dem, was jenseits aller »kulturellen Prägung« (Rommer), jenseits aller »karmischen Impulse« (Evans-Wentz) sich öffnet und grenzenlos weitet. In der Sterbenserfahrung, wenn unser Bewusstsein sich in ungeahnter Weise weitet, scheint dieses Geheimnis auf – in der Gestalt des unvorstellbaren Lichtes.

Jeder Mensch trägt den göttlichen Kern in sich. Insofern haben die buddhistischen Belehrungen recht, wenn sie uns daran erinnern, dass dieses Licht *auch* das Strahlen unseres eigenen Wahren Wesens ist. Ich vermag ihnen aber nicht zu folgen, wenn sie uns dahingehend belehren, dass dieses Licht *nur* unser eigenes Strahlen ist.

In diesem grenzenlos hellen, grenzenlos liebeerfüllten Licht kündigt sich etwas an, scheint etwas auf, das noch einmal unendlich viel größer ist als alles in Nahtod-Erfahrungen, Bardo- und Delog-Erfahrungen Geschaute. Viele Menschen nennen es Gott, andere Geheimnis; ich möchte einen weiteren Begriff – aussagekräftig, aber ebenso unzureichend wie alle anderen – hinzufügen: *Verheißung*.

Vertrauensvoll den Weg gehen

Ein letzter Aspekt erheischt noch unsere Aufmerksamkeit. Aus den verschiedenen Erfahrungen werden unterschiedliche Stufen von Wahrnehmung ersichtlich: Einmal erscheint das Jenseits als eine überhöhte Form unserer materiellen Wirklichkeit, oder es gibt Begegnungen mit Geistwesen bis hin zu hochspirituellen Belehrungen, die uns in unserer geistigen Entwicklung hilfreich unterstützen wollen. Aus dieser Beobachtung erkennen wir eine weitere Antwort auf unsere Frage »Wohin geht die Seele?«: *Sie macht sich erneut auf den Weg.*

Weitere Schritte der Entwicklung stehen an, die wir nun offensichtlich nicht mehr im materiellen Körper gehen können. Mit dem Tod des Körpers – sei es nach einem oder nach vielen Leben – erfüllt sich wohl unser Weg in der materiellen Welt, wir gelangen aber durch unser Sterben nicht automatisch und unmittelbar ans Ziel (wie immer dieses definiert sein mag); bei unseren Erwägungen zum Fegefeuer wurde diese Perspektive schon bedeutsam.

Das Ziel entzieht sich unseren Möglichkeiten des Erkennens, es offenbart sich als Verheißung. Eine Verheißung aber ist keine Garantie im Sinne einer einklagbaren Sicherheit. Die Antwort des Menschen auf diese Verheißung kann nur eine Grundhaltung sein: *Vertrauen.* Wie oft haben wir in unserem Leben erfahren, dass »Zufälle« sich im Nachhinein als sinnvolle Fügungen erwiesen haben, dass auch leidvolle Lebensphasen sich letztlich als hilf-, sogar segensreich offenbarten. Es ist vernünftig (aber nicht zwingend!), Vertrauen zu haben!

Die große Verheißung umfasst das Unsagbare, das Unbekannte. Dieses erfordert ein Vertrauen, das rational nicht mehr zu begründen ist. Und aus dem Vertrauen erwächst *Hingabe*, Hingabe an dieses Unendliche, an dieses Lichtvolle. Unser Sterben sollte von dieser Hingabe geprägt sein.

Der Weg geht weiter, das zeigen die verschiedenen Entwicklungsstufen, die in den Berichten der Erfahrenen erkennbar werden. Doch für uns, die wir noch in der Materie leben, verbirgt sich dieser Weg im Geheimnis. Natürlich erliegt unser Verstand der Versuchung, dieses zu ergründen, und errichtet die anfangs erwähnten Vorstellungen von geistigen Hierarchien und definierten Entwicklungsstufen und vielem mehr. Aber auch das sind wieder Konzepte, die wir uns zurechtlegen. Das Geheimnis der Verheißung lässt sich nur auf eine einzige Art *angemessen* zum Ausdruck bringen: *im Schweigen* – wie einst Buddha bei seinen »Belehrungen« über das Nirvana.

Nach den vielen Worten, die wir über das Unsagbare gemacht haben, machen *mussten*, erreichen wir hier endgültig die Grenze unserer Sprache. Das Letzte betrachten wir im Schweigen.

Zum Abschluss auch dazu noch eine liebenswürdige Anekdote: Zwei Mönche erforschen jahrelang die Frage nach der Ewigkeit, wie es da wohl sein werde. Sie studieren die verschiedensten Konzepte und Lehren und Dogmen; jeder hört dem anderen aufmerksam zu, wenn er einen seiner langen und gescheiten Monologe hält, und sie führen hinterher ebenso lange und gescheite Dialoge, ohne zu einem überzeugenden Ergebnis zu kommen. Schließlich vereinbaren sie, dass der Erste, der stirbt, hinterher dem anderen erscheint und berichtet, wie es wirklich ist.

Eines Tages verstirbt der eine und erscheint dem Überlebenden im Traum. Aufgeregt fragt dieser: »Und, wie ist es nun wirklich?«, und erwartet erneut breite und ausführliche Darlegungen, nun aber nicht mehr auf der Basis von Spekulationen, sondern von Erfahrung. Der Verstorbene aber lächelt liebevoll und sagt: »Mein lieber Mitbruder, es ist ganz anders!«, und entschwindet aus dem Traum. (Diese Anekdote ist alt, sie wird ins Mittelalter zurückverlegt und wurde dazumal natürlich lateinisch erzählt, wobei sich ein schönes Wortspiel ergibt: »Wie ist es« fragt man in Latein: »*Qualiter?*« Und die Antwort »ganz anders« lautet »*totaliter aliter*«, vgl. Imhof II, 33/1.)

Schluss: Was wir gelernt haben

Noch viel wäre zu sagen zu unserer unerschöpflichen Frage, die uns so intensiv beschäftigt hat, aber wir wollen hier einhalten, einen Schlussstrich ziehen. Dieser Schlussstrich setzt aber nur unserem gemeinsamen Nachdenken ein Ende. Für jede und jeden von uns geht es natürlich weiter. Es stellt sich nunmehr die Frage, wie denn meine eigene, individuelle Blume genau aussieht. Wir haben gemeinsam nach Inspirationen gesucht, nun kommt die Aufgabe, das, was sich mir als wahr und sinnhaft gezeigt hat, zu integrieren und zu vertiefen, meine Blume erblühen zu lassen.

Unser Ringen um die Frage »Wohin geht die Seele?« hat uns so viele und so verschiedenartige Antworten beschert, dass wir daraus nur eine einzige Schlussfolgerung ziehen können: Es gibt keine Antwort – im Sinne von keine allgemein verbindliche und endgültige, abschließende Antwort. Das heißt, die Frage bleibt offen, damit besteht die Herausforderung an uns fort, die eigene Antwort immer klarer zu erkennen. Offensichtlich »gehen« wir nicht an einen bestimmten »Ort«, sondern gelangen in neue Bewusstseinszustände. Hinweise dazu haben wir sehr wohl erhalten, Teilantworten sozusagen. Eine erste erkannten wir in der Formulierung: »Die Seele kommt zu sich selbst.« Als Zweites legte sich uns die Erkenntnis nahe, dass die Seele, dass wir uns erneut auf einen Weg machen, einen Weg des Erkennens, der Entwicklung und Reifung. Bei alledem eröffnen sich uns neue, bisher ungeahnte Dimensionen; wir erfahren eine gewaltige Bewusstseinserweiterung. Aber auch damit stoßen wir irgendeinmal an eine Grenze, die sich als (vorläufig) unüberwindbar erweist. Die Vision von Licht, ein Licht, das unendliche Liebe und Geborgenheit gewährt, lässt in uns eine Ahnung entstehen, wir sprachen von Verheißung, dass jenseits dieser letzten Grenze das Ganze, das All-Eine, das Geheimnis ... hier versagen die Worte und es bleibt uns nur das erfüllte, das meditative Schweigen.

Klar steht die Erkenntnis vor uns, die allerdings alles andere als neu ist: Sterben ist eine überaus *wichtige und lebenserfüllte Zeit* in unserem Leben. Das bedeutet, dass wir uns nicht mit oberflächlichen Antworten zufriedengeben dürfen. Weder der Hinweis auf die vielen kleinen Tode, die uns im Leben ereilen, noch die (bei uns westlichen Menschen) oft allzu lapidare Feststellung, dass ja eh alles bloß Illusion sei, werden der Bedeutung des endgültigen, des großen Sterbens am Ende unseres Lebensweges in dieser Welt gerecht, wenn auch beides Impulse in die richtige Richtung zu geben vermag. Aber die Erfahrung des tatsächlichen Sterbens ist sehr viel größer.

Ich selbst trage die Verantwortung für mein Sterben

Von herausragender Bedeutung scheint mir die tiefe Übereinstimmung von westlichen Forscherinnen und östlichen Lehrern zu sein, dass wir im Sterben dem begegnen, was wir in unserem Leben für uns zur Wahrheit werden ließen (nach Evans-Wentz), beziehungsweise, dass wir das erfahren werden, was wir aus unserem kulturellen Umfeld als Wahrheit akzeptiert haben und damit auch als Sterbeerfahrung erwarten (nach Rommer und Atwater). Dies bestätigt das, was mich als Grundsatz seit Langem begleitet und eine weitere Erkenntnis unseres Suchens darstellt: *Wir alle tragen selbst die Verantwortung für unser Sterben.* Dabei sind nicht in erster Linie die äußeren Umstände des Sterbeprozesses im Blick, sondern die inneren Erfahrungen, die wir in diesem so wichtigen Abschnitt unseres Lebens machen.

Dieses Anerkennen von Verantwortung birgt auch die große Herausforderung in sich, die uns einlädt zu reifen und geistig zu wachsen. Konkret meine ich damit zum Beispiel: Viele von uns, vor allem die Älteren, sind mit bedrohlichen und beängstigenden Vorstellungen über das Sterben groß geworden – Gericht und Hölle standen im Zentrum. Zwei Versuchungen erkenne ich in einer solchen biografischen Vorgabe: Auf die erste treffen wir heute mehrheitlich nur noch bei sehr alten Menschen. Sie erstarren vor dieser Drohkulisse wie das Mäuschen vor der Schlange und wehren sich oft auch in elendestem körperlichen Zustand lange, manchmal jahrelang, gegen den Tod.

Die andere Versuchung ist heute weit verbreitet: Wir weisen diese destruktiven Vorgaben von uns und retten uns in eine vage Vorstellung von einem gütigen Geschick, dass letztlich alles doch nicht so schlimm sein wird – etwas salopp gesagt: Wir lassen Gott einen lieben Mann sein –, und wenden uns, oft wohl eher, wir flüchten uns in die Aufgaben und Verlockungen des Lebens und verdrängen damit die Fragen um Sterben und Tod und wähnen uns so vor Ängsten sicher. Dies aber ist ein Trugschluss. Diese Haltung ist heute bei uns die allgemein übliche. Auch viele jüngere Menschen, die weder eine Froh- noch eine Drohbotschaft in Bezug auf diese letzten Fragen ausdrücklich auf ihren Lebensweg mitbekommen haben, folgen diesem trügerischen Pfad.

Sterben ist die Stunde der Wahrheit! Im Sterben kommt (auch) unsere Lebenseinstellung auf den Prüfstand, und alles Unechte und Oberflächliche wird offengelegt. Nicht selten ist genau diese verbreitete Verdrängung die Ursache für ein langes, leidvolles, angst- und kampferfülltes Sterben. Im Sterben können wir nicht mehr mogeln!

Inspirationen für unsere Praxis

Eine tatsächlich hilfreiche Vorbereitung auf unser Sterben gibt es nach meiner Überzeugung nur auf einem einzigen Weg – auch dies ist keineswegs eine neue Einsicht, aber sie hat sich uns als wesentlich gezeigt. Mit Verantwortung für das eigene Sterben meine ich: Wir müssen uns mit dem Sterben, mit *unserem* Sterben auseinandersetzen. Wir müssen allenfalls in uns aufgebaute Ängste anschauen, uns mit ihnen konfrontieren. Das kann ein schmerzlicher Prozess sein, aber nur dieser vermag uns wirksam zu helfen. Verdrängung ist nur scheinbar der einfachere Weg, tatsächlich lässt er alles beim Alten und spätestens im Sterben sind die Ängste wieder da. Nur die tiefe und ehrliche Auseinandersetzung bringt uns weiter.

Die oft gehörte Beteuerung »vor dem Tod habe ich keine Angst« – ein Satz, der mir häufig begegnet, den ich aber selten glaube –, diese Beteuerung besagt in vielen Fällen letztlich bloß: Ich bin nicht bereit hinzuschauen, nicht bereit, mich der Herausforderung, die Sterben und Tod für mein Leben bedeuten, wirklich zu stellen. Das heißt, viele Menschen haben keine Ahnung, welche Gefühle sie dem Tod gegenüber tatsächlich haben, und erkennen so natürlich allfällige Ängste nicht. Diese Aussage ist also oft eine unbewusste Schutzbehauptung, um weiterhin nicht hinschauen zu müssen.

Was wir in unserem Leben als Wahrheit anerkannt haben, wird unser Sterben einst prägen. »Als Wahrheit anerkennen« aber meint eine tiefe und ehrliche Arbeit an und mit uns selbst. Das hebräische Wort 'amán wird mit »glauben« übersetzt, das »Amen« am Schluss unserer Gebete leitet sich davon her. Die eigentliche Bedeutung von 'amán aber ist: Halt gefunden, einen tragfähigen Grund unseres Lebens aufgebaut zu haben. Und das bedeutet Arbeit!

Tief und ehrlich müssen wir uns den Fragen stellen, müssen wir uns *mit aufbauenden, lichterfüllten (!) Visionen von Sterben und Tod vertraut machen.* Bloß »keine Angst haben« ist bei Weitem nicht genug! Für mich waren auf diesem Weg zwei Quellen von hohem Wert: zum einen die Erfahrungen von Licht, von diesem liebevoll-bergenden Licht, das uns in ganz verschiedenen Zusammenhängen als ein erstes Aufscheinen der geistigen Welt begegnet ist. Zum anderen habe ich Jesu unermüdliches Sprechen von Gott als dem liebevollen Vater auf mich wirken lassen. Der Glaube ('amán), dass der letzte Horizont, der unser Leben umfasst, ganz unabhängig von jeglicher konkreten Vorstellung davon, der Glaube also, dass dieser letzte Horizont grenzenlose, bedingungslose und bergende Liebe ist, ist für mich der tiefste Grund zu Hoffnung, zu Vertrauen, zu Hingabe. Der Aufbau eines solchen hoffnungserfüllten und tragfähigen Glaubens im Sinne einer tiefen inneren Überzeugung, im Sinne des letzten Grundes, der mein Leben trägt, bedarf mehr als einer leichthin geäußerten Beteuerung, keine Angst zu haben, mehr auch als dann und wann ein Seminar besuchen oder ein inspirierendes Buch lesen. Sicher ist solches wertvoll und vermittelt durchaus hilfreiche Impulse. Aber wesentlich ist, dass wir jahrelang an uns arbeiten, treu und beharrlich.

Leuchtendes Vorbild für mich ist Mahatma Gandhi. Er wurde 1948 als 79-Jähriger ermordet. In seinen letzten Lebensmomenten, als er von den tödlichen Kugeln getroffen in sich zusammensank, hatte er nur noch ein Wort auf den Lippen: Ram! Ram!, in seiner Hindu-Tradition die Anrufung der höchsten Gottheit. Gandhi war förmlich durchtränkt vom Glauben, dass Sterben das Eingehen in diese göttliche Welt bedeutet. Dafür pflegte er jahrzehntelang seine spirituelle Praxis – und meisterte trefflich diese letzte und entscheidende Herausforderung.

Ehrlichkeit mit sich: Hoffnung und Vertrauen

Und doch, obwohl diese Themen buchstäblich tod-ernst sind, wollen wir auch hier das Schmunzeln nicht ganz vergessen. Daher noch eine letzte kleine Anekdote: In einem Kloster lebte ein Mönchlein. Es war von der Natur weder körperlich noch geistig mit besonderen Gaben gesegnet. Ebenso schmalbrüstig wie einfachen Gemütes pflegte es sein Mönchsleben im Kreise seiner Mitbrüder. Tag um Tag oblag unser Gottesmann seinen geistlichen ebenso wie seinen weltlichen Pflichten, seit vielen Jahren. Seit vielen Jahren währte auch schon sein Ärger jeden Morgen, wenn er das Fenster seiner Zelle öffnete und dabei nichts weiter erblickte als einen großen Berg, der sich in der Nähe des Klosters erhob und der ihm ebenso die Sicht ins weite Land versperrte wie er ihm auch jeden Tag viele Stunden vor der Sonne stand.

Eines Tages hörte er den Pater Abt über einen Spruch aus der Bibel predigen, in dem es heißt, dass der Glaube Berge zu versetzen vermöge. »Das ist es doch!«, dachte er grimmig, »dem Berg werde ich es zeigen; ich glaube ihn ganz einfach weg! Dann habe ich eine schöne Aussicht und die Sonne scheint den ganzen Tag in meine Zelle.« Und da Pfingsten bevorstand, entschloss er sich, die Pfingstnacht nicht zu verschlafen, sondern die ganze Nacht zu glauben. Also geschah es. Er glaubte und glaubte, Stunde um Stunde. Und als er am Pfingstmorgen sein Fenster öffnete – war der Berg immer noch da ... Resigniert sagte er zu sich selbst: »Hab ich doch gleich gedacht, dass daran etwas faul sein muss!«

Um Ehrlichkeit und Wahrhaftigkeit geht es in unserem Suchen nach dem tragenden Grund, auch gegenüber uns selbst. Der kleine Mönch gestand sich nicht ein, dass er letztlich voller Zweifel war – das kann uns allen dann und wann widerfahren! Zweifel als solche sind nicht schlimm, sie sind ein Ansporn – sich selbst diese aber nicht einzugestehen ist das Problem. Spätestens im Sterben kommen unsere Selbsttäuschungen an den Tag.

Erinnern wir uns abschließend noch einmal an Walter Yeeling Evans-Wentz. Er sprach davon, dass es unsere »Gedankenformen« sind, das, was als Wahrheit sich in unserem Bewusstsein festsetzen konnte, was unsere Erfahrungen im Sterben prägen wird. Daher ist es so wichtig, dass wir das ganz ernst nehmen: Wie sieht sie wirklich aus, meine Blume? Für unsere tiefe innere Wahrheit ist Einsatz gefordert.

Unsere Blume soll eine Blume von Hoffnung und Zuversicht sein und sie soll in uns erblühen können, tief in uns lebendig werden, zu unserem 'amán werden, auf dass sie einst in unserem Sterben spontan und wie von selbst in unser Bewusstsein leuchtet und wir so die Schwelle überschreiten können.

Natürlich geht es nicht darum, dass wir alle zu Gandhis werden. Bemühen jedoch sollen wir uns sehr wohl um unseren Glauben. Die geistige Welt achtet mehr auf die Motive unserer Handlungen als auf erreichte Ergebnisse. Das Bemühen aber muss ehrlich sein. Dann darf jede und jeder so weit kommen, wie es eben geht – und der Rest ist Gnade. Doch sollen wir dieser Gnade den Boden bereiten, uns wirklich einlassen auf das Vertrauen, dass die geistige Welt unendliche Liebe ist, dass das hell strahlende Licht uns dereinst liebevoll bergend aufnehmen wird.

Anhang

Anmerkungen

1   Von Holger Kalweit gibt es sowohl »Platons Totenbuch« wie auch »Das Totenbuch der Kelten«. Nun ist mir Platon aus meiner Gymnasialzeit und aus späteren Philosophie-Studien nicht ganz fremd. Doch was ich bei diesem Autor über den alten Philosophen las, wirkte sehr aufgesetzt und befremdend. Und als ich mehrmals lesen musste, dass er, Kalweit, für sich in Anspruch nimmt, als Erster den Schlüssel zum richtigen Verständnis von Platon gefunden zu haben, wuchs mein Misstrauen gewaltig an. Später fand ich die weitgehend übereinstimmenden »Erkenntnisse« über das Jenseits auch bei seiner Rezeption der Kelten wieder, was meine Zweifel erheblich vertiefte. Der Verdacht legt sich nahe, dass einmal mehr ein Autor nicht die vorgestellten Texte deutet, sondern seine eigenen Theorien in die alten Quellen hineinliest und diese somit stark manipuliert. Meinen letzten Vorbehalt der Manipulation kann ich in anderem, mir sehr vertrautem Zusammenhang präzise belegen, indem Kalweit nämlich Berichte von Nahtod-Erfahrungen, denen er große Bedeutung beimisst, überaus selektiv, einseitig, verkürzt und keineswegs repräsentativ schildert und sie so manipulativ den Bedürfnissen seiner »Dogmatik« exakt anpasst.

2   Hier mahnt der besonnene Erik Hornung nachdrücklich zur Nüchternheit und warnt vor vorschnellen (Über-)Interpretationen. So verweist er speziell auf die Schrift »Das ägyptische Totenbuch« des Franzosen Grégoire Kolpaktchy, das 1975 auf Deutsch erschien und dem Zeitgeist entsprechend rasch eine große Verbreitung fand. Hier werden die Texte ausschließlich durch die Brille solcher Mysterienschulen gelesen und aus dieser Optik werden auch Unsicherheiten in der Überlieferung der Texte überspielt und zerstörte Passagen

einfach entsprechend ausgefüllt. Solches versteht Hornung als Manipulation der Texte und anerkennt Kolpaktchys Werk überhaupt nicht als Übersetzung, sondern nennt es eine »freie, theosophisch inspirierte Nacherzählung« (Hornung 2004, 12).

3 Aus einer ganz anderen Perspektive blickt der tschechische Psychiater Stanislav Grof auf die antiken Totenbücher. Schon in den späten 1950er-Jahren begann er in Prag mit der experimentellen Erforschung psychedelischer Drogen zu therapeutischen Zwecken, allen voran das erst kurz vorher – 1943 durch den Schweizer Chemiker und Neurophysiologen Albert Hofmann (1906–2008) durch eine Ungeschicklichkeit zufällig – entdeckte LSD. Seine Arbeit setzte er ab 1967 in den USA fort, zuletzt im Esalen-Institut in Kalifornien.

Grof entdeckte für sich diese »eschatologischen Texte«, wie er die verschiedenen Totenbücher nennt, und erkannte darin eindrückliche Parallelen zu Erfahrungen seiner Patienten, welche diese im Zustand des veränderten Bewusstseins gemacht hatten. Als solche bezeichnet Grof einerseits wiederholte und therapeutisch begleitete psychedelische Sitzungen unter LSD-Einfluss, andererseits nicht näher definierte »hochwirksame Formen der Psychotherapie« und des Weiteren »spontan auftretende psychospirituelle Krisen«. Er hatte beobachtet, wie seine Probanden in all diesen Zuständen Erfahrungen gemacht hatten »wie Agonie und Sterben, Höllenreisen, göttliches Gericht, Wiedergeburt, Aufstieg in himmlische Sphären und Erinnerungen an frühere Inkarnationen«. Dabei stellte er fest, wie »bemerkenswert ähnlich« solche Erfahrungen und auch während der Prozesse von den Probanden gemalte Bilder den Belehrungen, Bildern und Mythen der verschiedenen Totenbücher sind (Grof 1994, 6). Er deutet diese Übereinstimmungen mit dem Hinweis auf das kollektive Unbewusste und folgert: »Es hat sich herausgestellt, dass diese Texte (Totenbücher, Anm. d. Verf.) in der Tat Landkarten innerer Seelenbereiche in außerordentlichen Bewusstseinszuständen von großer Tiefe sind« (ebd., 7).

Seither ist allerdings die Bedeutung dieser unter Drogeneinfluss gemachten Erfahrungen erheblich relativiert worden. So formulieren etwa die amerikanischen Gehirnforscher Newberg und Waldmann ihr Fazit aus entsprechenden Untersuchungen: »Experten aus fast allen Richtungen der Psychologie und der Religion sind sich einig, dass durch Drogen bewirkte Erfahrungen keine spirituelle Grundlage schaffen, nach der man sein Leben ausrichten könnte« (Newberg/Waldmann, 94, vgl. van Lommel, 119). Diese wissenschaftliche Erkenntnis deckt sich völlig mit meiner eigenen, anfangs geschilderten Erfahrung.

Abkürzungen für die verwendeten Bibelzitate

(in der Reihenfolge des biblischen Kanons)

Erstes Testament

Gen	Das Buch Genesis (1 Mose)
Ex	Das Buch Exodus (2 Mose)
Dtn	Das Buch Deuteronomium (5 Mose)
Jos	Das Buch Josua
2 Makk	Das zweite Buch der Makkabäer
Ps	Das Buch der Psalmen
Ijob	Das Buch Ijob (Hiob)
Spr	Das Buch der Sprüche
Pred	Das Buch Prediger (Kohelet)
Weish	Das Buch der Weisheit
Sir	Das Buch Jesus Sirach
Jes	Der Prophet Jesaja
Jer	Der Prophet Jeremia

Zweites Testament

Mt	Das Evangelium nach Matthäus
Lk	Das Evangelium nach Lukas
Joh	Das Evangelium nach Johannes
Apg	Die Apostelgeschichte
Röm	Der Brief an die Römer
1 Kor	Der erste Brief an die Korinther
Phil	Der Brief an die Philipper
1 Thess	Der erste Brief an die Thessalonicher
1 Petr	Der erste Petrusbrief
Offb	Die geheime Offenbarung (Apokalypse)

Verwendete Literatur

ARNOLD PAUL, Das Totenbuch der Maya, Frankfurt 2007
Bibel: Die Jerusalemer Bibel, Freiburg, Basel und Wien 1968
Die Bibel nach der deutschen Übersetzung Martin Luthers, Stuttgart 1912, Aufl. von 1962
DARGYAY EVA und GESCHE LOBSANG (Hrsg.), Das tibetische Buch der Toten, Bern, München und Wien 1977, Neuausgabe 1999
Das islamische Totenbuch. Jenseitsvorstellungen des Islam, Bergisch Gladbach 2002
»Discursen« oder Predigen von einem seeligen Ende, Ingolstatt 1666
ECKHART, MEISTER, Deutsche Predigten und Traktate, Zürich 1979
EVANS-WENTZ W.Y. (Hrsg.), Das tibetanische Totenbuch, Olten und Freiburg 1971, [8]1985
GROF STANISLAV UND CHRISTINA, Jenseits des Todes. An den Toren des Bewusstseins, München 1984, [2]1986
GROF STANISLAV, Totenbücher. Bilder vom Leben und Sterben, München 1994

HEIM ALBERT, Notizen über den Tod durch Absturz, in: Jahrbuch des Schweizer Alpenvereins, Jg. 27 (1892), 327–337
HORNUNG ERIK, Das Totenbuch der Ägypter, Düsseldorf 1998, Neuaufl. 2004
DERS., Die Unterweltsbücher der Ägypter, Düsseldorf 1992, Neuaufl. 2002
IMHOF BEAT, Die heutige Krise in der christlichen Jenseits-Theologie, in: Wendezeit 2011, Nr. 1, 12–14 (Imhof I)
DERS., Zum anderen Ufer, in: Wendezeit 2011, Nr. 3, 27–36 (Imhof II)
JOHANNES VOM KREUZ, Gotteserfahrung und Weg in die Welt, Olten und Freiburg i.Br. 1980
JUNG CARL GUSTAV, Geleitwort und psychologischer Kommentar zum Bardo Thödol, in: Evans-Wentz, vgl. ebd., 41–56
KNOBLAUCH HUBERT, Berichte aus dem Jenseits. Mythos und Realität der Nahtod-Erfahrung, Freiburg, Basel und Wien 1999
DERS., Nahtod-Erfahrungen, in: Sternstunde Religion, Kultursendung, Schweizer Fernsehen 13.2.2011
Koran, Der, übersetzt von Rudi Paret, Islamic Republic of Iran 2006
KUTTER ERNI, Schwester Tod. Weibliche Trauerkultur, Abschiedsrituale, Gedenkbräuche, Erinnerungsfeste, München 2010
Lateinisch-deutsches »Sonntagsmessbuch«, Hrsg. Urbanus Bomm, Einsiedeln und Köln 1956, ^{6}1958
LEIMGRUBER STEPHAN, Interreligiöses Lernen, München 2007
LOMMEL PIM VAN, Endloses Bewusstsein. Neue medizinische Fakten zur Nahtoderfahrung, Mannheim ^{3}2010
LOOSER GABRIEL, Die Seele ins Licht begleiten. Sterbebegleitung über den Tod des Körpers hinaus, München 2001, ^{5}2009
DERS., Was in uns nicht stirbt. Erfahrungen der Unsterblichkeit, München 2008
NEWBERG ANDREW/WALDMANN MARK ROBERT, Der Fingerabdruck Gottes. Wie religiöse und spirituelle Erfahrungen unser Gehirn verändern, München 2010

NYIMA CHÖKYI RINPOCHE, Das Bardo-Buch, Bern, München und Wien 1998
PLATON, Meisterdialoge, eingeleitet von Olof Gigon, übertragen von Rudolf Rufener, Zürich und Stuttgart 1958
ROMMER BARBARA R., Der verkleidete Segen. Erschreckende Nah-Todeserfahrungen und ihre Verwandlung, Goch 2004
Rosas Höllenfahrt. Ein Film von Rosa von Praunheim, 2009, ausgestrahlt vom TV-Sender arte am 19.12.2010
RAWLINGS MAURICE S., Jenseits der Todeslinie. Neue klare Hinweise auf die Existenz von Himmel und Hölle, Baden/Schweiz 1992
DERS., Zur Hölle und zurück. Leben nach dem Tod – überraschende neue Beweise, Hamburg 1998
SCHIMMEL ANNEMARIE, Und Muhammad ist sein Prophet. Die Verehrung des Propheten in der islamischen Frömmigkeit, Düsseldorf, Köln 1981
SEFER HACHAJIM, Israelitisches Gebet- und Erbauungsbuch, Basel 1905
SORG EUGEN, Die Lust am Bösen. Warum Gewalt nicht heilbar ist, München 2011
STANDENAT SABINE, Wie Heilung geschieht. Unerklärliche Fälle – berühmte Heiler – überraschende Erkenntnisse, München 2010
TAULER JOHANNES, Das Reich Gottes in uns. Wegleitungen zum inneren Christentum, München und Engelberg/CH 1977
TEMPELMAN ORITH, Atlantis, in: Wendezeit 2008, Nr. 1, 25–40
THONDUP TULKU, Friedliches Sterben – glückliche Wiedergeburt. Ein tibetisch-buddhistisches Handbuch, Aitrang 2008
»Werkbuch« Trauerpastoral, hg. von Petra Gaidetzka u.a., Freiburg, Basel, Wien 2010

Das ewige Sein

Religion und Spiritualität

Gabriel Looser
DIE SEELE INS LICHT
BEGLEITEN
Sterbebegleitung über den
Tod des Körpers hinaus
Broschur, 240 Seiten
5. Aufl. 2009
ISBN 978-3-466-36566-1

Gabriel Looser
WAS IN UNS NICHT STIRBT
Erfahrungen der Unsterblichkeit
Gebundenes Buch,
Pappband, 256 Seiten
ISBN 978-3-466-36791-7

www.koesel.de Sachbücher & Ratgeber

Trost für Trauernde

Religion und Spiritualität

Freya v. Stülpnagel
OHNE DICH
Hilfe für Tage, an denen die
Trauer besonders schmerzt
Gebundenes Buch,
Pappband, 22 s/w-Fotos
4. Aufl. 2011
ISBN 978-3-466-36853-2

Freya v. Stülpnagel
OHNE DICH
Hilfe für Tage, an denen die
Trauer besonders schmerzt

Hörbuch
Audio-CD, Laufzeit: ca. 70
Minuten
6-seitiges Digi-Pack
ISBN 978-3-466-45846-2

www.koesel.de Sachbücher & Ratgeber